学位论文写作指导

戎华刚 张英丽●著

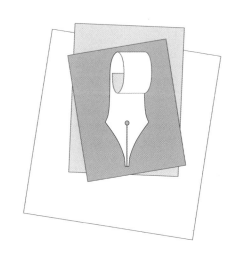

清华大学出版社
北京

本书封面贴有清华大学出版社防伪标签，无标签者不得销售。

版权所有，侵权必究。举报：010-62782989，beiqinquan@tup.tsinghua.edu.cn。

图书在版编目（CIP）数据

学位论文写作指导 / 戎华刚，张英丽著 . —北京：清华大学出版社，2023.6（2025.1重印）
ISBN 978-7-302-63585-7

Ⅰ . ①学⋯　Ⅱ . ①戎⋯ ②张⋯　Ⅲ . ①学位论文—写作　Ⅳ . ① G643.8

中国国家版本馆 CIP 数据核字 (2023) 第 092779 号

责任编辑：周　菁
装帧设计：方加青
责任校对：王凤芝
责任印制：杨　艳

出版发行：清华大学出版社
　　　　　网　　址：https://www.tup.com.cn，https://www.wqxuetang.com
　　　　　地　　址：北京清华大学学研大厦 A 座　　邮　　编：100084
　　　　　社 总 机：010-83470000　　邮　　购：010-62786544
　　　　　投稿与读者服务：010-62776969，c-service@tup.tsinghua.edu.cn
　　　　　质 量 反 馈：010-62772015，zhiliang@tup.tsinghua.edu.cn
印 装 者：三河市春园印刷有限公司
经　　销：全国新华书店
开　　本：170mm×240mm　　印　　张：18.5　　字　　数：340 千字
版　　次：2023 年 7 月第 1 版　　印　　次：2025 年 1 月第 9 次印刷
定　　价：58.00 元

产品编号：099258-01

新乡医学院2022年度马克思主义理论重点学科建设培育项目
2023年度河南省教育厅哲学社会科学应用研究重大项目
"研究生学位论文质量及提升路径研究"
（编号：2023-YYZD-18）成果

目 录

第一章 问题、选题与标题设计 ·· 1
第一节 问题与问题意识 ·· 2
一、问题 ·· 2
二、问题意识 ··· 5
第二节 学位论文的选题 ·· 9
一、选题要求 ··· 10
二、选题来源 ··· 15
三、选题过程 ··· 16
四、选题常见问题 ·· 19
第三节 标题设计 ·· 21
一、论文标题设计 ·· 21
二、文中标题设计 ·· 28
三、标题设计常见问题 ·· 31
本章小结 ·· 32

第二章 文献检阅、管理与述评 ··· 34
第一节 文献简介 ·· 35
一、文献是什么 ··· 35
二、文献有哪些 ··· 35
三、文献何以重要 ·· 38
第二节 文献检索 ·· 39
一、检索要求 ··· 39
二、检索步骤 ··· 41

  三、检索途径 … 46
  四、检索方法 … 54
  五、文献筛选 … 60
 第三节　文献管理 … 61
  一、文献分类管理 … 61
  二、阅读笔记管理 … 62
  三、引文文献管理 … 63
  四、文献列表制作 … 65
 第四节　文献阅读 … 66
  一、为什么阅读 … 66
  二、怎么阅读 … 67
  三、怎样做阅读笔记 … 69
 第五节　文献述评 … 72
  一、文献述评是什么 … 72
  二、文献述评为什么 … 73
  三、文献述评怎么写 … 73
  四、文献述评注意事项 … 78
 本章小结 … 80

第三章　开题与开题报告写作 … 81

 第一节　开题意义与开题报告结构 … 82
  一、开题意义 … 82
  二、开题报告结构 … 82
 第二节　开题报告各部分的写作 … 85
  一、问题提出 … 85
  二、研究意义 … 87
  三、文献述评 … 91
  四、核心概念界定 … 91
  五、研究目标、思路与方法 … 94
  六、重难点与拟创新之处 … 99
  七、研究内容与论文框架 … 100
  八、研究计划 … 103
  九、参考文献 … 104

第三节　开题报告各部分的常见问题 ································· 104
　　一、问题提出的常见问题 ································· 104
　　二、研究意义的常见问题 ································· 105
　　三、文献述评的常见问题 ································· 107
　　四、核心概念界定的常见问题 ····························· 109
　　五、研究目标、思路与方法的常见问题 ····················· 111
　　六、重难点与拟创新之处的常见问题 ······················· 111
　　七、研究内容与论文框架的常见问题 ······················· 112
　　八、参考文献的常见问题 ································· 114
第四节　开题流程及需注意的问题 ································· 115
　　一、开题流程 ··· 115
　　二、需注意的问题 ······································· 115
本章小结 ··· 116

第四章　学位论文的常用研究方法 ································· 118

第一节　问卷调查法 ··· 119
　　一、问卷调查法的含义 ··································· 119
　　二、问卷调查法的运用 ··································· 120
　　三、问卷设计 ··· 123
第二节　比较研究法 ··· 130
　　一、比较研究法的含义与分类 ····························· 130
　　二、比较研究法的优势 ··································· 132
　　三、比较研究法的运用 ··································· 133
第三节　访谈法 ··· 136
　　一、访谈法的含义与分类 ································· 136
　　二、访谈法的运用 ······································· 138
第四节　观察法 ··· 141
　　一、观察法的含义与分类 ································· 141
　　二、观察法的运用 ······································· 143
第五节　案例研究法 ··· 144
　　一、案例研究法的含义与分类 ····························· 145
　　二、案例研究法的优势与不足 ····························· 147
　　三、案例研究法的运用 ··································· 148
本章小结 ··· 150

第五章 学位论文简介与写作 ································ 152

第一节 学位论文简介 ································ 153
一、功能、类别与区别 ································ 153
二、写作定位 ································ 154
三、写作步骤 ································ 154
四、内容与顺序 ································ 157

第二节 学位论文各部分的写作 ································ 160
一、摘要与关键词 ································ 160
二、结构 ································ 165
三、引言与过渡段 ································ 171
四、现状与问题 ································ 173
五、结语 ································ 175
六、附录 ································ 178
七、致谢 ································ 178

第三节 学位论文的理论 ································ 180
一、理论是什么 ································ 180
二、学位论文是否必须有理论 ································ 181
三、学位论文怎样运用理论 ································ 181
四、学位论文理论部分常见问题及建议 ································ 183

第四节 学位论文的研究方法 ································ 184
一、方法是什么 ································ 184
二、方法怎么选 ································ 185
三、方法怎么写 ································ 185
四、方法写作的常见问题及建议 ································ 187

第五节 学位论文的资料 ································ 188
一、对资料的要求 ································ 188
二、资料常见问题 ································ 191

本章小结 ································ 191

第六章 学位论文的规范、修改与检阅 ································ 192

第一节 语言规范 ································ 193
一、相关标准 ································ 193
二、具体要求 ································ 194

第二节 标题规范 ································ 199
一、形式要求 ································ 199

二、内容要求 ·············· 202
第三节　图表规范 ·············· 202
　　　一、编号 ·············· 202
　　　二、标题 ·············· 202
　　　三、主体 ·············· 203
　　　四、注 ·············· 205
　　　五、几点提醒 ·············· 206
第四节　文献格式规范 ·············· 211
　　　一、引文文献 ·············· 211
　　　二、参考文献 ·············· 213
　　　三、引文文献与参考文献的不同 ·············· 215
　　　四、常用文献标注格式 ·············· 218
第五节　引文规范与抄袭（剽窃） ·············· 221
　　　一、引文规范 ·············· 221
　　　二、抄袭（剽窃） ·············· 224
第六节　学位论文的修改 ·············· 226
　　　一、调整标题以做到文题相符 ·············· 226
　　　二、增删材料以实现结构匀称 ·············· 227
　　　三、通读全文以保证文体规范 ·············· 228
　　　四、细抠小节以确保形式规范 ·············· 228
第七节　学位论文检测、评阅与抽检 ·············· 229
　　　一、论文检测 ·············· 229
　　　二、论文评阅 ·············· 231
　　　三、论文抽检 ·············· 234
本章小结 ·············· 235

第七章　实证类论文的写作 ·············· 237

第一节　实证研究是什么 ·············· 237
　　　一、学界对实证研究的不同认识 ·············· 238
　　　二、本书对实证研究的理解 ·············· 240
第二节　实证类论文怎么写 ·············· 242
　　　一、具体步骤 ·············· 242
　　　二、案例分析 ·············· 245
本章小结 ·············· 249

第八章 学位论文的写作类型、命题与论证 ········· 250

第一节 学位论文的写作类型 ········· 250
一、主题式写作 ········· 251
二、问题式写作 ········· 252

第二节 学位论文的命题 ········· 254
一、命题是什么 ········· 254
二、学位论文的核心命题是什么 ········· 255
三、学位论文为什么要有核心命题 ········· 255

第三节 学位论文的论证 ········· 256
一、论证是什么 ········· 256
二、学位论文如何进行论证 ········· 261

本章小结 ········· 267

附录 ········· 268

附录1 调查问卷示例 ········· 268
附录2 访谈提纲示例 ········· 272
附录3 观察表示例 ········· 273
附录4 开题报告示例 ········· 274

参考文献 ········· 282

第一章 问题、选题与标题设计

本章学习目标

◆ 能识别研究问题，知道怎样才算有问题意识
◆ 了解选题的要求、来源、过程及问题
◆ 了解标题设计及常见问题

本章思维导图（图1-1）

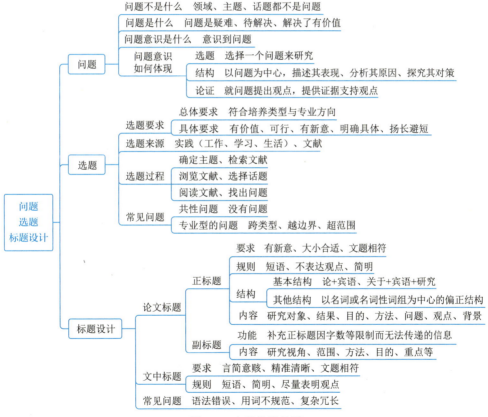

图1-1 本章思维导图

学位论文写作从问题开始，全文围绕问题，按照提出问题、分析问题、解决问题的思路展开研究与安排结构。那我们就先从问题谈起，然后谈谈选题与标题设计。

第一节　问题与问题意识

"问题"是大家都很熟悉却又很难解释清楚的一个词,而"问题意识"是学界近年强调较多但还没有解释清楚的另一个词。我们从问题"不是什么"入手来解释它"是什么",然后谈谈学界对问题意识的不同看法以及问题意识如何体现。

一、问题

在解释"问题是什么"前,我们先来看看"问题不是什么"。

(一)问题不是什么

研究领域、研究主题、研究话题都不是问题,要说清楚什么是研究领域、主题与话题,还得从学科分类谈起。

国务院学位委员会、教育部印发的《研究生教育学科专业目录(2022年)》中有14个学科门类。以"教育学"为例,这一学科门类下包括"教育学、心理学、体育学、教育、体育"五个一级学科。

一级学科之下是二级学科,如"教育学"这个一级学科之下有教育学原理、课程与教学论、高等教育学等10个二级学科。

二级学科之下分不同的研究方向,如"高等教育学"这个二级学科之下有高等教育基本理论、高等教育管理、高校课程与教学等不同的研究方向。

在研究方向之下分出不同的研究领域,如"高等教育管理"这一研究方向之下分出了高等教育管理理论、高等教育管理实践、高等教育管理比较等研究领域。

在研究领域之下分出不同的研究主题,如"高等教育管理实践"这一研究领域之下有学生管理、师资管理、财务管理、后勤管理等不同研究主题。

在研究主题之下有不同的研究话题,如"师资管理"这一研究主题中有队伍建设、教师发展、教师激励等研究话题。

上述领域、主题、话题(有时不区分研究主题与研究话题,而将其统称为研究主题)都不是问题,那么问题是什么?

（二）问题是什么

就笔者看到的文献来说，[①] 学界对"问题是什么"有着不同的认识。

"'问题是什么'本身就是一个难问题。'问题'这个词，很多时候指存在一种未知、不确定状态，包括对现象及其原因和机制的未知，对思想或行为的目的、理由、后果不理解等。有时候，问题指对一个论题有争论或不同意见。还有时候，它指生活实践中未解决的疑难，或者是行动决策所面临的挑战等。"[②] 作者对问题的解释比较宽泛，未知、不确定、不理解、疑难等都是问题。

有学者把问题定义为："学术研究中需要解决而尚未解决，从而产生的对学术认知对象的一种不解或矛盾的认知状态，包括摆在我们面前需要建立理论进行论证和解答的论题，或者是需要提出行动方案寻求化解或消除的矛盾"。[③] 除了解释问题是什么之外，该学者强调问题研究的必要性，即需要解决，这提醒我们选题时要考虑问题的研究价值；他还指出了问题的两种类型，即理论问题与实践问题，这提醒我们选题时要弄清楚问题的类型。

有学者指出："所谓研究问题，指一项社会研究所要回答的具体问题……社会研究中的问题通常比社会实践中的某种社会现象或社会问题更为具体，更为集中，也更为明确。"[④] 看完这个解释，我们还是不清楚问题究竟是什么，研究问题就是研究所要回答的具体问题，这相当于没有解释。不过，作者强调问题要具体，这提醒我们选题时要选择一个明确、具体的问题，不能是宏大、模糊的现象或者主题。

也有学者认为，问题"反映出一个疑问……它首先对研究者是一种'困惑'。其次，不仅是个人困惑，也是学术界的困惑。最后，现有研究成果没有回答或没有完全回答。"[⑤] 这种解释指出了问题的几个特征：疑难，有普遍性，未（完全）解决。这提醒我们选题时不能仅考虑自己的研究兴趣（我遇到的困惑），还要考虑所选问题是否具有普遍性（是不是其他人也遇到了同样的困惑），更要考察这一困惑

---

① 这个意思更学术一点的表述是：就笔者视野所及。笔者在这里想表达的观点是"学界对问题是什么认识不一"，在它前面加了一个限定语，如此表述更为严谨。学位论文有些地方也会用到类似表述，如在文献述评部分，你可能想指出关于某问题的研究还存在这样那样的缺陷与不足，建议如此表述：就笔者视野所及，关于……的研究，在……方面，还存在着……问题，以避免出现这样的情况：或许你所指出的问题国外的某篇文献中已经解决，但你没有见到（文献收集不全面，事实上我们很难做到穷尽所有相关文献）或者看不懂原文（多数同学能看英文，但还有其他语种，或许在其他语种的文献中该问题已经解决）。

② 董毓.批判性思维十讲：从探究实证到开放创造[M].上海：上海教育出版社，2019：26-27.

③ 劳凯声.教育研究的问题意识[J].教育研究，2014（8）：4.

④ 风笑天.社会研究方法[M].5版.北京：中国人民大学出版社，2018：43.

⑤ 闫凤桥.博士生培养过程要注重养成问题意识[J].中国高教研究，2020（5）：26.

目前的解决状态（通过查阅文献资料了解相关研究情况，是问题已解决而自己还不知道，还是问题完全没有解决、部分得到解决，抑或是人们对问题本身、问题解决方案的认识还不一致）。

还有学者指出，"教育问题，是指反映到人们大脑中的、需要探明和解决的教育实际矛盾和理论疑难。教育问题可以产生于教育实践，也可以产生于教育实践同理论的差异和对立，还可以产生于一种教育理论的内部和两种或多种教育理论之间的差异或对立。"[①] 这种解释将问题定义为矛盾和疑难，并指出了问题的三种类型或来源：理论问题、实践问题、综合问题。

综上，我们可将问题理解为：一个具体的、尚未解决或尚未完全解决的、真实存在的、需要予以解决的疑难（困惑、困扰、麻烦等）。这一解释有如下含义。

首先，问题是疑难。如果不是疑难也就不能称其为问题了。不过，疑难有大小之分，即问题有大小，"如何增强中小学生的国家认同"这个问题就大于"如何加深中小学生对家乡的热爱"。疑难也有对象之别，即某人或某群体的疑难对其他人或其他群体来说可能就不是疑难。如DNA（脱氧核糖核酸，动植物细胞中带有基因信息的化学物质）的结构对大多数人来说是疑难，但对专业人士而言就不是。更准确地说，疑难是对于特定时期的研究主题（话题）而言的，即它有时空背景，是特定时期、特定研究领域的疑难。

其次，问题尚未解决或尚未完全解决。尚未解决的问题我们称之为新问题，发现新问题本身就是创新，但通常来说我们的研究更多指向尚未完全解决的问题：要么是人们对问题本身的认识不一致，如怎样定义"学困生"；要么是人们对问题产生原因的认识不一致或还未找到原因，如是什么导致了"学困"；要么是问题解决的效果不佳，如学困生转化效果难如人意。由此看来，在问题认识与解决的过程中还存在很多问题。

再次，问题的解决有意义（价值）。意义（价值）有大小之分，如通过研究发现举办形式多样的民俗活动能够有效提升民族地区中小学生的民族认同，通过研究找到了筑牢中华民族共同体意识教育融入中小学德育的有效路径，后者就比前者具有更大的意义（价值）。研究意义（价值）与问题的普遍性、重要性相关，问题越普遍、越重要，研究意义（价值）就越大。

最后，问题是明确具体的。如"小学语文课堂教学中的问题"与"小学语文课堂教学低效"相比，前者就没有明确具体的问题。"课堂教学中的问题"是一个研究主题或话题，这里面有很多问题，如教师教的问题、学生学的问题、教学资源的问题、师生交流配合方面的问题等。"课堂教学低效"是一个相对明确、具体

---

① 黄甫全.关于教育研究中的问题意识[J].华南师范大学学报（社会科学版），2003（4）：120.

的问题，是实际的课堂教学效率与人们的期望之间存在差距而引发了困惑。

对学位论文来说，选题宽泛、模糊，好选但难写。类似于"小学语文课堂教学中的问题"的选题很好找，但研究问题不明确，往往是问题一大堆、原因一大堆、对策一大堆，不仅写作中不好把握，而且很容易出现问题、原因、对策三部分之间缺乏内在联系的情况。选题明确、具体，难找但好写。类似于"小学语文课堂教学低效"的选题可能不大容易找，不过问题明确，写作中比较好把握。

二、问题意识

这里从是什么、怎么体现两个方面来谈谈问题意识。

（一）问题意识是什么

尽管几乎所有的学者都强调问题意识的重要性，但对它进行解释的并不多，而且不同学者的解释也不一样。

有学者认为："就学术研究而言，问题意识有其独特的学理逻辑，这种学理逻辑大致应包括以下几个环节，即发现问题、界定问题、综合问题、解决问题、验证问题，这些环节构成了学术研究中的问题意识。"[1] 作者并未明确指出问题意识是什么，仅告诉我们它包括什么，这属于概念的外延式界定。由此可知，如果一项研究包括这些环节，就可以认为该研究具有问题意识；反之，则没有问题意识。

有学者指出："教育研究中的问题意识，是人们在教育研究和实践活动中，以专门的教育知识和经验为基础，逐步形成的认识教育问题的实质和类型、发现并提出需要研究解决的教育问题的意向和能力。"[2] 作者将问题意识界定为一种识别问题的意向和能力，换言之，问题意识是能够意识到问题的存在，并将其转化为学术研究问题的意向和能力。

也有学者认为："从哲学上来说，'问题意识'是一种问题观，就是如何'观'问题，也就是关于如何发现问题、看待问题、理解问题、提出问题解决方案的一整套观点、思路、态度和想法。"[3] 在作者看来，问题意识和具体的问题无关，而是关于发现、分析、解决问题的认知体系。

在笔者看来，问题意识就是要意识到问题存在。类似于我们常说的安全意识，

---

[1] 劳凯声.教育研究的问题意识[J].教育研究，2014（8）：5.
[2] 黄甫全.关于教育研究中的问题意识[J].华南师范大学学报（社会科学版），2003（4）：119.
[3] 李双套.论坚持正确的"问题意识"——对"问题意识"的批判性反思[J].云南社会科学，2016（1）：1.

就是意识到安全。研究生要具有问题意识指你要知道学位论文是对问题进行研究，不是对领域、主题或话题进行研究。

（二）问题意识如何体现

弄清楚问题意识是什么后，接下来谈谈问题意识如何体现。我们还用安全意识来进行类比，如果你在生活、工作等方面时刻意识到安全，如做饭后记得关闭燃气阀门、在公交车上站着时注意抓牢把手、到陌生地方留心不打黑车、离开办公室记得检查和关闭各种电源开关等，就说明你是有安全意识的。那么就学位论文来说，问题意识体现在论文的选题（题目）、结构与论证中。

1. 问题意识体现在选题（题目）上

不少论文选择的是一个研究主题或话题，不是一个问题，开题甚至答辩时的如下对话大家是不是很熟悉？

题目：新时代青少年中华民族共同体意识培育中的问题研究

问：你的研究问题是什么？

答：新时代青少年中华民族共同体意识培育中的问题。

问：新时代青少年中华民族共同体意识培育中的什么问题？

答：新时代青少年中华民族共同体意识培育中的相关问题。

问：新时代青少年中华民族共同体意识培育中的相关问题具体指什么？

答：就是跟新时代青少年中华民族共同体意识培育相关的所有问题。

对话到此为止，无法再进行下去。之所以如此，一方面因为类似的论文中确实没有明确具体的问题，另一方面因为被问的学生不知道老师如此问的用意（是提醒你论文没有研究问题）。那么，选题（题目）如何体现出问题意识？可以明示，如《小学语文课堂教学低效研究》，该选题（题目）表明了研究问题"课堂教学低效"；也可以暗示，如《中小学教师教育惩戒权的实现机制研究》，该选题（题目）暗示了研究问题是教育惩戒权没有实现或没有很好地实现。

2. 问题意识体现在论文结构中

论文结构以问题为中心，按照提出问题、分析问题、解决问题的思路来安排。如果把学位论文比作糖葫芦，各部分就是一个个的山楂，问题就是把山楂穿在一起的竹签。事实上，不少论文没有明确的研究问题，结构是说明式的而不是以问题为中心的论证式，如下例：

基于新发展理念的生态环境治理立法研究

绪论

一、新发展理念与生态环境治理

二、生态环境治理的他国立法梳理

三、生态环境治理的中国立法现状

四、生态环境治理的各国立法比较

五、基于新发展理念的生态环境治理立法建议

结语

上例是典型的说明结构，就某个主题从不同方面进行介绍，没有体现出问题意识。体现出问题意识的结构如下例：

小学语文课堂教学低效研究

绪论

一、语文课堂教学效率的理论分析（建立参照系）

二、低效是小学语文课堂教学中存在的突出问题（提出问题）

三、×是导致小学语文课堂教学低效的主要原因（分析问题）

四、×是应对小学语文课堂教学低效的重要策略（解决问题）

结语

上例中的论文结构紧紧围绕"课堂教学低效"这一问题来安排。更常见的论文结构如下：

绪论

一、小学语文课堂教学低效的表现

二、小学语文课堂教学低效的原因

三、小学语文课堂教学低效的对策

结语

如果有同学认为上例的结构过于八股，有些模式化，那也可以如下这样写：

绪论

一、语文课堂教学效率的理论分析

二、小学语文课堂教学低效的表现深描

三、小学语文课堂教学低效的原因剖析

四、小学语文课堂教学效率提升的经验借鉴

五、小学语文课堂教学低效的应对策略

结语

上例在描述低效的表现之前，先进行理论分析，即找到或建立判断课堂教学效率高低的依据或参照系。在提对策之前，先看看他国、他地区如何应对这一问题，哪些做法比较适合、可以借鉴。如此设计，论文内容更丰富，论证更严谨，研究结论更具有说服力。

3. 问题意识体现在论文的论证里

论文写作中要始终牢记研究问题，需将研究问题分解为若干小问题并进行论证。如下例：

"双减"政策在初中有效落实的经验研究

绪论

一、A 是"双减"政策在初中有效落实的经验

提出问题（经验是什么），此部分要论证、回答的问题是"为什么说 A 是'双减'政策在初中有效落实的经验"。

论证如下：

对管理者、教师的调研结果支持该观点。

对学生的调研结果支持该观点。

对家长的调研结果支持该观点。

结论：A 是"双减"政策在初中有效落实的经验。

二、B 理论视角下"双减"政策在初中有效落实经验的剖析

分析问题（如何解释这个经验），此部分要论证、回答的问题是"如何用 B 理论来解释'双减'政策在初中有效落实的经验"。

论证如下：

B 理论构成要素能解释 A 经验。

B 理论各要素的互动关系能解释 A 经验。

结论：B 理论能够解释 A 经验。

三、"双减"政策在初中有效落实经验的推广

解决问题（如何推广这个经验），此部分要论证、回答的问题是"如何推广'双减'政策在初中有效落实的经验"。

根据第二部分的理论分析提出相应的推广策略即可。

结语

上例中，"'双减'政策在初中有效落实的经验"这一个问题可分解为三个小问题：为什么说 A 是"双减"政策在初中有效落实的经验。如何用 B 理论来解释"双减"政策在初中有效落实的经验。如何推广"双减"政策在初中有效落实的经验。

问题意识贯通全文的一个典范是毛泽东的《中国社会各阶级的分析》，该文体现出了强烈的问题意识、鲜明的问题导向。

开篇第一句就提出问题：

"谁是我们的敌人？谁是我们的朋友？这个问题是革命的首要问题。中国过

去一切革命斗争成效甚少,其基本原因就是因为不能团结真正的朋友,以攻击真正的敌人"。①

接着,分析问题。毛泽东根据当时中国社会的实际情况,从经济地位及其对待革命的态度出发,将中国社会各阶级分为地主阶级和买办阶级、中产阶级、小资产阶级、半无产阶级和无产阶级等。进而详细分析了各阶级的过去、现状与未来,过去即该阶级的产生根源与阶级本质,现在即该阶级目前的现实状况,未来即该阶级对革命的态度,以让读者对各阶级的属性、本质等有深刻的认识。如:

地主阶级和买办阶级。在经济落后的半殖民地的中国,地主阶级和买办阶级完全是国际资产阶级的附庸,其生存和发展,是附属于帝国主义的(过去)。这些阶级代表中国最落后的和最反动的生产关系,阻碍中国生产力的发展(现在)。他们和中国革命的目的完全不相容。特别是大地主阶级和大买办阶级,他们始终站在帝国主义一边,是极端的反革命派(未来)。其政治代表是国家主义派和国民党右派。②

最后,解决问题,给出明确答案。

一切勾结帝国主义的军阀、官僚、买办阶级、大地主阶级以及附属于他们的一部分反动知识界,是我们的敌人。……一切半无产阶级、小资产阶级,是我们最接近的朋友。那动摇不定的中产阶级,其右翼可能是我们的敌人,其左翼可能是我们的朋友。③

答案在问题分析过程中其实已经显现,对五大阶级的分析过程中已经划分清楚敌我,文章最后不过是集中、明确地提出来,这叫作结论从材料与论证中"长出来"而不是"贴上去"。

总之,学位论文要以问题为中心,问题意识体现于论文研究全过程。选题要找一个明确具体的研究问题;结构要按照提出问题、分析问题、解决问题的顺序来安排;论证围绕问题进行,要提出论点,给出论据并经由分析推理(论证过程)得出结论。

第二节　学位论文的选题

无论是对导师还是对研究生来说,找到有价值的研究问题都不是一件轻松的

---

① 毛泽东.中国社会各阶级的分析[M]//毛泽东选集(第一卷).2版.北京:人民出版社,2009:3.
② 毛泽东.中国社会各阶级的分析[M]//毛泽东选集(第一卷).2版.北京:人民出版社,2009:3-4.括号内文字为笔者注.
③ 毛泽东.中国社会各阶级的分析[M]//毛泽东选集(第一卷).2版.北京:人民出版社,2009:9.

事情。对于研究生来说,选题更是难题,这里从要求、来源、过程等方面来介绍学位论文的选题。

一、选题要求

相关文件就学位论文选题提出了比较宏观的要求,这些是必须了解和满足的,此外选题还要考虑有价值、可行、有新意、明确具体、扬长避短等。

(一)文件中的要求

学术型学位论文选题要求在《一级学科博士、硕士学位基本要求》中有体现。以教育学为例,选题"在教育理论价值或实际应用价值方面,应当具有一定的意义。选题要与专业研究方向一致,具有较为丰富的资料基础,具有学术可行性;选题时要对研究对象有明确的认识,清楚地提出研究问题。"[①]

专业型学位论文选题要求在《专业学位类别(领域)博士、硕士学位基本要求》中有体现。以教育硕士为例,选题"要立足基础教育实践,注重学以致用,运用科学理论和方法分析解决基础教育领域教学和管理工作中存在的实际问题,具有一定的创新性和应用价值。"[②]《教育硕士专业学位论文基本要求》规定:"论文选题应遵循理论与实践相结合的原则,紧密联系基础教育(中等职业技术教育)实际,关注学校教育教学和管理实践中具有现实意义和应用价值的重要问题,致力于教育实际问题的解决和教育实践的改进。论文选题须与教育硕士专业学位研究生所学专业领域和方向一致,不得涉及高等教育领域的问题。"[③]

可见,对硕士论文选题的共性要求是:(1)有价值。或有理论价值,或有实践价值,或两者兼具。(2)与专业方向一致。如小学教育专业的不能写教育管理。③可行。能够做下去。(3)问题明确具体。不能是话题或主题。

学术型与专业型的不同之处在于:(1)选题的问题类型不同。学术型可选择理论性、实践性或综合性问题进行研究,专业型局限于实践性问题。(2)选题的教育阶段不同。学术型没有限制,专业型局限于基础教育(中等职业教育)阶段。

---

① 国务院学位委员会第六届学科评议组编.一级学科博士、硕士学位基本要求[Z].北京:高等教育出版社,2014:86.
② 全国专业学位研究生教育指导委员会编.专业学位类别(领域)博士、硕士学位基本要求(上册)[Z].北京:高等教育出版社,2015:55.
③ 全国教育专业学位研究生教育指导委员会关于公布《教育硕士专业学位论文基本要求》的通知 教指委发〔2019〕09号[EB/OL].[2021-08-17]. http://yjsc.imnu.edu.cn/fj/3.pdf.

（二）具体的要求

按照重要性排序，学位论文选题的具体要求有：有价值，值得做；可行，能够做；有新意，吸引人；明确具体，可把握；扬长避短，不为难自己。

1. 有价值

有价值是论文选题首先要考虑的，问题的研究与解决或具有理论价值，或具有实践价值，或两者兼具。

理论价值指在概念、原理体系等方面所具有的价值，如提出了新的概念、原理体系，或对现有的概念、原理体系有补充、修正或完善。简言之，理论价值是指你的研究要生产出来新知识，为现有的知识体系添砖加瓦。如《本真生存与教育》"提出了一种新的教育本体论，即教育以发展人的灵性为本体，和新的教育功能观，即人性功能是本体性功能，政治、经济功能是派生性功能"。[①] 这种"教育本体论""教育功能观"是现有知识体系中没有的，是该论文提出来的，是它对现有知识体系的贡献，这就是该论文的理论价值。

实践价值指就某一领域实践活动中的问题解决、工作改进、未来发展而言，该研究所具有的价值。如《基于顾客感知视角的酒店安全评价研究》价值在于"构建了专门的酒店安全评价体系。实践中，国内酒店业安全评价参照企业安全标准，学界也未就酒店安全评价体系进行专题研究。本研究弥补了这一缺陷，构建了针对性的酒店安全评价体系"，[②] 这一针对性的安全评价体系对酒店业是有价值的，这就是该论文的实践价值。

一般来说，理论性较强的选题更可能具有理论价值，实践性较强的选题更可能具有实践价值。当然也不绝对如此，一些实践性较强的选题也可能同时兼具理论与实践两方面的价值。如《偏远山区独家村儿童成长的环境影响及其干预研究》的研究价值：一方面，分析偏远山区独家村这种独特的环境对儿童成长的影响，并据此提出相应的干预策略（实践价值）；另一方面，修正了 A 理论（关于环境对儿童成长影响的一般的、普适的理论），提出了偏远山区独家村环境对儿童成长影响的 B 理论（理论价值）。

2. 可行

可行即问题的解决具有现实可能性，具备相应的客观条件与主观条件。

就客观条件来说，要具备问题解决所需的人力、物力、财力等条件。学位论文是作者在导师指导下独立完成的，通常不需要研究团队，不需要考虑人力问题，

---

① 朱新卓. 本真生存与教育 [D]. 武汉：华中科技大学，2006：17.
② 张翠. 基于顾客感知视角的酒店安全评价研究 [D]. 泉州：华侨大学，2013：5.

而更多考虑物力、财力等问题。如有些学科需要做实验，要用到仪器设备、实验材料等，就要考虑是否具备这些条件。文科研究生一般不会遇到此类问题，但可能会遇到的是研究材料太少（选题很新）、难以获取（较早的外文资料）、不可得（有保密性）等情况。如能克服困难解决，或能找到替代性办法，选题就可行，假如关键条件不具备，那就不大可行了。

就主观条件而言，要考虑自己的知识结构、研究基础、外语能力等。有些同学是跨学科或跨专业读研究生，在满足其他条件的情况下，论文选题还要考虑自己原来的专业基础。如《普通高中教师心理压力的干预机制研究》，如果没有心理学背景，这样的题目是较难做的。假如涉及中外比较，选题还要考虑自己的外语水平。如《中德基础教育督导成效评估的比较研究》，如果不懂德语，这样的研究也不大可行，硬要做的话，关于德国基础教育督导的资料只能是二手、三手甚至N手资料，专家会质疑你的资料，论文也很难有新发现。假如有工作经历和研究基础，论文选题要尽可能与之相结合。如教育管理专业的研究生，是小学语文教师同时担任班主任，既可以研究班级管理方面的选题，也可以研究语文课堂管理方面的选题。

3. 有新意

无论是学术型还是专业型，对论文都有创新的要求。创新就是做别人没有做过的事，说别人没有说过的话，而且所做所说要有价值，即创新有两个要素：（1）首次，只承认第一；（2）有价值，必须在理论或实践方面，或同时在两个方面做出有价值的贡献。

创新体现在问题、理论、观点、方法、应用等方面。如发现别人没有发现的问题，解决别人没有解决或没有完全解决的问题，用别人没有用过的思路、方法、策略解决老问题，或者用的方法相似，但问题解决效果更好等，这都是创新。

英国学者菲利普斯对创新的理解较为宽泛，他认为以下15种情况都属于具有独创性：

①第一次用书面文字的形式把新信息的主要部分记录下来；
②继续前人做出的独创性工作；
③进行导师设计的独创性工作；
④在即使并非独创性的研究工作中，提出一个独创性的方法、视角或结果；
⑤含有其他研究生提出的独创性的观点、方法和解释；
⑥在证明他人的观点中表现出独创性；
⑦进行前人尚未做过的实证性研究工作；
⑧首次对某一问题进行综合性表述；

⑨使用已有材料作出新的解释；

⑩在本国首次做出他人曾在其他国家得出的实验成果；

⑪将某一方法应用于新的研究领域；

⑫为一个老的研究问题提供新证据；

⑬应用不同的方法论进行交叉学科的研究；

⑭研究本学科中他人尚未涉及的新领域；

⑮以一种前人没有使用过的方式提供知识。①

就程度而言，第②、④、⑬、⑭的创新程度相对高一些，第⑥、⑦、⑨、⑪、⑫、⑮的创新程度相对低一些，第①、③、⑤、⑧、⑩的创新程度相对再低一些。

在笔者看来，硕士论文选题的新意可以体现在研究视角、方法、思路与问题等方面。

（1）新的视角，即用他人没有用过的视角来研究老问题。如《遗传学视角下基础教育师资队伍建设的困境与出路研究》，采用了遗传学这一新的学科视角，假定此前文献中没有从这个学科视角来研究。再如《基于顾客感知视角的酒店安全评价研究》，②采用了顾客感知这一新的研究视角，假定此前文献都是从酒店自评角度来研究的。

（2）新的方法，即用他人没有用过的方法来研究老问题。如《老少边地区教育精准扶贫成效的叙事研究》，假定现有研究用的是文献分析、比较研究、问卷调查等方法，还没有人用叙事方法。再如《初中生团队意识对班集体建设的影响深描》，假定此前没有人用过人类学研究中的"深描"法研究该问题。

（3）新的思路，即用跟他人不一样的思路研究、解决问题，包括问题研究思路新和问题解决思路新两个方面。如《学生视角下高中语文教学方法困境及其突破研究》，从学生的视角来研究高中语文教学方法的困境是一个新的思路，也是一个新的视角，假定现有相关研究都是从教师角度进行的。再如《以心理干预方式转化学困生的实验研究》，问题解决思路新，假定现有研究都是从转变学习态度、掌握学习方法、加强家校合作等方面入手的。

（4）新的问题，即发现别人尚未关注到的研究问题。如《〈中小学教育惩戒规则（试行）〉落实中的教师心理困境研究》，假定现有研究多从落实细则、过程监督等方面研究落实中的困境，还没有人关注教师在行使教育惩戒权过程中的心理困境。

---

① 陈学飞等.西方怎样培养博士：法、英、德、美的经验与模式[M].北京：教育科学出版社，2002：121-122.

② 张翠.基于顾客感知视角的酒店安全评价研究[D].泉州：华侨大学，2013.

总之，可根据论文选题与现有相关研究状况，从视角、方法、思路、问题等方面寻求创新（新意）。

4. 明确具体

明确即清晰明白。不明确的表述如"这学期我要管理好身材"，明确的表述如"这学期我要减脂"。具体就是不抽象、不笼统。抽象的表述如"这学期我要减肥"，具体的表述如"这学期我要减掉5千克"。论文选题（题目）越明确具体，越好把握；越宏大模糊，越难做。

如《城乡背景给高校毕业生带来了什么？——基于就业差异的实证研究》，[①] 该选题就很明确具体，探讨城市、乡镇背景对毕业生就业（机会、起薪等）的影响。再如《幼儿对于规则的理解与执行力研究》，该选题就不够明确具体。就"幼儿"来说，地域上有全国范围、某一区域之分，有城市、农村之分，在层次上有大班、中班、小班之分；就"规则"来说，有学习、安全、游戏、生活等不同方面的规则；就"理解"来说，很难判定3~6岁的幼儿对规则理解与否、理解程度如何；就"执行力"来说，涉及构建评价指标并对幼儿的执行力进行评价。可见，该选题所包括的内容太多，不是一个研究问题而是一个研究主题。假定想要选择此主题中的某个问题进行研究，可以在这几个方面做出限定，如《城乡小班幼儿对游戏规则遵守情况的比较研究》，与之前的选题相比，该选题就相对明确具体。

5. 扬长避短

每个人各有所长，也各有不足。如有些同学擅长逻辑思辨，有些同学擅长统计推理，而这可能是另一些同学的短板。学位论文选题也要考虑自己的所长与短板，尽可能最大程度发挥自己的长处与优势，并规避自己的不足与短板，这主要是基于写作的独立性和完成的时限性两个方面的考虑。

（1）学位论文是作者独立完成的。导师仅是指导者，只起辅助作用，研究、写作工作需要作者独立完成，选题就需要考虑作者自己的实际情况。如本科是外语专业又不擅长数理统计分析，扬长避短的选题是就某问题进行中外比较或做国别研究，而不要选需要大量统计分析、数学建模的选题。

（2）学位论文写作是有时间限制的。硕士研究生的学习时间为2~3年，用于论文写作的时间从半年到1年不等，需要在这有限的时间内完成论文研究与撰写，这意味着即便是很有价值的选题，如果由于相关条件的限制而在这有限的时间内无法完成，也要果断放弃。

---

① 张恺. 城乡背景给高校毕业生带来了什么？——基于就业差异的实证研究［M］. 广州：广东高等教育出版社：2020.（2016年的博士论文）

二、选题来源

除了从导师课题中选题的情况之外,论文选题还有实践与文献两大来源。

(一) 实践

实践是硕士学位论文选题的主要来源,包括工作实践、学习实践和生活实践。

1. 工作实践

就工作实践而言,选题的来源有二:(1) 实践中存在的问题。以教育工作为例,各学段的教育教学和教育管理中都存在很多实际问题。有教育工作经历的同学,可能会遇到新手教师如何站稳讲台、如何管理课堂、如何有效利用现代化教学辅助手段、如何较快地专业成长等问题;如果同时兼任管理工作,可能也会遇到不少实践问题。没有工作经历的同学,也可以从自己的受教育经历中发现问题,如魅力型教师对学生成长的影响、学生眼里的好老师形象及其变迁、学生学习需求与教师教学供给之间的不匹配、非正式制度(群体)对班级管理(班风、学风)的影响等。(2) 实践与理论的不一致。虽然实践是理论的来源,但这不意味着实践总是与理论相一致,这种不一致也是选题的来源。如威慑理论指出,提高某事被发现的可能性并加大惩罚力度可以有效降低该事的发生率,此理论也被广泛应用于教育领域。如很多高校对考试作弊的应对(提高被发现的可能性,如安装监控、增加监考老师;加大惩罚力度如从以前的警告、通报批评、处分到现在的取消学位证书),那么,采取这些措施后的实际作弊发生率(不是记录在案的作弊发生率)真的降低了吗?实践与理论一致吗?

2. 学习实践

就学习实践来说,也有很多可供选择的研究主题。如基于学生视角来看学校管理、学生管理中的问题,基于学生学习来看教材编排、课程设置、教学方法等方面的问题,关于学生学习体验、学习投入、学习获得感等的研究。

3. 生活实践

就生活实践来说,与教育相关的话题也很多,如家庭环境、家长期望与学生学业成就的关系,家庭背景对学生职业规划的影响等。

此外,对于没有相关工作经历的专业学位研究生来说,可以咨询一线教师与管理人员,了解他们在工作中所遇到的问题,从中寻找共性的、有价值的来研究。如学科教学(语文)的研究生,假如自己没有语文教学工作经历,就可以选定一个学段如小学高年级,选择不同地区(城市、农村、城乡接合部)的语文教师(考虑多种情况,如性别、年龄等),询问他们教学实践中遇到的困惑、疑难有哪些,咨询足够多（没有明确标准，尽可能具有代表性，即能够代表小学高年级语文教学实践）的老师之后，就获得了一个可能很长的问题清单，分析梳理后找出其中共性的、有研究价值的、自己感兴趣的问题进行研究，这也是选题的一个重要来源。

（二）文献

从文献中找选题，笔者建议查阅两类文献。

（1）该主题之下的博士论文，只用看最后的"本文的不足之处"，或"尚需进一步研究的问题""本研究的局限""未来研究展望"等。作者在就某一问题进行了较为全面深入的研究之后，发现有些问题也很重要但其论文未涉及，或给出未来研究的建议，这相当于给了你选题。如《中国多校区大学的组织结构与管理》，作者在全面深入地研究了多校区大学的组织结构与管理之后指出："其他类型（指非研究型大学）多校区大学的组织结构与管理、传统的层级结构如何向网络结构转型、如何保证网络结构在多校区大学的高效运行"[①]等都是需要进一步研究的问题，这些都是可供你考虑的选题（假定你选择了"多校区大学管理"这一研究主题，但尚未找到研究问题）。

（2）高质量（特指发在 CSSCI 来源期刊[②]）的文献综述，只用看最后的"既往研究之不足及后续研究之建议"，或"研究结论与建议""未来研究展望"等。作者就某一主题相关文献进行了全面梳理、综合分析，在把握相关研究情况的基础上，指出了现有研究的缺陷、不足，给出未来研究建议，这也相当于给你提供了选题。如《"院校研究"：国内研究进展与文献述评》，作者对国内院校研究相关文献进行分析梳理之后指出："需要强化对于院校研究功能的研究、加强理论问题尤其是实践问题的研究、加强如何借鉴美国院校研究必要性的研究、深入讨论中国如何推进院校研究实践"，[③]这些都是可供你考虑的选题（假定你选择了"院校研究"这一研究主题，但还没有找到研究问题）。

三、选题过程

选题的结果是拟定论文题目，但选题是一个或长或短的过程，研究问题得一

---

① 沈曦.中国多校区大学的组织结构与管理［D］.武汉：华中科技大学，2004：129.

② CSSCI 是中文社会科学引文索引（Chinese Social Sciences Citation Index）的简称，是由南京大学中国社会科学研究评价中心研制的数据库，用来检索中文社会科学领域的论文收录与文献被引情况，是我国人文社科评价领域的标志性参数，关于 CSSCI 期刊的介绍详见第二章第一节"常用文献及其类型标识"部分。

③ 蔡国春."院校研究"：国内研究进展与文献述评［J］.高等教育研究，2004，25（5）：52-53.

步步去找，不能一蹴而就。首先确定研究主题并检索文献；其次通过浏览文献选择研究话题；然后继续检索文献；最后通过文献阅读找出研究问题。

（一）确定主题、检索文献

选题的第一步是确定研究主题。如专业是教育学，研究方向是高等教育学，假定你对高校学生管理这个领域感兴趣，就在这一研究领域内寻找、确定你的研究主题。可以通过实践调研寻找，去咨询、访谈学生以及学生处相关管理人员。更常见的做法是从文献中找，即查阅高校学生管理相关文献尤其是近一两年的文献，了解清楚都研究了什么，哪些已经研究透彻、没有继续研究的价值，哪些还没有研究透彻，哪些还没有关注到，后两者是选题的范围。

对该阶段文献检索的建议有三。（1）做到"全、权、新、联"。"全"指文献类型尽可能全面，包括著作、期刊论文、学位论文、会议论文、重要报纸文章、可靠网络文献等，根据情况看一些新的外文文献。"权"指权威文献，质量高，具有较大的学术参考价值。"新"指文献要是最近两年左右的，以便于寻找当前的研究热点、难点。"联"指文献要与所选定主题高度关联。（2）注意文献（特指期刊论文）的分布情况。如果你所选定主题的文献发表得越来越少，近两年到了个位数甚至没有了，就要考虑选题的可行性了。如果你选定主题的文献发表量忽高忽低且变动幅度较大，那么就需要考虑是哪些因素在影响学术研究与发表，该主题研究未来趋势如何。如果你选定主题的文献量超级多，这既是好事也是难题：说它是好事是指学界对该主题的关注度高，说它是难题是指留给你的选题空间可能较小，有价值的选题会比较难找。（3）制作文献列表。可按照文献发表年份从新到旧制作文献列表，通过对文献列表的分析初步了解该主题研究的概貌。如该主题之下有哪些小的研究话题，研究主题是如何随着时间变迁的，当下较热的研究话题是什么。

（二）浏览文献、选择话题

这一阶段不需要研读文献，浏览即可。（1）浏览期刊论文的篇名，大致了解近些年的研究主题及其变化。（2）浏览该主题的文献述评，对相关研究情况有较为全面的把握，重点关注其中的"既有研究之不足及后续研究之建议"等部分。（3）浏览相关学位论文尤其是博士论文，重点关注其中的"尚需进一步研究的问题"等部分。

如通过浏览高校学生管理相关文献，你发现近几年的研究热点是高校学生会干部的政治素养提升（假定如此），若有兴趣，就选择它作为你的研究话题（该话题之下可分出若干研究问题）。

（三）阅读文献、找出问题

选定研究话题之后，就进入到文献研读阶段，有三点需要注意。

第一，专业文献阅读不同于日常阅读。

（1）阅读范围不同。专业文献阅读以"主题（问题）"为主线，围绕它来选择阅读材料；而日常生活中的阅读多以兴趣为中心，不限定阅读材料。（2）阅读目的不同。专业文献阅读的目的是了解相关研究状况（研究问题、思路、方法、观点等），找到现有研究的缺陷或不足，进而通过自己的研究加以弥补；而日常阅读往往无目的，多是一种消遣。（3）阅读方式不同。专业文献阅读多为研究性阅读或研读，尤其是重要文献，要在弄清楚文献本意的基础上对其进行研究与分析，如问题是否具体、论据是否恰当、论证过程是否严密、观点是否有失偏颇、不同文献间的联系与区别是什么等。这种阅读不是扫描，而需要入脑入心；但日常阅读往往不需要这样，读了就读了，记住了就记住了，记不住也没有什么影响。

第二，要做阅读笔记，重要文献要做思维导图。

（1）要以问题为主线进行阅读并做笔记。如围绕"高校学生会干部政治素养提升"这一话题，在文献阅读过程中要梳理该话题下的研究问题有哪些，不同问题的研究情况（方法、思路、观点）如何。笔者不做这方面的研究，对相关研究情况不了解，下例的阅读笔记目录仅供参考，重点在于说明要围绕一个话题，找出不同研究问题或次级研究主题。

"高校学生会干部政治素养提升"阅读笔记

一、对核心概念含义的不同认识

1. 对"高校学生会干部政治素养"内涵的不同认识

2. 对"高校学生会干部政治素养"外延的不同认识

二、该话题之下的不同研究问题

1. "高校学生会干部政治素养"现状如何（维度、方法、结论等）

2. "高校学生会干部政治素养"影响因素有哪些（关键因素）

3. "高校学生会干部政治素养"如何提升（相关主体、方式方法等）

三、与该话题相关的其他话题

1. 高校学生会干部的选任

2. 高校学生会干部的培养

3. 高校学生会干部的考核

……

（2）阅读过程中要有分析、提炼和总结，不要仅摘录文献内容。对于单篇重要文献，首先要读通、读懂，对特别重要的文献要反复研读。阅读过程中对重要的数据、事实材料、有价值的观点等进行摘录，但更要有自己的分析评价。对于围绕某一主题的系列文献，读完之后要分析文献之间的联系与区别，如研究问题、方法、思路、观点等的异同，尤其要关注同一问题的不同观点，分别是什么，作者提出该观点的依据是什么。如下例中笔者关于大学生思政课认同含义的梳理：

准确地把握大学生思政课认同的含义是其实现与提升的前提，但遗憾的是这一概念迄今为止尚无能达成普遍共识的定义，学界对其内涵与外延的认识还存在较大分歧。

就其内涵而言，有心理状态论、心理倾向论、德行论、态度论、过程论、行为趋向论等不同观点。有研究将其解释为心理状态，认为……[7]。① 有研究将其看作心理倾向，提出……[8]。有研究认为它是一种德行，指出……[9-10]。也有研究将其视为一个过程，认为……[11-13]。还有研究指出，它是一种行为趋向，指……[14]。

就其外延来看，有研究从结构入手，或认为……[15]，或认为……[16-17]。更多研究从内容入手，或认为……[18]，或认为……[19]，或认为……[20-23]。

第三，要撰写文献述评。

文献述评撰写目的是对相关研究有相对全面、较为清晰且有条理的把握，最终找到现有研究的缺漏之处，选定自己的研究问题。如就"高校学生会干部政治素养提升"这一话题撰写了文献述评之后发现，相关研究更多关注如何做的问题，而没有关注到提升效果的评估。假定你对这个问题感兴趣，就可以选择"高校学生会干部政治素养提升效果评估体系构建"作为研究问题。

四、选题常见问题

这里从学术型、专业型学位论文选题的共性问题与专业型的问题两个方面来谈选题中的常见问题。

（一）学术型、专业型的共性问题

基于这些年指导与评阅论文的经验以及与其他老师的交流，笔者发现选题中最普遍也是最大的问题就是没有问题，具体表现在把领域或主题当问题、把现象

---

① 此处为引文编号。文献叙述部分所提及的所有文献都要在文中编号，页下注明文献详细信息与引文内容所在具体页码。

当问题与没有核心问题等方面。

1. 把领域（主题）当问题

如《中职学校学生学习动机研究》《小学教师专业发展研究》《小学高年级数学教材中的思政元素研究》等，这些都是研究领域或主题，不是研究问题。

2. 把现象当问题

现象是事物表现出来的、能被感受到的一切情况，包括社会现象、自然现象，问题是人们在理论上和实践中遇到的疑难与矛盾。所有的问题都会以现象的形式呈现出来，但不是所有的现象都是问题。如"考试作弊"就是现象而不是问题，这里面有道德问题、法律问题、教育问题、管理问题等，其中的具体法律问题有"校方、教师的监管责任认定""被误判作弊学生的法律救济""无死角监控与个人隐私保护的冲突"等。

3. 没有核心问题

这种情况比较常见，如《小学语文课堂教学中的问题与对策研究》，从教师的教、学生的学、教学资源、师生配合等方面来分析问题，每个方面都有两三个甚至更多的问题，全文就要分析七八个甚至更多的问题。针对此类情况笔者的建议是聚焦某个方面，如教师教与学生学之间的关系，找到核心问题。如从供需角度来看，教师的教学供给与学生的学习需求之间是否存在失衡的问题，如果有，分析为什么会有，提出怎么协调。

（二）专业型的常见问题

根据笔者的经验与2019届全国教育硕士论文检查结果反馈，[①] 专业型学位论文选题中常见的问题是跨类型、越边界、超范围。

1. 跨类型

跨类型指论文选题是学术性的，没有体现专业学位与学术学位的区别。两者的区别在于：

培养目标不同。专业学位是培养在某一专业（或职业）领域具有坚实的基础理论和宽广的专业知识，具有较强的解决实际问题的能力，能够承担专业技术或管理工作，具有良好职业素养的高层次应用型专门人才。学术学位则主要是培养学术研究人才。

培养方式不同。专业学位课程设置以实际应用为导向，以职业需求为目标，以综合素养和应用知识与能力的提高为核心。教学内容强调理论性与应用性课程

---

① 全国教育硕士专业学位指导委员会将检查中发现的问题反馈给各学校研究生院，研究生院再反馈给各学院。

的有机结合，突出案例分析和实践研究；教学过程重视运用团队学习、案例分析、现场研究、模拟训练等方法；注重培养学生研究实践问题的意识和能力。在学习过程中，要求有为期至少半年（应届本科毕业生实践教学时间原则上不少于1年）的实践环节。而学术学位的课程设置侧重于加强基础理论的学习，重点培养学生从事科学研究创新工作的能力和素质。①

学术性是教育硕士学位论文选题不能触碰的"红线"。教育硕士只能选择基础教育与中等职业教育的教育教学、教育管理中的实际问题，要突出实践性与应用性，不能选择理论性问题，如《论陶行知的教育观》。

2. 越边界

越边界指论文选题在高等教育领域，没有体现教育硕士人才与学术型人才培养目标的不同。高教领域是教育硕士学位论文选题不能触碰的"黄线"。

在教育阶段上，教育硕士论文选题仅限于基础教育与中等职业教育，不能选高等教育领域中的问题，如《大学生学习投入与获得感的关系》等。

3. 超范围

超范围指论文选题与专业方向不一致，没有体现教育硕士内部不同领域人才培养的不同。专业方向是教育硕士学位论文选题不能触碰的"蓝线"。如教育管理专业的不能写学科教学，学科教学专业的不能写小学教育或心理健康教育，心理健康教育专业的不能写教育管理等。

第三节 标题设计

学位论文里的标题有论文标题（也称题名、题目）与文中标题（章、节及节内标题），下面从这两个方面介绍标题设计。

一、论文标题设计

人们阅读论文的习惯是先看论文标题，它在很大程度上决定了读者是否愿意继续阅读，其重要性不言而喻。

中华人民共和国国家质量监督检验检疫总局、中国国家标准化管理委员会发布的国家标准《学位论文编写规则 GB/T 7713.1—2006》（GB 指国家标准，T

---

① 专业学位和学术性学位有何区别？［EB/OL］.［2020-09-18］. http://www.cdgdc.edu.cn/xwyyjsjyxx/gjjl/cjwt/263338.shtml.

指推荐，GB/T 指推荐性国家标准）（以下简称《规则》或《论文编写规则》）[①] 规定："题名以简明的词语恰当、准确地反映论文最重要的特定内容（一般不超过25字）。题名通常由名词性短语组成，应尽量避免使用不常用缩略词、首字母缩写、字符、代号和公式等。"其他规范里的规定与此类似。[②] 这既是对论文题目的解释，也是对题目设计的要求——简明、准确，是名词性短语，题名能反映论文最重要的内容。下面从设计要求与规则、结构与内容等方面来谈论文标题设计。

（一）设计要求

论文标题要有新意，能够吸引读者；要大小合适，忌偏小或过大；要文题相符，能够统领全文。

1. 有新意

新颖的题目能吸引人，读者继续阅读的可能性就大。但设计出一个新颖的题目并非易事，很多同学抱怨："老师，我好不容易想到一个题目，自己感觉还挺新的，可上网一查，类似题目一大堆！"那么，题目如何设计出新意呢？可以从新对象、新术语、新方法、新思路、新问题、新视角等方面进行考虑。

如《知识形态与大学建筑——教育学视域下的中国大学建筑形态演变之考察》，[③] 研究知识形态的非常多，研究大学建筑的也不少，但将两者结合在一起，探讨知识形态与大学建筑演变之间关系的可能很少或在这之前就没有，该题目"新"在研究对象上。

如《教师教育临床教学模式实践研究——以 × 专业为例》，借用了医学术语"临床教学模式"，就给人以眼前一亮的感觉。不过不能为了新而新，不能只是借用其他学科的术语或理论，而要把该术语或理论在原学科中的含义（方法等）应用到你的研究中。教育学中与"临床教学"相对应的术语是"教育实习"，两者不

[①] 《学位论文编写规则（GB/T 7713.1—2006）》对正副标题的表述是"正副题名"，当引述《规则》里的相关内容时，采用正副题名的表述，其他地方采用正标题（或主标题、论文题目、题目）、副标题的表述。《学位论文编写规则》（GB/T 7713.1—2006）[S/OL]．[2021-08-28]．https: //grs.xatu.edu.cn/info/1044/1626.htm.

[②] 由中国学术期刊（光盘版）编辑委员会修订，中华人民共和国国家质量监督检验检疫总局和中国国家标准化管理委员会批准发布的《中国学术期刊（光盘版）检索与评价数据规范（CAJ—CD B/T 1—2006）》中要求：题名应简明、具体、确切，能概括文章的要旨，符合编制题录、索引和检索的有关原则并有助于选择关键词和分类号。中文题名一般不超过 20 个汉字，必要时可加副题名。题名中应避免使用非公知公用的缩略语、字符、代号以及结构式和公式。[S/OL]．[2021-08-28]．https: //xb.xxu.edu.cn/info/1079/1148.htm.

[③] 张奕．知识形态与大学建筑——教育学视域下的中国大学建筑形态演变之考察[D]．武汉：华中科技大学，2005.

存在实质的不同，但在构成环节、具体要求等方面不太一样。医学生的临床教学效果在某些方面可能比师范生的教育实习效果好，那么，临床教学这种实习模式的优势是什么？该研究就要借鉴医学生实习的临床教学模式来改革师范生的教育实习，进而改善（提高）师范生的实习效果。

再如《城乡接合部初中生非正式团体对班级凝聚力影响的深描》，新在"深描"这一研究方法上；《生态学视角下基础教育师资队伍结构困境研究》《正义论视域下人民满意的学前教育布局研究》，其新意体现在研究视角上；《义务教育阶段学生资助体系建设研究》，其新意体现在研究问题上（假定还没有研究关注到这个问题）。

2. 大小合适

硕士论文选题通常会被导师说"偏大"，学生一脸懵懂地问："老师，怎么样才算是大小合适？"笔者建议从两个方面考虑选题的大小。

（1）对论文篇幅的客观要求。硕士论文要求 2 万~3 万字，如果初步判断写两三万字可能还切入不到正题，那意味着题目偏大了。如《大中小学思想政治教育一体化建设研究》，这肯定不是两三万字就能说清楚的。要是感觉写七八千字、万把字可能就没话说了，那意味着题目偏小了，如《小学生韵母发音不准的对策研究》。

（2）个人能否驾驭某一选题。如《我国教育治理体系现代化研究》《我国教育治理体系优化研究》《我国教育治理的历史经验研究》《我国高等教育治理体系研究》《地方高校内部治理结构优化研究》。看完这 5 个题目，相信很多同学能够肯定自己做不了前两个，中间两个拿不准能不能做下来，最后一个感觉还比较可行。第一个题目比较大，是研究话题而不是题目，所涉及内容很多，这不是个人所能做的，需要一个实力强大的庞大研究团队；第二个题目比第一个略小一些，但所涉及内容也不少，非个人能力所及，也需要研究团队；第三个题目比第二个更具体，指向较明确，有一定学术造诣的资深教授或许能独立完成；第四个题目聚焦高等教育治理体系，副教授或博士生可尝试；第五个题目相对更具体，仅关注高等教育内部治理结构的优化，可以作为硕士论文选题。

3. 文题相符

文题相符即论文题目能够统领全文。这不仅是题目设计时要考虑的问题，在论文写作过程中都要注意这一点。下例就做到了文题相符。

大学生党史教育长效机制研究

绪论

一、大学生党史教育长效机制的构成要素

二、大学生党史教育长效机制的运行机理

三、大学生党史教育长效机制的保障条件

结语

文题不相符指论文题目不能统领全文,具体表现有二:一是题目中应有的内容论文里没有;二是论文中已有的一些内容题目涵盖不了。

下例属于第一种情况,仅对三个国家的学前教师教育模式分别进行了研究,没有进行比较,题目中的"比较"在文中没有体现。

美、日、中三国学前教师教育模式及其比较

绪论

一、教师教育模式的理论分析

二、美国的学前教师教育模式

三、日本的学前教师教育模式

四、中国的学前教师教育模式

五、美、日学前教师教育模式的启示

结语

下例属于第二种情况,题目无法涵盖第一章的"理论分析"。

小学语文"阅读策略"单元项目式教学研究

绪论

一、小学语文"阅读策略"单元的理论分析

二、小学语文"阅读策略"单元项目式教学的现状调查

三、小学语文"阅读策略"单元项目式教学中的问题与原因

四、小学语文"阅读策略"单元项目式教学中问题的对策

结语

(二)设计规则

不同学科对论文题目的具体要求可能不太一样,共性的要求有简明、短语而非句子、不表达观点。

1. 简明

简明即简练、明确,简练指要尽可能精练,明确指要表达清楚、用词准确。《论文编写规则》规定:题名以简明的词语恰当、准确地反映论文最重要的特定内容(一般不超过25字)。虽不必教条地遵守不超过25字的规定,但这提醒我们论文题目要在表达清楚的前提下尽可能地短。题目设计一定程度上体现了作者的文字驾驭能力,如果连一个简明的题目都设计不出来,读者想必会质疑

作者思维与表达的清晰性、准确性，进而对论文整体质量产生不太好的第一印象。如《疫情背景下基于社会互动论的幼儿亲社会行为发展的家庭教养策略改进的实验研究》就显得冗长，而《情景表演对中班幼儿亲社会行为影响的实验研究》①就比较简明。

2. 短语而非句子

一般情况下，论文题目应为短语，如《新时代铸牢中华民族共同体意识研究》。②不能是完整的句子，如《采用思维导图法能够有效提高中学生解决物理动态问题的能力》。也有例外的情况，即问题式标题可以是完整句子，如《城乡背景给高校毕业生带来了什么？——基于就业差异的实证研究》。③

从语法结构来看，论文题目可以是动宾结构或偏正结构，采用动宾结构时要注意宾语须是短语而不能是句子。如《论宪法是安邦治国的总章程》，其宾语"宪法是安邦治国的总章程"是完整句子，可改为《论宪法在安邦治国中的地位与作用》或《关于宪法在安邦治国中地位与作用的研究》。硕士论文题目较少见动宾结构，多是以名词或名词性词组为中心的偏正结构，如《基于 Blog 技术的研究性学习策略研究》。

3. 不表达观点

学界就论文题目能不能表达观点有两种截然不同的看法：一种认为，论文要围绕问题提出观点并进行论证，可以在题目上亮明观点；另一种认为，论文固然要论证观点，但要到最后才知道经过论证后观点是否成立，故而题目不宜亮明观点。实践中，论文（期刊论文、学位论文）的题目往往不表达观点，类似于《论宪法是安邦治国的总章程》这样的题目，更常见于报纸社论。学位论文题目更常见的是《论宪法在安邦治国中的地位与作用》或《关于宪法在安邦治国中地位与作用的研究》。

（三）结构形式

论文题目有"关于+宾语+的研究"和"论+宾语"两种基本结构形式，也有其他结构形式。

1. 基本结构"关于+宾语+的研究"

需要注意这种结构中的宾语须是短语而不能是句子。不能是《关于宪法是安

---

① 解娅南. 情景表演对中班幼儿亲社会行为影响的实验研究［D］. 天津：天津师范大学，2022.
② 曹艺弘. 新时代铸牢中华民族共同体意识研究［D］. 长春：吉林大学，2022.
③ 张恺. 城乡背景给高校毕业生带来了什么？——基于就业差异的实证研究［M］. 广州：广东高等教育出版社：2020.（2016 年的博士论文）

邦治国的总章程的研究》（其宾语是完整句子），而应是《关于宪法在安邦治国中地位与作用的研究》。

其简体形式是：宾语＋研究，如《"五史"教育在高校思政课教学中的融入研究》。

其变体形式是：宾语＋研究方法，如《小学初任教师专业成长的叙事研究》。

这种基本结构形式在实践中已不常见，"关于""研究"不具有实质意义，徒增题目字数。

2. 基本结构"论＋宾语"

此种结构常见于博士论文，硕士论文中比较少见。需要注意这种结构形式的宾语也须是短语，如《论教育学的文化性格》；[①] 不能是句子，如《论宪法是安邦治国的总章程》。

其变体形式是：宾语＋论，如《习近平家庭教育观论》。

3. 其他结构

论文题目多是以名词或名词性词组为中心的偏正结构，表明研究背景、对象、主题、内容、方法等。如《社会主义核心价值观在大学生日常生活中的融入研究》《国家通用语言文字在民族地区推广效果的提升机制研究》。

此外，从语气来看，正标题有陈述式、疑问式。

陈述式标题较常见，如《教师评语对不同学习力初中生学习成绩影响的叙事研究》。

疑问式标题不常见，如《谁影响了"00后"的价值观？——基于重要他人理论的研究》。

（四）内容设计

1. 正标题的内容

正标题（主标题）的内容有研究背景、范围、视角、对象、主题、问题、目的、方法等。这么多内容，选择哪些放进去？或者说，哪些必须放进去？

先来看看常见的正标题（标题中的数字为笔者所加）：

只有问题，如《城乡背景给高校毕业生带来了什么？》

对象＋主题，如《超表面天线①的小型化②研究》[②]

视角＋对象＋主题，如《儿童视角下①大班幼儿心理压力②的来源③研究》

背景＋对象＋主题，如《后疫情时代①大学生心理健康②干预机制③研究》

[①] 石中英. 论教育学的文化性格[D]. 北京：北京师范大学，1999.

[②] 张顺. 超表面天线的小型化研究[D]. 成都：电子科技大学：2022.

范围＋对象＋主题，如《民族地区乡村①儿童国家认同②的提升机制③研究》

范围＋对象＋主题＋方法，如《农村小规模学校①教师专业发展②困境③的叙事研究④》

由上面这些例子可以看出：第一，正标题中必须放的内容是研究对象与研究主题（问题），至于视角、范围、目的、方法等根据情况选择；第二，正标题中所放的内容通常不超过3个，如果放的内容太多，标题会很长，如《"一带一路"背景下①高校②国际化人才培养③对国际交流作用④的比较研究⑤及中国的应对策略⑥》，其内容有"背景＋范围＋对象＋主题＋方法＋目的"，这会让读者感觉标题很复杂，阅读体验不好，不仅不能吸引读者阅读全文，反而可能会让其产生抵触情绪。

结合上述结论与《论文编写规则》的要求，笔者认为，正标题中一定要放的内容有研究对象、研究主题（问题）、研究背景，如：

《新时代①大学生文化自信②提升路径③研究》

《"她经济"背景下①我国男性广告②形象变迁③》[①]

为什么要放研究对象？没有研究对象，研究主题就无所依存。

为什么要放研究主题？论文题目要能够概括论文的要旨，研究主题就是要旨。

为什么要放研究背景？突出研究的时代性。如第二个题目，不放研究背景的话，如《我国男性广告形象变迁》，读者就不清楚研究的是什么时候、什么情况下的变迁，是近代、现代还是当代，即便是当代，是否以"她经济"作为研究背景也是不一样的。

2. 副标题的内容

副标题是为了补充、阐明正标题因字数限制等而无法传递的内容，而在其之下附加的题目。前文指出，正标题里一定要放的内容有研究背景、对象、主题（问题），其他内容如视角、范围、目的、方法等，在必要的情况下可以添加为副标题。如你认为自己的研究视角、研究范围、研究方法等也很重要，也想在题目上呈现出来，就可以在正标题之下添加副标题，如：

"民生本位"时代的财政公共性
——基于公共福利价值目标视角的分析[②]（强调研究视角）

马王堆帛书《易传》的政治思想

[①] 嵇丛妍. "她经济"背景下我国男性广告形象变迁——基于凝视理论视角 [D]. 天津：天津师范大学，2022.

[②] 张映芹. "民生本位"时代的财政公共性——基于公共福利价值目标视角的分析 [J]. 北京大学学报（哲学社会科学版），2009，46（1）：108-115.

　　　　——以《缪和》《昭力》二篇之义为中心①（突出研究重点）
　　通学成本与支持儿童独立上下学的通学路环境改善
　　　　——以江北实验小学为例②（强调研究范围）
　　中小学教师教育惩戒权边界的再探析
　　　　——兼与×××教授商榷（强调研究目的）
　　老少边地区教育精准扶贫的成效与溢出效应
　　　　——一种叙事研究（强调研究方法）

　　以上是常见的副标题设计，正标题里放的是研究背景、对象、主题（问题）等内容，副标题强调研究范围、方法、视角、目的、重点等。

　　论文题目也有这样的：《井浅河深：黄河下游村落中的亲家关系》③《孙悟空的紧箍咒：上海家庭中的儿童监视技术》，④正标题是一个隐喻，含蓄地表达作者的观点，副标题里放的是研究对象、主题（问题）等最重要的内容。这种副标题设计在学位论文里不常见，著作与期刊论文相对常见，期刊论文如《象牙塔背后的阴影：高校教师职业压力及其对学术活力影响述评》，⑤著作如《滴水不漏：学位论文写作与答辩指南》。⑥

二、文中标题设计

　　文中标题指章、节标题以及其下的各级标题，这里从设计要求、设计规则等方面来谈文中标题设计。

（一）设计要求

　　就设计要求而言，文中标题也要做到言简意赅、精准清晰，尤其要做到文题相符，即章标题要能统领本章、节标题要能统领本节、节内小标题要能统领其下内容。各级标题为所在部分的内容服务，既不能出现标题上的内容在下文

---

① 陈来. 马王堆帛书《易传》的政治思想——以《缪和》《昭力》二篇之义为中心 [J]. 北京大学学报（哲学社会科学版），2008，45（2）：32-40.
② 李金岸. 通学成本与支持儿童独立上下学的通学路环境改善——以江北实验小学为例 [D]. 北京：北京大学，2020.
③ 姜志刚. 井浅河深：黄河下游村落中的亲家关系 [D]. 上海：上海大学，2020.
④ 石梓元. 孙悟空的紧箍咒：上海家庭中的儿童监视技术 [D]. 南京：南京大学，2021.
⑤ 阎光才. 象牙塔背后的阴影：高校教师职业压力及其对学术活力影响述评 [J]. 高等教育研究，2018，39（4）：48-58.
⑥ 麦克·波特瑞，耐杰尔·赖特. 滴水不漏：学位论文写作与答辩指南 [M]. 毕唯乐，译. 上海：华东师范大学出版社，2020.

中没有反映的情况，也不能出现下文中的内容不隶属于上级标题的情况，这都属于文题不符。

（二）设计规则

就设计规则而言，与论文标题一样，文中标题也要是短语而不能是句子，标题中间不用逗号；也要简明，不能出现一个标题跨两行甚至三行的情况。与论文标题不同的是，文中标题要尽量表明观点，不要设计类似于这样的标题"中小学教师教育惩戒权的行使困境"，而要设计类似于这样的标题"×是中小学教师教育惩戒权的行使困境"。要像下文中的二级标题那样表达明确的观点，让读者一看标题就知道此部分要论证的是什么。

一、高等教育外部治理的历史逻辑
1. 政治和宗教的二元体制催生了高等教育外部治理的萌芽
2. 大学的国家化进程强化了高等教育外部治理的精准关切
3. 教育行政系统的建制化开启了高等教育外部治理的行动表征[①]

（三）内容形式

文中标题尽量在内容与形式上保持一致。

（1）就内容而言，通常在一级标题（章标题）上提出问题（问题）、分析问题（原因）、解决问题（对策），不要有这三个方面在不同层次标题上出现这种情况。如下例，问题在节之下的标题（三级）上，而原因与对策则在章标题（一级）上。

××××××研究

绪论
一、……现状调查
（一）调查设计
（二）调查结果
　　1.……（描述问题表现）
二、……的原因（分析问题原因）
三、……的对策（探究问题对策）
结语

二、三、四级标题的内容也要保持一致，同级标题说的要是同一层次的东西，是并列或递进关系，不能是包含与被包含的关系。如下例，第一节与其他

---

① 高树仁，宋丹. 高等教育外部治理：历史源流、基本范畴与问题意识[J]. 高等教育研究，2021，42（1）：39-42.

节标题就是包含与被包含的关系（此外，该例还存在文题不符的情况，章标题无法涵盖第一、二节的节标题；存在逻辑混乱的情况，第三节的节标题与章标题雷同）。

第二章　河南省的民间大众科普教育研究

第一节　中国的大众科普教育
第二节　河南省的官方大众科普教育
第三节　河南省的民间大众科普教育
第四节　河南省的民间大众科普教育机构调查

（2）就形式而言，文中标题尽量保持一致，要么都是动宾结构，要么都是偏正结构，不要出现同一部分的几个标题有的是动宾结构有的不是的情况。如下例，前三个标题是动宾结构，第四个标题既不是动宾结构也不是偏正结构。

第二节　研 究 价 值

一、推进高等教育内涵发展的时代要求
二、实现师生双方教学生命的必然要求
三、回应课堂教学相关研究的趋势转变
四、亟待变革高校教学严重失衡的现实

上例中的四个标题若都设计成动宾结构，分别是：

一、推进高等教育内涵发展的时代要求
二、实现师生双方教学生命的必然要求
三、回应课堂教学研究转向的理论需要
四、应对课堂教学严重失衡的现实需求

若都设计成偏正结构，分别是：

一、高等教育内涵发展推进的要求
二、师生双方教学生命实现的要求
三、相关研究发展趋势转变的回应
四、课堂教学严重失衡应对的需要

下例中的四个标题形式一致，均为偏正结构。

第二节　课堂教学失衡原因追寻

一、教学思维方式的对立
二、教师专业能力的薄弱
三、课堂评价制度的偏颇
四、家校联系配合的虚化[①]

---

① 张勇. 初中课堂教学失衡问题研究［D］. 西安：陕西师范大学，2017：77-86.

此外还要注意，同一处各分标题的字数要尽量接近，不要有的标题几个字，有的标题近一行甚至更长。

三、标题设计常见问题

标题设计常见的问题有语法错误、用词不规范、复杂冗长等。

（一）语法错误

语法错误是最不该出现的问题，读到研究生阶段，连符合语法规范的标题都拟定不出来是让人感觉很不可思议的事情，但论文题目上出现语法错误的情况还不少见。如：

《小学应用文写作存在的问题与策略研究》，"小学应用文写作"不符合语法规范，"小学"与"应用文写作"搭配不当。可改为《小学生应用文写作中的问题与对策研究》或《小学应用文写作教学中的问题与对策研究》。

《小学教师校本研修的现状及提升策略》，"校本研修的提升策略"不符合语法规范，用词不当，"校本研修"是活动，不能用"提升"来修饰活动。可改为《农村（或城市）小学教师校本研修能力及提升策略》。

《基于语文学科核心素养下初中记叙文写作教学研究》《基于学科核心素养视角下的5E教学模式在高中英语阅读教学中的应用研究》，"基于"和"下"不能同时使用。

《基于归因理论激发初中语文学习动机的研究》，主语缺失，可改为《基于归因理论的初中生语文学习动机激发研究》。

《基于版画教学在中小学美术课堂的研究》，"基于"多余，"课堂"后面缺失"中的应用"，可改为《版画教学在中小学美术课堂中的应用研究》。

《初中语文核心素养聚焦下的整本书阅读策略研究》，"聚焦下"用词不当。作者的意图是基于核心素养要求来探讨整本书阅读策略，可改为《基于语文核心素养的初中整本书阅读策略研究》或《语文核心素养视角下的初中整本书阅读策略研究》。

（二）用词不规范

《语用学视角下小学生英语口语教学的研究》，"小学生英语口语教学"不规范，应为"小学英语口语教学"。

《小学语文赏识教育的实践研究》，"小学语文赏识教育"不规范，应为《赏识教育在小学语文教学中的应用研究》。

《浅析网络线上教学在初中历史学科的应用》,"网络线上教学"不规范,"网络""线上"不能连用。

《初中英语教师课堂话语中的师生关系研究》,"课堂话语中的师生关系"不规范,没有这种说法。

《农村学生流失教育存在的问题分析》,"流失教育"不规范,没有这种说法。

(三)复杂冗长

如《基于学科核心素养要求谈思维导图在高中英语阅读教学中的应用》,这样的题目让人看着特别费劲,要好好琢磨一番,才有可能弄清楚或猜测出作者想要表达的究竟是什么。

复杂冗长问题的解决需要作者把研究视角、研究对象、研究主题等捋清楚,论文题目上只放最重要的内容(研究背景或范围、研究对象、研究主题或问题)。如果题目想呈现的内容较多,可以设计成正副标题的形式。上例中,"学科核心素养"是研究切入的角度,研究对象是"高中英语阅读教学",研究主题是"思维导图的应用"。分析清楚后,可以将题目设计为《学科核心素养视角下思维导图在高中英语阅读教学中的应用研究》,题目还是比较长。可以设计成正副标题的形式,即《思维导图在高中英语阅读教学中的应用——基于学科核心素养培养的研究》。

其他的问题还有:

标题是完整句子,如《采用思维导图法能够有效提高初中生的逻辑思维能力》。

标题表述不完整,如《影视资料在历史教学"家国情怀"中的培养研究》,"中"后面缺失内容。《小学生心理发展特点在小学音乐鉴赏教学的实践研究》,"教学"后面缺失内容。

本章小结

本章主题是问题、选题与标题设计。

问题是一个具体的、尚未解决或尚未完全解决的、真实存在的、需要予以解决的疑难(困惑、困扰、麻烦等)。问题意识体现于论文的选题(题目)、结构与论证。

选题要符合专业方向，要考虑有价值、可行、有新意、明确具体与扬长避短。既可以从工作实践、学习实践与生活实践中找选题，也可以从文献中找选题。选题要先确定主题，然后选择话题，最后找出问题。选题常见问题是没有问题。

论文标题有正标题、副标题。正标题要有新意、大小合适、文题相符、是短语而非句子、不表达观点、简明。正标题有"关于＋宾语＋研究""论＋宾语"两种基本结构，常见的是以名词或名词性词组为中心的偏正结构。副标题是为了补充、阐明正标题因字数限制而无法传递的内容，而在其之下附加的题目，作用在于强调研究视角、方法、目的、范围、重点等。文中标题指章节标题与节内标题，要做到文题相符，是短语而非句子，要简明。标题设计常见问题是出现语法错误、用词不规范、复杂冗长等。

第二章 文献检阅、管理与述评

本章学习目标

◆ 了解文献的类型及重要性

◆ 了解文献检索要求、步骤、途径与方法

◆ 学会筛选与管理文献

◆ 学会阅读专业文献并做阅读笔记

◆ 学会撰写文献述评

本章思维导图（图2-1）

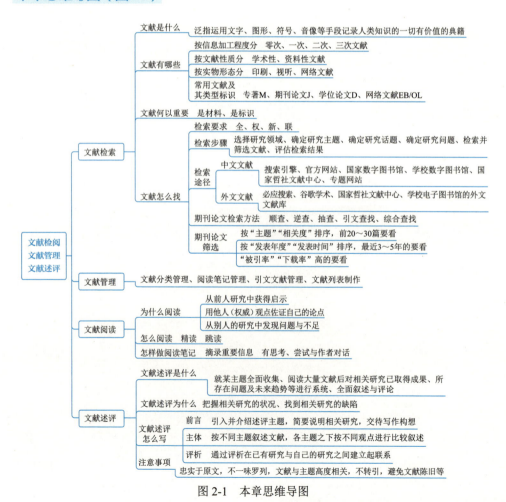

图2-1 本章思维导图

了解并高效使用专业文献是研究生的基本功,这需要弄清楚文献的分类,认识到文献的重要性,了解文献检索的途径与方法,知道如何管理与阅读专业文献并学会撰写文献述评,这些是本章的内容。

第一节 文献简介

本节对文献的介绍从是什么、有哪些、何以重要三个方面展开。

一、文献是什么

一提到文献,你脑海里浮现出的可能是著作、期刊论文、学位论文等。其实文献不仅限于此,它泛指用文字、图形、符号、音像等手段记录人类知识的一切有价值的典籍,包括书籍、报刊、文物、影片、手稿、录音、录像、幻灯片、电脑软件等。

二、文献有哪些

文献的载体与形式多样,这里介绍文献的分类、常用文献及其类型标识。

(一)文献分类

按照不同的分类依据(标准),文献有不同的分类。[1]

1. 按信息加工程度分

零次文献,指没有正式发表或未形成正式载体的文献,如日记、书信、手稿、笔记等。尽管它没有正式出版或发表,但也具有重要的学术参考价值。

一次文献,有时也称原始文献,一般指学术著作、期刊论文、会议论文等,是文献检索的主要对象。

二次文献,指对一次文献经过整理加工后形成的文献,包括一般图书、文摘刊物如《新华文摘》、人大复印资料等。

---

[1] 分类的常见问题是所分的类别之间出现交叉重叠,类似于把人分成男人、女人、老人三类,这当然是个笑话,意在说明类别之间的交叉重叠问题。出现这种情况的一个重要原因在于分类时未考虑分类依据(标准),即按照什么对其进行分类。如果有明确的分类依据(标准),所分类别之间出现交叉重叠的可能性就大大降低了。

三次文献，指对一次、二次文献进行加工后形成的文献，如图书目录、索引刊物、综述文章，通常作为文献检索的主要工具。

也有不同的表述，如一次、二次、三次、四次文献。无论如何表述，越往后文献中的信息加工程度就越高。

2. 按文献性质分

学术性文献，包括学术著作、学术期刊论文、学术会议论文、教科书、科普读物等。学位论文通常不引用教科书、科普读物中的内容，一般也不将其列入文后参考文献表。

资料性文献，包括文摘、百科全书、年鉴以及各种档案资料。学位论文写作中可根据情况查阅和引用。

3. 按文献载体分

印刷文献，指以印刷品形式存在、以纸张为载体的文献，如学校图书馆、学院资料室购买的各种图书和期刊，是传统的记录知识、信息的方式，是手工检索的主要文献来源，其优点是便于阅读，缺点是体量较大，查阅效率较低。目前很多印刷文献都有电子版，如知网所收录的期刊论文、超星图书馆里的电子书，对这些文献的查阅更多通过网络进行。

视听文献，指利用声像技术保存的文献，包括唱片、录音带、录像带、科技电影、幻灯片等。

网络文献，也称电子文献，泛指通过计算机网络能够查阅到的文献，如专题网站、学者博客、学术性微信公众号上的文献等。

（二）常用文献及其类型标识

学位论文的常用文献有学术著作、期刊论文、学位论文、会议论文、网络文献等。

1. 学术著作

学术著作是相较于非学术著作如教材、通识读物而言的，也有学术专著之说。严格来讲，学术著作与学术专著不同，两者的最大区别在于主题。学术著作的主题相对广泛，如有些学者会将多年的学术论文结集出版为学术著作；而学术专著的主题相对小一些，一般仅指针对某一论题或问题的研究成果。不过一般不对两者进行严格区分，而统称学术著作，其文献类型标识是"M"，两者都具有较高的学术参考价值。

2. 期刊论文

期刊论文指发表在学术期刊上的论文，其文献类型标识是"J"。

学术期刊一般指经过同行评审的期刊，所刊载论文具有一定的学术参考价值。就类别来说，（1）按照检索库，可分为科技核心期刊、中文核心期刊、中国社会科学引文索引（Chinese Social Sciences Citation Index，简称CSSCI）、中国科学引文数据库（Chinese Science Citation Database，简称CSCD）、双核心期刊（同时被两种遴选体系认定为核心）；（2）按照学科，可分为哲学、语言学、文学、历史学、考古学、经济学、政治学、法学、社会学、民族学、新闻学与传播学、图书档案情报与文献学、教育学、统计学、管理学、心理学等；（3）按照出版类别，可分为综合性社科期刊如《中国社会科学》，专业性人文期刊如《哲学研究》，高校综合性社科学报如《河南师范大学学报》（哲学社会科学版）。

就级别来说，（1）传统的分级方法是按主管部门分级。《科学技术期刊管理办法》①将科学技术期刊按主管部门分为全国性期刊与地方性期刊。全国性期刊指国务院所属各部门、中国科学院、各民主党派与全国性人民团体主管的期刊。地方性期刊指省、自治区、直辖市各委、厅、局主管的期刊。其实这并不是对学术期刊所进行的级别划分，仅表明了期刊所隶属主管部门的级别。就学术期刊自身来说，没有国家级、省部级与地厅级这一说。（2）当下流行的分法是根据质量来划分级别，将其分为核心期刊与普通期刊。核心期刊也称核心领域期刊，指所含专业情报信息量大、质量高、能够代表专业学科发展水平并受到本学科读者重视的专业期刊。目前国内有五大核心期刊遴选体系，分别是（排序不分先后）：北京大学图书馆的《中文核心期刊要目总览》、南京大学中国社会科学研究评价中心的《中文社会科学引文索引来源期刊》（简称CSSCI）、中国科学技术信息研究所的《中国科技论文统计源期刊》（也称《中国科技核心期刊》）、中国科学院文献情报中心的《中国科学引文数据库来源期刊》（简称CSCD）、中国人文社会科学学报学会的《中国人文社科学报核心期刊概览》。

学界给学术期刊又划分出更细致的层级。就人文社科领域来说有三个层级：第一层级是CSSCI来源期刊，每年公布一次，各学科略有调整但变动不大；第二层级是核心期刊，有北大核心、科技核心、万方核心等，北大核心的接受度最高、影响力最大；第三层级是普通期刊，指上述两类期刊以外的学术期刊，刊号标注有"CN"字母，所以称其为"CN"期刊。

3. 学位论文

学位论文分学士学位论文、硕士学位论文与博士学位论文三类，其文献类型标识是"D"。硕士论文写作参考更多的还是硕士论文，因为学士学位论文的学术参考价值不大，而博士学位论文一则篇幅长，二则可能没有与自己研究主题高度

---

① 国家科委、新闻出版总署. 科学技术期刊管理办法（令1991年第12号）[EB/OL]. [2020-09-18]. http://www.law-lib.com/law/law_view1.asp?id=7794.

相关的。通常来说，与自己研究主题相关的硕士论文会比较多甚至非常多，但不建议引用太多硕士论文，也不建议在文后参考文献表中出现太多的硕士论文。那么如何筛选就成为一个问题，建议选择名校、名导指导的论文。

4. 会议论文

会议论文指参加学术会议时所提交的论文，其文献类型标识是"C"。很多学术会议会将参会者所提交论文集结出版、做成光盘或压缩文件包。相较于期刊论文，会议论文通常是作者较新的研究成果。通过查阅近期的会议论文，能够把握相关领域或主题的最新研究进展与动态。

5. 网络文献

网络文献指通过计算机网络收集到的文献，包括政府网站上的资料、专题网站上的资料、学者个人博客中的文章、学术性微信公众号里的文章等，其文献类型标识为"EB/OL"。

网络文献的查找非常方便快捷，但需要提醒大家要谨慎使用网络文献，尤其是出处不权威的网络文献。政府网站、期刊社网站、学会网站上的资料比较可靠，但百度百科、维基百科、个人博客与微信公众号里资料的可靠性就不那么强了。著作的质量由作者负责，出版社为其把关；期刊论文的质量由作者负责，期刊社为其把关；没有人（无署名或化名情况下）为网络资料的质量把关，网络资料有可能是错误的。阅读尤其是引用网络文献一定要谨慎，要收集可靠网站上的资料。如有必要，还需核实其准确性。那么，什么情况下需要核实？这个要灵活把握，在权威网站如教育部主页上查到的资料自然不必核实，但来源不权威、不可靠的资料是需要核实的。

三、文献何以重要

就笔者多年指导学位论文写作的经验来看，不少同学对文献不够重视，所引用与参考的文献存在数量不足、质量不高的情况。尽管笔者多次跟学生强调文献的重要性，但仍未引起足够的重视。为什么要再三强调文献的重要性？"理科靠实验、文科靠文献""巧妇难为无米之炊"，对学位论文来说，文献就是依靠，就是材料。不仅如此，文献还是标识，不同的文献传递出的信息是不一样的。

（一）文献是材料

做任何东西都离不开材料，就连进行思考都需要材料，思考的材料是语言。同理，写论文也需要材料，文献就是材料，很难想象没有材料怎么写论文。回想一下我们学习写作文的经历，背了多少好词好句好段落和优秀作文，老师不厌其烦地强调平时要留心积累素材（即材料）。学位论文的篇幅比一般作文长很多，不少同学一开始都有这样的想法："这么多字，我怎么写得出来！"之所以如此，很重要的一个原因是材料积累不够。

（二）文献是标识

对于学位论文而言，文献不仅是材料，还是标识。这一点其实也不难理解，很多物品都可以采用不同的材料制作，所使用的材料不同，物品的价值（价格）会有很大差别，材料在一定程度上就成为该物品价值（价格）的标识。如大家都熟悉的毛衣，就所用材料来说，有腈纶、棉线、羊毛、羊绒等。即便是同一品牌，材料不同，其价格差别也非常大。即便是不看品牌，只看所用材料，也能大致判断出其价值或价格。

文献是学位论文的标识，它告诉读者这篇论文是建立在什么样材料的基础上，是在权威期刊论文、知名专家学者研究成果的基础上，还是一般CN期刊论文、可靠性无法判定的网络资料的基础上。英国科学家牛顿说过："如果说我比别人看得更远的话，那是因为我站在巨人的肩膀上"。站得高就能看得远，用好材料做出来的东西大抵也是不错的。假如你是评审专家，面前摆着两篇学位论文，只让你看它们的脚注与参考文献，论文A的脚注和参考文献里出现的是如《中国社会科学》《教育研究》《中国教育学刊》《电化教育研究》等，总量有近百篇；论文B的脚注与参考文献里出现的是如《×××专科学校学报》《家长之友》《魅力》等，总数不到30篇，仅凭这两点（都是些什么样的文献、总量多少），你就能大体判断出这两篇论文的质量高低。

总之，文献既是写学位论文需要用到的材料，同时也是学位论文质量高低的标识之一。

第二节　文献检索

这里从要求、步骤、途径与方法等方面介绍文献检索。

一、检索要求

在笔者指导学生的过程中总感觉他们的文献检索工作不到位。学生问到位的标准是什么，这倒也没有明确标准，基于个人经验并参考一些高校相关专业培养方案中的要求，笔者提出如下建议。

（一）数量要求

就数量而言，一篇硕士论文的参考文献[①]最低标准是40篇（部），中等是60~80篇（部），较好是80~100篇（部）。参考文献也不是越多越好，过多反而会让人怀疑你是否看过所有的文献。

（二）质量要求

就质量来说，要把握四个字：全、权、新、联。

1. 全

指文献类型要尽量全面。学位论文常用文献类型有学术著作、期刊论文、学位论文、会议论文、网络文献、工具书，其中期刊论文占比相对高。能穷尽与论文主题相关的所有文献当然最好，但这往往很难做到，即便不能穷尽也要尽可能包括上述几类文献。不能出现参考文献清一色是期刊论文这种情况，这说明你对相关研究的把握不全面。

2. 权

指文献质量要高。学术著作要选择知名学者、知名出版社如一流大学出版社、学校认定的权威出版社，学术论文选择北大核心与CSSCI期刊论文，[②]学位论文选择知名学者所指导或一流大学的，网络文献要特别注意其出处，选择权威性、可靠性高的网站上的资料，工具书也要注意其权威性与可靠性。

3. 新

指文献最好以最近发表或出版的为主。不同学科"新"的标准不一样，一些发展迅速的新兴学科，新文献可能指最近一年甚至几个月的文献。一些发展较快的交叉学科，新文献可能指最近三年左右的文献。一些发展不那么快的学科，新文献通常指最近3年到5年或7年的文献。

4. 联

指文献要与论文研究主题（问题）高度关联。为写论文而收集的文献理应与论文主题（问题）高度关联。但有些论文的参考文献与论文主题（问题）的关联度并不高，甚至从标题完全看不出其相关性，给人的感觉是为了凑数而生搬硬贴。

---

① 此处说的是参考文献，是为写论文而阅读与引用过的文献，不是所收集的文献。文献收集数量要远远多于参考文献，参考文献是从所收集的文献里筛选出来的。

② 学位论文的脚注与文后参考文献表里最好不要出现CN期刊论文。

如题为《中职学校学生社团发展困境及其突破研究》的论文，参考文献里出现了诸如《中职学校英语课堂教学研究》《高校学生社团管理研究》《中职学校教师专业发展研究》等。该文的参考文献应紧扣"中职学校学生社团发展"这个主题。如果相关文献实在太少，也可将"中职学校学生发展""中职学校学生管理"中涉及学生社团发展的文献纳入其中。

为什么要提出全、权、新、联的文献检索要求？这得从对学位论文的创新要求谈起。所谓创新，文雅一点讲是"道前人之未道、行前人之未行"，通俗来说就是你说了别人没有说过的话、做了别人没有做过的事，或简单一点，你的说法、做法跟别人不一样。创新的前提是你得知道别人已经说了什么、做了什么。论文创新亦如此，你得知道别人已经做了什么，才可能有所创新。"全"的要求是要你全面了解前人已经做的，如果了解不全面，甚至遗漏重要文献，就把握不了相关主题的研究状况，可能就会把前人已经做过的事情误以为是自己的创新。"权"的要求是要你了解权威的、主流的研究状况及其进展，将自己的研究建立在更高、更好的基础上，做出有价值的创新。"新"的要求是要你了解当下正在做的，把握研究的新进展、新动向、新难题，从中拾遗补阙寻找创新点。"联"的要求是要你关注与自己论文主题（问题）关联度高的文献，这些文献对你的参考价值更高，对你寻找创新点能发挥更大的作用。

二、检索步骤

论文写作的流程是：选题——文献阅读——开题——进一步收集材料——撰写初稿——修改、定稿——检测、送审——答辩，这里谈的是选题阶段的文献检索。选题是一个过程，论文题目不是拍脑袋拍出来的，不是做梦梦出来的，而是苦苦找寻来的，这个找寻的过程同时也是文献检索的过程，它包括选择研究领域，确定研究主题、话题与问题，检索并筛选文献，评估检索结果等步骤。

（一）选择研究领域

到研究生阶段，大部分同学可能都有了自己的学术兴趣，如有的同学对课堂教学感兴趣，有的同学对学生管理感兴趣，有的同学对学生社团发展感兴趣，论文选题优先考虑自己的学术兴趣。如果没有明确的学术兴趣，可通过听课或学术讲座，关注老师和专家对相关领域前沿、难题的介绍，或关注相关政府网站如教育部官网，从政策、文件、新闻中找选题。或关注与学科领域相关的媒体报道，如小学教育专业的同学要关注媒体上有关此学段的相关报道，寻找社会关注点。

有工作经验的同学可反思自己在工作中遇到的难题，挑选出其中具有普遍性与研究价值的问题。

如专业是小学教育，对语文教学比较感兴趣，可检索"小学语文教学"相关文献，此阶段建议只检索期刊论文。①检索条件选择"篇名"，检索词为"小学"+"语文教学"，期刊选择北大核心、CSSCI（也称南大核心）（见图2-2）。

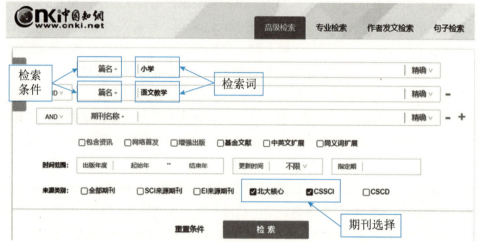

图2-2　篇名中含有"小学""语文教学"的北大、南大核心期刊检索条件设置

共检索到343条结果（见图2-3）。

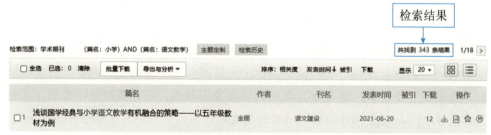

图2-3　篇名中含有"小学""语文教学"的北大、南大核心期刊检索结果

首先，浏览最近3年左右的论文题目，先大致判断哪个或哪些主题（问题）是研究热点；其次，通过浏览被引率前20~30篇、下载率前20~30篇的文献，寻找学界关注度较高的主题（问题）；最后，将前两个结果结合起来考虑，确定你的研究主题。接下来要检索与该主题相关的文献，通过浏览文献来寻找研究话题。

（二）确定研究主题

假定通过第一步，你选择了"小学语文课堂教学"作为研究主题。首先，在

---

① 在知网首页仅勾选"学术期刊"，然后点击"高级检索"。

检索条件里选择"篇名",检索词为"小学语文"+"课堂教学",共找到56条结果(见图2-4)。

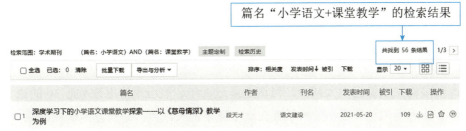

图2-4　篇名中含有"小学语文""课堂教学"的北大、南大核心期刊检索结果

其次,在检索条件里选择"篇名",检索词为"小学"+"语文课堂教学",共找到44条结果(见图2-5)。

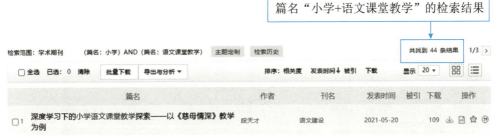

图2-5　篇名中含有"小学""语文课堂教学"的北大、南大核心期刊检索结果

再次,更换检索条件为"关键词",检索词为"小学语文"+"课堂教学",共找到16条结果(见图2-6)。

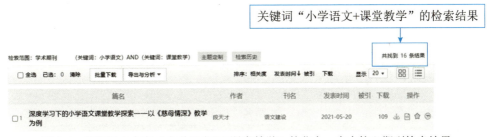

图2-6　关键词中含有"小学语文""课堂教学"的北大、南大核心期刊检索结果

从次,更换检索条件为"主题",检索词为"小学语文课堂教学",共找到125条结果(见图2-7)。

最后,更换检索条件为"关键词",检索词为"小学"+"语文课堂教学",未检索到任何文献。

此外,还可尝试其他检索条件如"摘要""小标题"等。

图 2-7　以"小学语文课堂教学"为主题的北大、南大核心期刊检索结果

此阶段的文献量已大大减少，可浏览最近 5 年、被引率与下载率前 30 的论文题目，必要时可浏览摘要，分析学界在此主题下的关注点，寻找你的研究话题。

（三）确定研究话题

假定经由第二步，你选择了"小学语文课堂教学效率"作为你的研究话题，接下来要检索与该话题相关的文献，寻找研究问题。

首先，在检索条件里选择"篇名"，检索词为"小学语文"+"课堂教学"+"效率"（见图 2-8）。

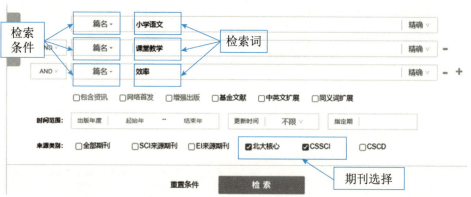

图 2-8　篇名中含有"小学语文""课堂教学""效率"的北大、南大核心期刊检索条件设置

检索发现，仅有 2 条结果（见图 2-9）。

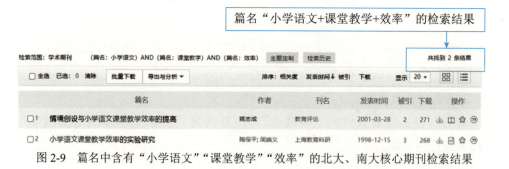

图 2-9　篇名中含有"小学语文""课堂教学""效率"的北大、南大核心期刊检索结果

如果选择"全部期刊",检索结果有 63 条(见图 2-10)。

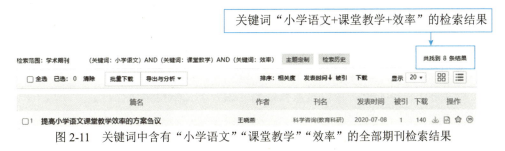

图 2-10　篇名中含有"小学语文""课堂教学""效率"的全部期刊检索结果

其次,将检索条件设定为"关键词",检索词为"小学语文"+"课堂教学"+"效率",选择"全部期刊",有 8 条结果(见图 2-11)。

图 2-11　关键词中含有"小学语文""课堂教学""效率"的全部期刊检索结果

最后,更换检索条件为"关键词",检索词为"小学语文"+"课堂教学"+"效率",选择北大核心、CSSCI 未检索到任何文献。

这在一定程度上表明主流期刊对该话题不很关注,研究成果不多,一般而言如此,但也可能表明你的选题较新。如果你真的遇到了这种情况,需要弄清楚究竟是主流学界不关注,还是选题新。

(四)确定研究问题

假定经过第三步的文献检索与分析,你发现在"小学语文课堂教学效率"相关研究中,尚未关注到"课堂教学低效"的问题,或对这个问题的认识存在较大分歧,于是你选择了"小学语文课堂教学低效"作为你的研究问题。

(五)检索并筛选文献

此阶段的文献检索目标更加明确。文献检索不仅限于知网,不仅限于期刊论文,可尝试多种途径、多种方法检索文献,凡与"小学语文课堂教学低效"有关系的都是你的参考文献。

（六）评估检索结果

此阶段，可参考前文介绍的全、权、新、联的文献检索要求来评估你的检索结果。

也可将第二步与第三步结合在一起，按照领域——主题——问题——筛选的步骤进行。

三、检索途径

笔者在看学生的学位论文时，比较郁闷的是看到脚注或文后参考文献表中出现百度百科的网络链接，或一些从刊名看与本学科没有关系、从篇名看与论文主题关系不大的文献，最郁闷的是看到核心概念界定居然来自百度百科。[①] 与学生交流此问题，有些学生表示不知道去哪儿查文献、哪些文献的学术参考价值更高。这倒也能理解，本科阶段学校基本不开设论文研究方法或写作方面的课程，本科毕业论文写作是在懵懵懂懂中完成的；硕士阶段虽然开设有研究方法课，但不见得所有老师都会谈及文献检索，很多老师默认到研究生阶段学生应该都知道这些了，可实际上并非如此，所以这里有必要介绍一下文献检索途径。

（一）中文文献检索途径

学位论文常用的中文文献有学术著作、期刊论文、学位论文、会议论文及网络资料等，这些文献可以通过搜索引擎、官方网站、数字图书馆以及一些专题网站来检索。

1. 搜索引擎

搜索引擎是常用的检索工具，这里介绍三个搜索引擎。

（1）百度文库（https://wenku.baidu.com/），所收录的文献格式有 doc、pdf、ppt、xls 与 txt。

输入要检索的关键词，如"小学语文课堂教学"，单击"搜索文档"，检索结果如图 2-12 所示。

就笔者的使用经验来看，百度文库通常在不方便上知网时使用，或用于查阅知网没有收录的一些文献。

（2）百度学术（https://xueshu.baidu.com/），功能有论文查重、学术分析、期

[①] 笔者没有轻视百度的意思，实际上笔者在平时也非常依赖百度，有问题就找百度，十有八九都能够解决。但学位论文写作与解决日常生活中的问题不同，它需要建立在学术文献，尤其是高质量学术文献的基础上。

刊频道、开题分析等，导航栏目里有知网、万方、维普、Springer Link、CSSCI 等，收录了很多资源。

图 2-12 "小学语文课堂教学"百度文库检索结果

输入要检索的关键词，如"小学语文课堂教学"，单击"搜索文档"，检索结果如图 2-13 所示。

图 2-13 "小学语文课堂教学"百度学术检索结果

时间选择"2015年以来"，期刊类别选择"CSSCI 索引"，按"相关性"排序，结果如图 2-14 所示，共查阅到 2015 年以来的 CSSCI 期刊论文 34 篇，有些可以免费下载，不能免费下载的可通过其他途径获得。

（3）谷歌学术。先百度搜索"谷歌学术"，找到"谷歌学术镜像"，如图 2-15 所示。

单击任意一个学术镜像如"学术搜索 1"，界面如图 2-16 所示。

输入"小学语文课堂教学"，选择"简体中文网页"，检索结果如图 2-17 所示。

百度文库、百度学术、谷歌学术里的部分资源可以免费下载，部分不能下载的资源可以通过其他途径获得。

图 2-14 "小学语文课堂教学"百度学术 CSSCI 索引检索结果

图 2-15 谷歌学术的多个镜像站点

图 2-16 谷歌学术的一个镜像站点

图 2-17 "小学语文课堂教学"谷歌学术检索结果

2. 官方网站

官方网站所提供资料的可靠性更强，可根据论文选题在相应的官网上收集资料。

国家相关部门如教育部、科技部、财政部等官方网站上公布有很多统计资料、政策文件，可根据论文研究需要来查阅。

出版社与学术期刊的官网也有丰富资源，可根据论文研究需要予以关注，获得较新的出版和发表信息。

3. 国家与学校的数字图书馆

国家数字图书馆（http://www.nlc.cn/）是国内资源最丰富的数据库，尽管不能下载，但能够提供全面、完整的信息，馆藏资源有图书、期刊、报纸、论文等。

下面以"图书"为例，简要介绍查阅方法。单击"图书"，结果如图 2-18 所示。

图 2-18　国家图书馆的中文图书资源库

"中文图书"里有"中国共产党思想理论资源数据库""中国社会科学文库""韩使燕行录""电子图书公益阅读""中国历史文献总库·民国图书数据库"等。单击"中国社会科学文库",结果如图 2-19 所示。

图 2-19　国家图书馆的中国社会科学文库

选择"图书",输入检索词"教育研究",检索条件选择"标题""精确",检索结果如图 2-20 所示。共检索到书名中有"教育研究"的图书 58 本,可将这些图书按照"相关度""出版日期""点击量"进行排序。

图 2-20　标题中含有"教育研究"的图书在中国社会科学文库的检索结果

各高校的数字图书馆也都有丰富的电子资源,需要大家去了解适用于你论文主题的电子资源。以河南师范大学数字图书馆为例,它所提供的中文数据库有 CNKI 中国知网、中国社会科学文库、民国图书数据库、中国近现代教育资源库、万方数据、维普中文期刊服务平台、国家哲学社会科学学术期刊数据库、超星电子图书数据库、读秀学术搜索等。外文数据库有 SCI/SSCI(Web of Sciecne)核心合集[①]、Nature[②]、Springer[③]、ProQuest 博硕士学位论文全文数据库[④]、ESI（Essential Science Indicators）[⑤]、Elsevier Science Direct[⑥]、ACS[⑦]、EI（Engineering Village Compendex）[⑧]、RSC（Royal Society of Chemistry）[⑨]等。

以"读秀学术搜索"为例，如想检索书名中含有"小学语文课堂教学"的中文图书，选择"图书"，输入"小学语文课堂教学"，选择"书名"，单击"中文搜索"（见图2-21）。

[①] Science Citation Index Expanded（科学引文索引，简称 SCI-E）是一个聚焦自然科学领域的多学科综合数据库。Social Science Citation Index（社会科学引文索引，简称 SSCI）是一个聚焦社会科学领域的数据库。这两个数据库包含在 Web of Science 核心合集中。Web of Science 核心合集是收录了全球 2 万多种权威的、高影响力的学术期刊，超过 20 万份会议录以及 10 万多种科技图书的题录摘要，内容涵盖自然科学、工程技术、生物医学、社会科学、艺术与人文等领域。

[②] 《自然》(Nature Weekly)。创刊于 1869 年，是全球最知名的科学期刊之一，涵盖各学科领域，已连续 10 年名列多学科领域影响因子排名第一。

[③] Springer 每年出版期刊超过 1 820 种，涵盖了自然科学、技术、工程、医学、法律、行为科学、经济学、生物学等 11 个学科。Springer 出版的期刊 60% 以上被 SCI 和 SSCI 收录，很多期刊在相关学科都拥有较高的排名。

[④] ProQuest 博硕士学位论文全文数据库收录了 1743 年至今的全球的论文，每年新增近 20 万篇，是目前世界上唯一提供全文论文的精选全球内容数据库。其主要收录了来自欧美、加拿大等 60 多个国家 4 000 多所高校的优秀博士、硕士论文。

[⑤] Essential Science Indicators TM（基本科学指标，简称 ESI）是一个基于 Web of Science TM 核心合集数据库的深度分析型研究工具。

[⑥] Elsevier Science Direct（简称 SD）数据库是荷兰爱思唯尔所出版的全文期刊数据库，提供优质学术研究文章。全球研究人员、教师、学生、医疗和信息工作者均可利用 SD 数据库来增进其检索、发现、阅读、理解和分享学术研究的方法。爱思唯尔秉承严格的出版标准，遵循国际同行评议制度，为全球研究人员提供 2 000 余种同行评审期刊，含数十个研究领域的顶级期刊，其中涵盖 200 余位诺贝尔奖获得者的研究成果。

[⑦] 作为享誉全球的科技出版机构，ACS 一直致力于为全球研究机构、企业及个人提供高品质的学术期刊，内容涵盖 20 多个与化学相关的研究领域，包括物理化学、化学工程、生物化学和分子生物学、食品科学、有机化学、无机与原子能化学、地球化学、环境科学与工程、材料科学与工程、晶体学、毒理学、药理学等。被期刊引证报告 JCR 评为"化学领域被引用次数最多的期刊"。ACS 数据库包括 65 种期刊，回溯至创刊年。

[⑧] EI 是世界上最广泛、最完整的工程文献数据库。它提供了同行评审和索引出版物的真正整体和全球视图，这些出版物具有来自 190 余个工程学科的来自 86 个国家的 2 750 万条记录。

[⑨] 英国皇家化学学会（Royal Society of Chemistry，简称 RSC），是一个国际权威的学术机构，是化学信息的一个主要传播机构和出版商，其出版的期刊及资料库一向是化学领域的核心期刊和权威性的资料库。该协会成立于 1841 年，是一个由 5.5 万名化学研究人员、教师、工业家组成的专业学术团体，出版的期刊及数据库一向是化学领域的核心期刊和权威性的数据库。RSC 期刊大部分被 SCI 收录，并且是被引用次数最多的化学期刊，涉及化学化工、材料、生物、制药、环保、食品加工等领域。

图 2-21　读秀的检索界面

检索结果如图 2-22 所示，共检索到图书 166 册，单击右侧的"默认排序"，从下拉菜单中选择"时间降序"，就可将图书按照从新到旧的顺序排列。可通过浏览书名、简介来选择其中与论文主题相关度高的，然后通过其他途径如超星数字图书馆查找电子书或购买纸质书。

图 2-22　书名中含有"小学语文课堂教学"的图书在读秀的检索结果

4. 国家哲学社会科学文献中心

国家哲学社会科学文献中心是一个免费的资源库（http://www.ncpssd.org/），收录中文期刊 2 276 种，外文期刊 13 200 种，古籍 17 743 册（截至 2023 年 1 月）。只需注册，就能下载其所收录的任何文献。

5. 专题网站

（1）学会或协会网站。如中国教育学会（http://www.cse.edu.cn）、中国高等教育学会（https://cahe.edu.cn/），可关注并经常浏览，其网站上会公布会议信息及一些研究成果。

（2）学术性或学者个人的微信公众号。如"镇西茶馆""中国学前教育研究会""第一教育""东西儿童教育""家庭教育之声"等，可根据论文需要关注相关微信公众号。

（3）学者博客。很多知名学者都有自己的博客，可根据论文需要予以关注。论文的研究主题选定后，应该去了解该主题的学者、专家都有谁，到百度查一下这些人有没有博客，如有就予以关注，他们会经常在博客发文公布其最新成果。

（二）外文文献检索途径与注意事项

学位论文是否必须有外文文献？不同学校的要求不一样，有些学校对文献总量与外文文献有明确要求。如某校教育学原理专业硕士研究生培养方案规定"开题报告的文献最小阅读量为 40 篇（部），其中外文文献至少应占三分之一"。[①] 笔者也认为，学位论文最好有外文文献。

1. 外文文献检索途径

（1）必应（https://cn.bing.com/?scope=web），部分可下载全文。

（2）谷歌学术，部分可下载全文。

（3）国家哲学社会科学文献中心（http://www.ncpssd.org/）的外文期刊库，只要能查到均可免费下载全文。

（4）学校电子图书馆的外文文献库，需要根据学科与论文选题了解适用的外文文献库。

2. 使用外文文献注意事项

（1）根据论文需要选择。如果确实没有与论文直接相关的外文文献，不要硬搬、胡乱粘贴。某些论文如《红旗渠精神在小学德育中的融入路径研究》，可能就没有直接相关的外文文献。如果能搜到间接相关的如关于理念、价值如何融入教育中的文献，也可作为参考。如果实在没有，那就老老实实看中文。

（2）要保证外文资料的真实性与准确性。真实性指文中或文后所列外文文献必须是你看过的，精读也好，略读、跳读甚至只是翻翻也罢，总之你要看过，没有看过的文献不能列为参考文献，更不能引用其内容。[②] 准确性一方面指外文文献相关信息必须准确，如作者名、文献名、期刊名或出版社名、引用内容所在的页码等；另一方面指所引用内容必须准确，不能有意（按照有利于自己观点的方式进行翻译）或无意（外文水平有限）曲解原文的意思。

---

① 华中科技大学教育科学研究院研究生培养方案［EB/OL］.［2022-01-05］. http://gs.hust.edu.cn/info/1016/7409.htm.

② 外文文献使用异常情况有两种：一是文中没有一处外文引用，但文后列有外文参考文献，询问作者文献类型是著作还是期刊论文或请其翻译文献名，均回答不出来，这种情况能说作者看到过文献吗？二是文中引用有外文文献的内容，询问作者文献类型是著作还是期刊论文或请其翻译文献名，同样都回答不出来。问看过这些文献吗，回答没有。问从哪儿引用的，回答往往是从某个中文文献看到的。这种情况下，如引用，需要查找原文，核实准确无误后再标注原始出处。

四、检索方法

鉴于学位论文大部分参考文献是期刊论文，这里重点介绍期刊论文的五种检索方法。

知网首页默认的项目有"学术期刊、学位论文、会议、报纸、标准、成果、图书、学术集刊"，如仅检索期刊论文，需要单击其他几个项目前的方框以将其勾选（见图2-23），只留下"学术期刊"。

图 2-23　在知网中只选择"学术期刊"

然后单击"高级检索"，结果如图2-24所示。

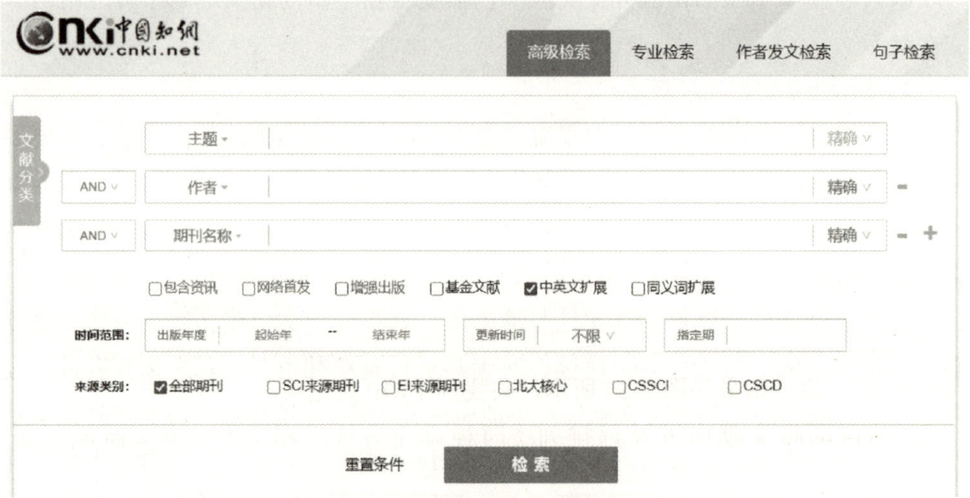

图 2-24　学术期刊的高级检索界面

在第一行的检索条件中选择"篇名"，输入"小学语文课堂教学"，勾选"中英文扩展"，勾选"全部期刊"，选择北大核心、CSSCI，如图2-25所示。

单击"检索"，检索结果如图2-26所示，共检索到篇名中有"小学语文课堂教学"的核心期刊论文与CSSCI论文43篇。

下面介绍期刊论文的查找方法（均勾选掉"中英文扩展"，只选择北大核心与CSSCI）。

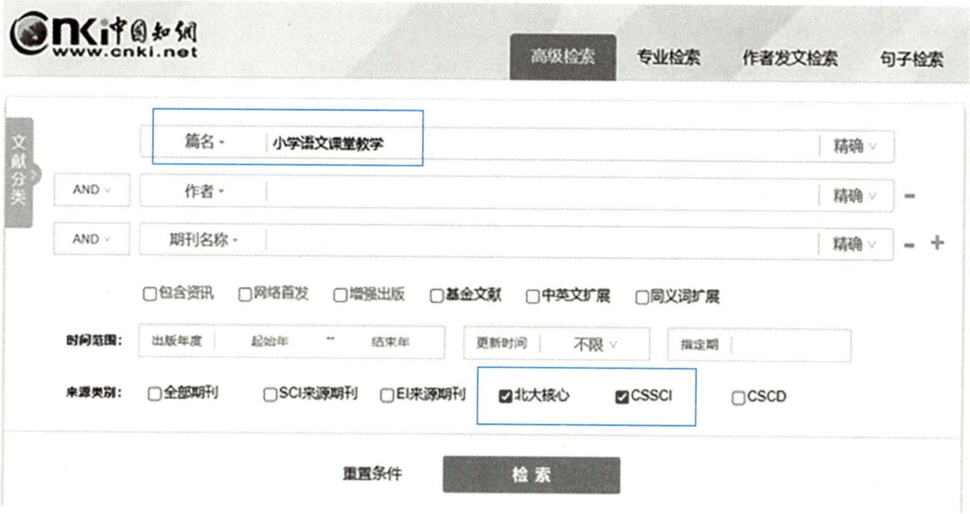

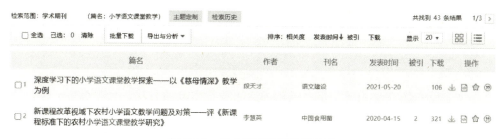

图 2-25 学术期刊高级检索中的检索条件设定

图 2-26 学术期刊高级检索结果

（一）顺查法

即按时间顺序由远到近逐年查找的方法。如选定检索条件"篇名"，输入"大学生创业"，检索结果如图 2-27 所示，共找到 1 670 条结果。

知网自动将文献由近及远排列（四种排序方式：相关度、发表时间、被引、下载），如想由远到近查阅文献，需要再单击"发表时间"，结果如图 2-28 所示。

此检索方法的优点是几乎不会漏检文献，能全面了解所检索主题的过去、现状、发展趋势与演变过程，缺点是费时费力。

建议不需要也没有必要逐篇下载所有文献，先浏览论文题目，大致了解"大学生创业"相关研究情况，弄清楚该主题下都在研究哪些问题、哪些问题的发文量比较大、随着时间演变研究问题发生了哪些变化、是否有高产作者等。

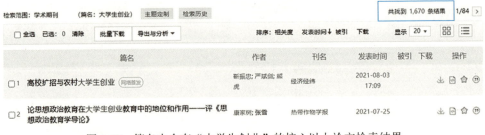

图 2-27　篇名中含有"大学生创业"的核心以上论文检索结果

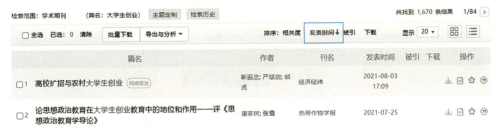

图 2-28　篇名中含有"大学生创业"的核心以上论文按发表时间排序

（二）逆查法

逆查法与顺查法相反，是由近到远逐年查找文献的方法。与顺查法一样，该检索方法的优点也是漏检率低，能全面了解所检索主题的研究状况，缺点也是费时费力。与顺查法不同的是，该检索方法先看到的是最新成果，能较快把握研究主题的新问题、新动态、新进展，更适用于新兴学科或有新进展的老课题。同样建议不用逐篇下载，先浏览论文题目，大致了解相关研究主题最近的研究热点、研究动向等。

一般情况下按照"篇名"检索到的论文已足够多、足够用了，但也可能出现按照"篇名"检索到的文献太少甚至查不到的情况，尽管这种情况不大常见。原因之一是你的检索词有问题，不是规范的表述，如"教师激励效果"；原因之二是你的研究主题（问题）确实新，如果是这种情况，可以尝试下面两种检索方法。

一是按照"主题、关键词、摘要、小标题"，甚至"全文"进行检索。

二是将你的检索词拆分开进行检索。如 2005 年的一个选题《社保机构回收学生贷款的可行性研究》，当时在知网按照"篇名、主题、关键词、摘要、小标题"，输入检索词"社保机构""学生贷款""回收"查不到文献，可以把检索词拆分为"学生贷款""社保机构"，分别进行检索。越是新的研究，越是没有直接相关文献，只能看间接相关、不那么相关的文献。

（三）抽查法

该检索方法适用于对研究主题已有一定了解的情况。如已了解到某位学者是某主题研究的专家，或某个时间段某主题的发文量比较集中，或某个期刊的发文量较多，就可以选择相应检索条件进行抽查。如研究主题是"学生（助学）贷款"，已经了解到沈红教授是这一领域的专家，选定检索条件"篇名"，输入"贷款"，"作者"输入"沈红"（见图2-29）。

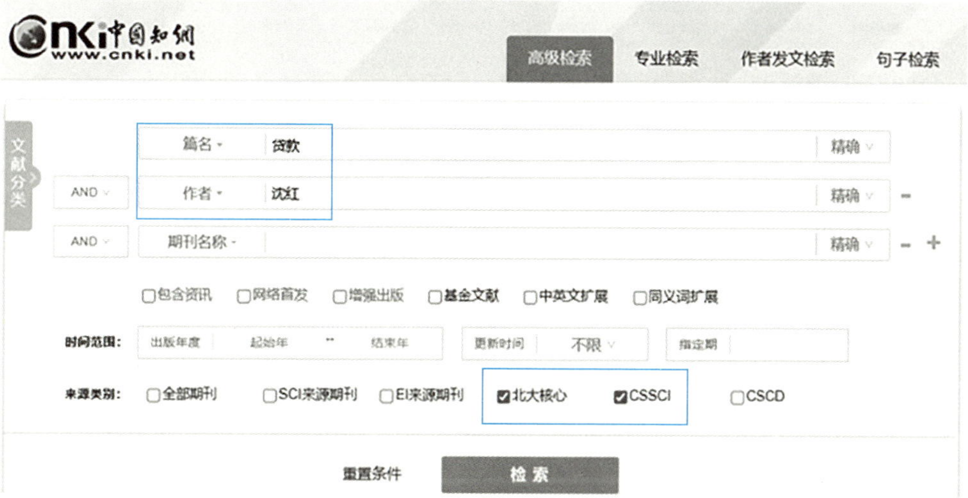

图 2-29 抽查法的检索条件设定（篇名、作者）

共检索到作者中有"沈红"、篇名中含有"学生（助学）贷款"的核心以上论文52篇。

再如研究主题是"学术不端"，已经了解到《编辑学报》就该主题的发文量较多，检索条件"篇名"，输入"学术不端"，"期刊名称"输入"编辑学报"（见图2-30）。

单击"检索"，检索结果如图2-31所示，共检索到篇名中有"学术不端"的论文72篇。

（四）引文查找法

这是笔者比较推崇的方法，也称跟踪法或滚雪球法，以已掌握文献中所列引文文献、文后参考文献表作为线索，进一步检索相关文献。如研究主题是"院校研究"，但还没有找到研究问题，此时可以先查阅文献述评，检索条件"篇名"，分别输入"院校研究""述评（综述、进展）"，选择北大核心、CSSCI（见图2-32）。

图 2-30　抽查法的检索条件设定（篇名、期刊名称）

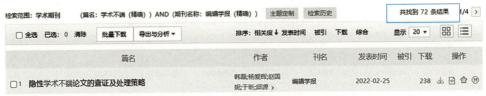

图 2-31　抽查法的检索结果（篇名、期刊名称）

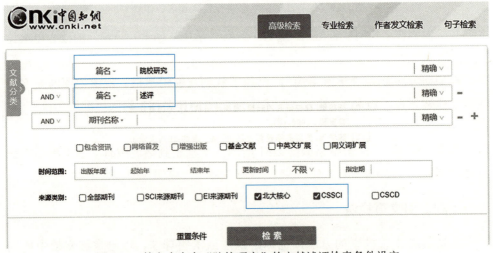

图 2-32　篇名中含有"院校研究"的文献述评检索条件设定

检索结果如图 2-33 所示。

检索范围：学术期刊　（篇名：院校研究（精确））AND（篇名：述评（精确））　主题定制　检索历史　共找到 6 条结果

全选　已选：0　清除　批量下载　导出与分析　排序：相关度　发表时间　被引　下载　综合　显示 20

	篇名	作者	刊名	发表时间	被引	下载
1	我国院校研究述评与展望	刘亚敏; 王声平	黑龙江高教研究	2018-07-05	1	485
2	近三年来我国探索发展混合所有制职业院校研究述评	陈春梅	中国职业技术教育	2017-04-21	15	625
3	哈佛大学院校研究述评	陈廷柱; 姜川	西南交通大学学报(社会科学版)	2010-12-15	8	828
4	"院校研究":国内研究进展与文献述评	蔡国春	高等教育研究	2004-09-25	30	1669
5	现代大学与院校研究(下)------美国院校研究发展述评	赵炬明	高等教育研究	2003-07-25	75	2504
6	现代大学与院校研究(上)------美国院校研究发展述评	赵炬明	高等教育研究	2003-05-25	122	3002

图 2-33　篇名中含有“院校研究”的文献述评检索结果

其中一篇论文《院校研究：国内研究进展与文献述评》的文后参考文献表如图 2-34 所示，可以逐篇或有选择地下载阅读。

参考文献：

[1] 胡振敏. 院校研究的起源、发展与现状[J]. 外国高等教育资料，1992，(2).

[2] 程星，周川. 美国院校研究的历史与现状[J]. 苏州大学学报(哲学社会科学版)，1995，(4).

[3][5][8] 赵炬明. 现代大学与院校研究——美国院校研究发展述评(上)[J]. 高等教育研究，2003，(3).

[4] 程星，周川. 美国院校研究的历史与现状[J]. 苏州大学学报(哲学社会科学版)，1995，(4).

[6] Asa S. Knowles. The International Encyclopedia of Higher Education[Z]. San Francisco: Jossey-bass, Inc., 1977. 2184.

[7][11] 周川. 院校研究的性质与特征[J]. 教育研究，2003，(7).

[9] 刘献君，赵炬明，陈敏. 加强院校研究：高等学校改革与发展的必然要求[J]. 高等教育研究，2002，(2).

[10] 胡振敏. 院校研究的起源、发展与现状[J]. 外国高等教育资料，1992，(2).

[12] 陈学飞. 美国高等教育发展史[M]. 成都：四川大学出版社，1989. 236-237.

[13] 李晶. 全国首届院校发展研究学术研讨会综述[J]. 高等教育研究，2003，(6)；刘献君. 关于院校研究的几个问题[J]. 高等工程教育研究，2004，(2).

[14] 程星. 机构研究与现代高等教育管理——介绍一门正在形成中的学科[J]. 大学教育论坛，1992，(2).

[15] 秦国柱. 高校高教研究机构应以“本校研究”为主[J]. 江苏高教，1995，(4).

[16] 刘献君，赵炬明，陈敏. 加强院校研究：高等学校改革与发展的必然要求[J]. 高等教育研究，2002，(2)；发展院校研究，提高高校管理水平——关于高教所应如何为高校服务的思考[J]. 中国高教研究，2002，(3).

图 2-34　《院校研究：国内研究进展与文献述评》的参考文献

如查阅其中第 7 个文献《院校研究的性质与特征》，文后也列有若干参考文献，可以逐篇或有选择地下载阅读。如此就能在相对较短的时间内就"院校研究"这一主题积累起大量文献。① 该方法的优点是文献范围较集中，获取方便迅速，缺点是会受到作者所引用资料的影响。

（五）综合查找法

即将多种检索条件结合使用的方法，适用于目标比较明确的文献检索。如研究主题是"学术职业"，想查沈红教授的相关论文，"篇名"为"学术职业"，"作者"为"沈红"，"作者单位"输入"华中科技大学"以避免同名同姓的情况（见图 2-35）。

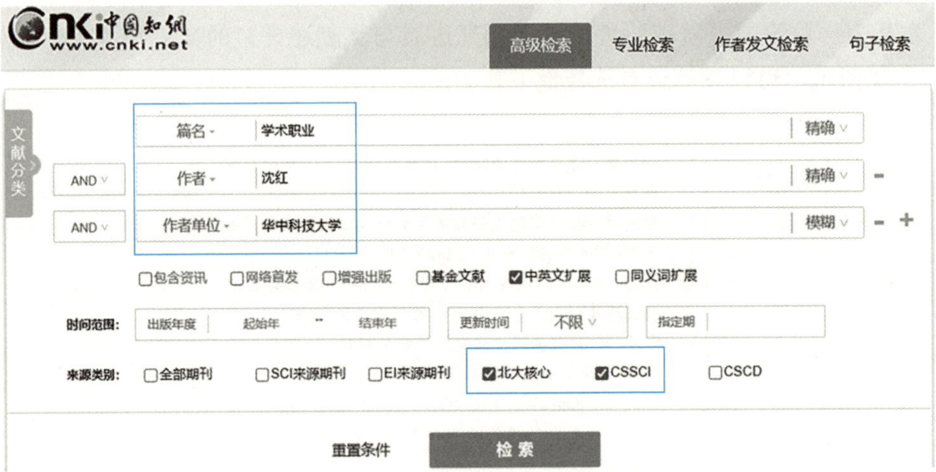

图 2-35　综合查找法的检索条件设定（篇名、作者、作者单位）

结果如图 2-36 所示，共检索到 17 篇核心以上论文。

图 2-36　综合查找法的检索结果（篇名、作者、作者单位）

五、文献筛选

假设已选定研究主题"社会主义核心价值观"，但还没有找到研究问题，此时

---

① 查阅学位论文时，不仅要关注论文本身，也要留心文后参考文献表，从中寻找与论文主题高度相关的文献。

可以检索篇名中含有"社会主义核心价值观"的北大核心、CSSCI 论文，检索结果如图 2-37 所示。

图 2-37　篇名中含有"社会主义核心价值观"的核心以上论文检索结果

共检索到 3 973 篇文献，逐一阅读的可行性不大，而且也不是每篇文献都值得阅读，此时就存在如何筛选的问题，建议采用如下四个筛选条件。

按"相关度"排序：前 50 篇浏览题目，前 15~20 篇浏览全文。

按"发表时间"排序：最近 3~5 年的浏览题目，最近 1 年的浏览全文。

按"被引率"排序：前 50 篇浏览题目，前 15~20 篇浏览全文。

按"下载率"排序：前 50 篇浏览题目，前 15~20 篇浏览全文。

"被引率""下载率"的前 50 篇会有重叠，需要浏览全文的论文可能有四五十篇。

此时尚未进入文献阅读阶段，只是选定了研究主题，还没有找到研究问题。在该阶段可通过浏览这些文献大致了解相关主题研究情况，寻找研究问题。

第三节　文献管理

不少同学可能都有过这样的经历，论文写作过程中想引用一段文字，大致意思记得，但想不起来这段文字是在一本书还是一篇论文里看到的，找起来相当麻烦，东翻西找还是劳累无果。这提醒我们，在文献收集、阅读与论文写作过程中的文献管理很重要，它包括资料检索完成后的分类管理、阅读过程中的笔记管理、写作过程中的引文管理、资料收集完成后与论文写作完成后的文献列表制作。

一、文献分类管理

检索工作完成后，需要对文献进行分类管理。

（一）按类型分

将所收集到的纸质或电子文献按照著作、期刊论文、学位论文、报纸文章、网络文献等进行分类，每个类别一个文件包。每个类别里面的文献如果较少，可不再细分。如果资料较多，如期刊论文可以再按照一定的标准（如年份）进行分类。图 2-38 是笔者所检索的 2006—2021 年以学术不端为主题的 CSSCI 期刊论文。

2006	2020/10/6 15:57	文件夹
2007	2020/10/6 15:57	文件夹
2008	2020/10/6 15:57	文件夹
2009	2020/10/6 15:57	文件夹
2010	2020/10/6 15:57	文件夹
2011	2020/10/6 15:57	文件夹
2012	2020/10/6 15:57	文件夹
2013	2020/10/6 15:57	文件夹
2014	2020/10/6 15:57	文件夹
2015	2020/10/6 15:57	文件夹
2016	2020/10/6 15:57	文件夹
2017	2020/10/6 15:57	文件夹
2018	2020/10/6 15:57	文件夹
2019	2020/10/6 15:57	文件夹
2020	2021/3/22 10:47	文件夹
2021	2021/4/1 8:33	文件夹

图 2-38　2006—2021 年以学术不端为主题的 CSSCI 期刊论文

（二）按主题或阅读情况分

可按与研究主题的相关度进行分类。如高度相关、比较相关、有点关系等。

也可按阅读情况进行分类。根据不同资料所需的阅读细致程度，将其放到精读、略读、跳读等文件包中。

二、阅读笔记管理

为写学位论文而进行的阅读有别于日常阅读，它是一种目的性很强的阅读，是需要做笔记的阅读。只阅读不记笔记，极容易出现写论文时恍惚记得看过，但就是想不起来在哪儿看过的情况，这里简要谈谈做阅读笔记的两种方法和思维导图制作。

（一）按主题记录

可根据论文需要设置若干主题，阅读过程中将不同的笔记放置在不同主题之下。如《小学语文课堂教学低效研究》，阅读笔记可分成五个主题：课堂教学效率的含义、课堂教学效率的评价、课堂教学效率（低效）的表现、课堂教学效率的影响因素、课堂教学效率的提升策略。在文献阅读过程中，如果需摘录某文献对课堂教学效率的解释，就将其放置在第一个主题下。如果某篇文献对课堂教学效率影响因素的分析值得借鉴，就将其放置在第四个主题之下。

（二）按文献记录

这适用于需要精读的重要文献，每篇（部）文献一个阅读笔记，阅读笔记的文档名称与原文献名保持一致，方便以后查阅。根据论文需要将文献中的相关内容记录下来，既可一篇文献存一个文档，文档名就是原文献名；也可将所有笔记放入一个文档，以原文献名作标题。

无论按主题还是按文献做阅读笔记，都要详细标注摘录文字所出自文献的信息如作者名、文献名、期刊或出版社、页码等，以便以后引用时不必再核查原文。

（三）做思维导图

很多同学习惯做思维导图，建议思维导图名与原文献名保持一致。思维导图中的内容如是原文，要在其后标注页码（见图2-39），这样论文写作中如引用就不必再翻看原文。

图 2-39 思维导图示例

三、引文文献管理

建议将学位论文所引用的文献单独放一个文件包，里面再按章分成不同的文件包，如图2-40所示。每章的引文文献文件包里，将文献按其在论文中被引用的顺序编号以便后来查找核对。

图 2-40 引文文献管理示例

有论文的引文是顺序编号，引文文献编号如图 2-41 所示。

- 1 思政课是落实立德树人根本任务的关键课程_求是
- 2 大学生对思想政治理论课的认同研究_周君才
- 3 社会发展评价对思想政治理论课认同的影响分析_王前军
- 4 大学生思想政治理论课认同现状及对策探析_孙晓娟
- 5 大学生思想政治理论课认同中的问题探究_贾斐斐
- 6 新时代大学生对高校思想政治理论课价值认同实证研究_郭芙蓉
- 7 加强大学生对思想政治理论课认同的研究_王丽君
- 8 大学生高校思想政治理论课认同涵义_内容和重要意义探究_庄倩琳
- 9 价值认同视域下提升高校思想政治理论课教育实效性研究_李东才
- 10 内蒙古大学生思想政治理论课认同研究_高荣
- 11 高校思想政治理论课的认同机理与方法研究_郭维平
- 12 大学生思政课认同状况的调查...于全国53所高校的问卷数据_戴艳军

图 2-41　引文文献编号示例（顺序编号）

有论文的引文是每页重新编号，引文文献编号如图 2-42 所示。

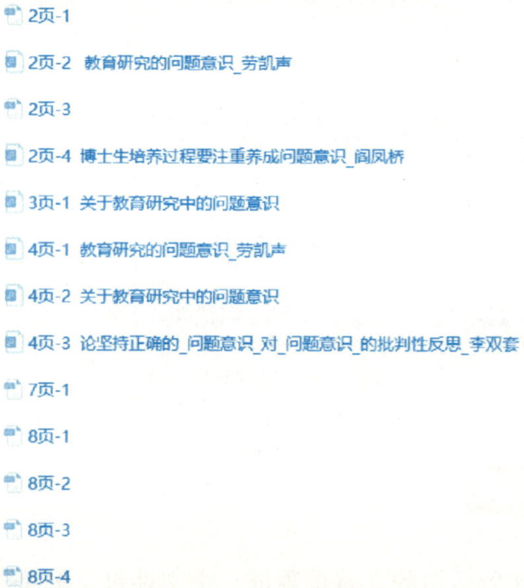

- 2页-1
- 2页-2 教育研究的问题意识_劳凯声
- 2页-3
- 2页-4 博士生培养过程要注重养成问题意识_阎凤桥
- 3页-1 关于教育研究中的问题意识
- 4页-1 教育研究的问题意识_劳凯声
- 4页-2 关于教育研究中的问题意识
- 4页-3 论坚持正确的_问题意识_对_问题意识_的批判性反思_李双套
- 7页-1
- 8页-1
- 8页-2
- 8页-3
- 8页-4

图 2-42　引文文献编号示例（每页重新编号）

引文要确保其准确性：一是所引用内容要准确。如果是直接引用，引文要和原文一字不差。如果是间接引用，要准确理解原文的意思。二是引文文献信息要准确，读者找到你所标注的文献，翻到你所标注的页码，就能在原文中找到你文中所引用的内容。

四、文献列表制作

文献列表的制作有两次。一次是在资料收集完成后，可根据文献类型制作列表，每种类型的文献一个列表，按照时间顺序由近及远或由远及近排列（见表2-1）；也可将所有文献放在一起，同一类型的按照时间顺序排列。此时制作文献列表的主要目的有二：一是对所收集到的文献资料做到心中有数；二是通过浏览文献列表来把握相关研究的总体情况及其演变。

表2-1 文献列表示例

序 号	篇 名	作 者	期 刊	年 份
1	基于计划行为理论的研究生学术不端行为研究——以西安三所学科分布不同的大学为例	郝凯冰，郭菊娥	科学与社会	2020/12/25
2	善治理论视阈下高校教师学术不端行为治理研究	张四龙，袁宝龙	科技管理研究	2020/12/20
3	学术期刊视角下高校教师学术不端行为的影响机制——基于扎根理论的探索性研究	张兰	中国科技期刊研究	2020/12/15
4	高校学术不端行为治理的国际经验及其启示——以斯坦福大学、剑桥大学、东京大学为例	胡科，陈武元	东南学术	2020/11/1
5	……	……	……	……

另一次是在论文写作完成后制作文后参考文献表，格式要求见《信息与文献 参考文献著录规则》（GB/T 7714—2015）。建议将文献按照类型进行分类，每一类别按照文献的新旧顺序排列（见图2-43），每个类别可以都从"1"开始编号，也可以连续编号。

关于引文与文后参考文献，再提醒三点。

（1）文后参考文献一定是看过的、对论文具有参考价值的文献，没有看过、与论文主题相关度不高、价值不大的文献不要列。

（2）在特殊情况下，转引了个别文献中的内容，文后参考文献应列你看到该内容的文献而不是原始文献。如你在一篇中文期刊论文里看到一个国外学者的观点，你的论文也引用了这个观点，但由于各种原因你无法看原文，文后参考文献表中只能列你所见到的中文文献，不能列该观点所出自的原始文献。页下注也一样，不能直接列原始文献，将原始文献放在前，"转引自"后跟你实际看的那个文献。

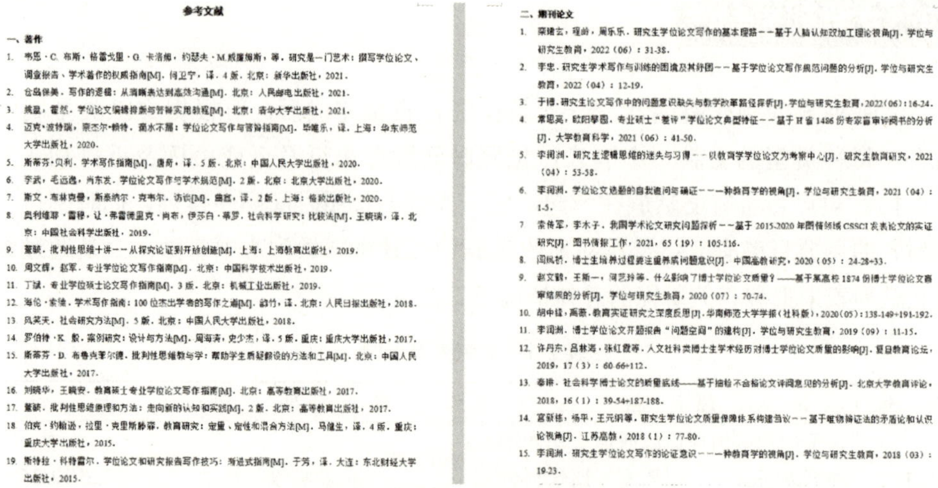

参考文献

一、著作

1. 韦恩·C. 布斯，格雷戈里·G. 卡洛姆，约瑟夫·M.威廉姆斯，等. 研究是一门艺术：撰写学位论文、调查报告、学术著作的权威指南[M]. 何卫宁，译. 4 版. 北京：新华出版社，2021.
2. 仓岛保美. 写作的逻辑：从清晰表达到高效沟通[M]. 北京：人民邮电出版社，2021.
3. 姚星，霍然. 学位论文编辑排版与答辩实用教程[M]. 北京：清华大学出版社，2021.
4. 迈克·波特瑞，莱杰尔·赖特. 滴水不漏：学位论文写作与答辩指南[M]. 毕唯乐，译. 上海：华东师范大学出版社，2020.
5. 斯蒂芬·贝利. 学术写作指南[M]. 唐奇，译. 5 版. 北京：中国人民大学出版社，2020.
6. 李武，毛远逸，肖东发. 学位论文写作与学术规范[M]. 2 版. 北京：北京大学出版社，2020.
7. 斯文·布林克曼，斯泰纳尔·克韦尔. 访谈[M]. 曲鑫，译. 2 版. 上海：格致出版社，2020.
8. 奥利维耶·雷穆，让·弗雷德里克·尚布，伊莎白·蒂罗. 社会科学研究：比较法[M]. 王晓瑞，译. 北京：中国社会科学出版社，2019.
9. 董毓. 批判性思维十讲——从探究论证到开放创造[M]. 上海：上海教育出版社，2019.
10. 周文辉，赵军. 专业学位论文写作指南[M]. 北京：中国科学技术出版社，2019.
11. 丁斌. 专业学位硕士论文写作指南[M]. 3 版. 北京：机械工业出版社，2019.
12. 海伦·索德. 学术写作指南：100 位杰出学者的写作之道[M]. 许竹，译. 北京：人民日报出版社，2018.
13. 风笑天. 社会研究方法[M]. 5 版. 北京：中国人民大学出版社，2018.
14. 罗伯特·K. 殷. 案例研究：设计与方法[M]. 周海涛，史少杰，译. 5 版. 重庆：重庆大学出版社，2017.
15. 斯蒂芬·D. 布鲁克菲尔德. 批判性思维教与学：帮助学生质疑假设的方法和工具[M]. 北京：中国人民大学出版社，2017.
16. 刘晓华，王晓安. 教育硕士专业学位论文写作指南[M]. 北京：高等教育出版社，2017.
17. 董毓. 批判性思维原理和方法：走向新的认知和实践[M]. 2 版. 北京：高等教育出版社，2017.
18. 伯克·约翰逊，拉里·克里斯滕森. 教育研究：定量、定性和混合方法[M]. 马健生，译. 4 版. 重庆：重庆大学出版社，2015.
19. 斯特拉·科特雷尔. 学位论文和研究报告写作技巧：渐进式指南[M]. 于芳，译. 大连：东北财经大学出版社，2015.

二、期刊论文

1. 梁绪云，程翔，周乐乐. 研究生学位论文写作的基本理路——基于人脑认知双加工理论视角[J]. 学位与研究生教育，2022（06）：31-38.
2. 李忠. 研究生学术写作与训练的困境及其纾困——基于学位论文写作规范问题的分析[J]. 学位与研究生教育，2022（04）：12-19.
3. 于博. 研究生论文写作中的问题意识缺失与教学改革路径探析[J]. 学位与研究生教育，2022(06)：16-24.
4. 常思亮，欧阳攀园. 专业硕士“差评”学位论文典型特征——基于 H 省 1486 份专家盲审评阅书的分析[J]. 大学教育科学，2021（06）：41-50.
5. 李润洲. 研究生逻辑思维的迷失与习得——以教育学学位论文为考察中心[J]. 研究生教育研究，2021（04）：53-58.
6. 李润洲. 学位论文选题的自我追问与确证——一种教育学的视角[J]. 学位与研究生教育，2021（04）：1-5.
7. 索传军，李木子. 我国学术论文研究问题探析——基于 2015-2020 年图情领域 CSSCI 发表论文的实证研究[J]. 图书情报工作，2021，65（19）：105-116.
8. 闫凤桥. 博士生培养过程需注重养成问题意识[J]. 中国高教研究，2020（05）：24-28+33.
9. 赵文鹤，王斯一，阎艺玲等. 什么影响了博士学位论文质量？——基于某高校 1874 份博士学位论文盲审结果的分析[J]. 学位与研究生教育，2020（07）：70-74.
10. 胡中锋，高薇. 教育实证研究之深度反思[J]. 华南师范大学学报（社科版），2020(05)：138-149+191-192.
11. 李润洲. 博士学位论文开题报告“问题空间”的建构[J]. 学位与研究生教育，2019（09）：11-15.
12. 许丹东，吕林海，张红霞等. 人文社科类博士生学术经历对博士学位论文质量的影响[J]. 复旦教育论坛，2019，17（3）：60-66+112.
13. 秦琳. 社会科学博士论文的质量底线——基于抽检不合格论文评阅意见的分析[J]. 北京大学教育评论，2018，16（1）：39-54+187-188.
14. 宫新荷，杨平，王元纲等. 研究生学位论文质量保障体系构建刍议——基于唯物辩证法的矛盾论和认识论视角[J]. 江苏高教，2018（1）：77-80.
15. 李润洲. 研究生学位论文写作的论证意识——一种教育学的视角[J]. 学位与研究生教育，2018（03）：19-23.

图 2-43 文后参考文献表示例

（3）文后参考文献要满足全、权、新、联的要求。

第四节 文献阅读

文献阅读要解决阅读目的与阅读方法两个问题，阅读目的指你要知道为什么阅读文献，想从文献中获取什么，阅读方法指你要知道怎么阅读、怎么做阅读笔记。

一、为什么阅读

（一）可以从前人研究中获得启示

学术研究力求创新，创新的最高境界是道前人之所未道、行前人之所未行，前提是你要了解前人之所道与所行，才有可能找到突破点，有所创新。前人已经做过的没有必要再做（不包括自然科学研究中的验证性重复实验），前人研究中发现的新问题，前人研究中存在的缺陷、不足都可成为你的选题。不阅读相关文献或对相关研究把握不全面，可能就找不到有价值的选题，就会选择一个自以为创新、实则前人已经解决的问题。

（二）可以用他人尤其是权威观点来佐证自己的论点

学位论文从文体上来说是议论文，要有论点，要用论据对其进行论证。你会提供自己的论据如调查来的数据、访谈来的资料或其他论据，你可能还是觉得说服力还不够，这种情况下的常见做法是引用他人尤其是权威学者的观点、权威出处的数据等进一步论证、支持你的观点。如你提出"与经济压力相比，肿瘤患者家属所承受的精神压力更大"，为论证这个观点，你做了较大范围且样本具有代表性的问卷调查，调查结果支持该观点。你对部分患者家属做了深度访谈，访谈结果也支持该观点。但你可能还是担心说服力不强，会在现有文献中再寻找证据，如对某肿瘤医院进行个案研究的文献所得结论与你的观点类似，或某研究团队对患者家庭的长期跟踪研究也有类似发现，这些都可以作为你的论据，使你的论证更有说服力。

（三）可以从别人的研究中发现问题与不足

这一点与学位论文的选题有关，文献是选题的重要来源，要通过阅读文献来发现他人研究中的问题与不足。这包括两个方面：一方面，他人研究本身的不足，这需要一定的学术功底才能发现，对硕士生来说可能有难度；另一方面，他人研究中所指出的现有研究的不足，这个很容易找到。它通常出现在两种文献中：一是文献述评（综述、进展）最后一部分"研究结论与展望"或"现有研究之不足及后续研究之建议"；二是学位论文尤其是博士论文最后一部分"本研究的局限之处""有待进一步研究的问题"等。部分英文期刊论文的最后一部分也有"有待进一步研究的问题"或"未来研究建议"等。

二、怎么阅读

为写学位论文而进行的文献阅读，可按细致程度分为精读、略读、跳读等，具体到某篇（部）文献①怎么读取决于两点。一是该文献与你论文主题的关联程度，关联程度越高，越需要细致阅读。二是你的阅读目的，即你想从该文献中获取什么。如果你想把作者对问题的分析论证理清楚、弄透彻，非精读不可。如果你只想了解作者是如何论证其中某个观点的，跳读就行。如果你仅需要大致了解文献内容，阅读摘要并浏览各级标题就够了。这里先以期刊论文为例来介绍精读的方法，再以著作为例来介绍跳读的方法，②最后谈谈注意事项。

---

① 这里说的文献，不是你收集来的所有文献，而是按照全、权、新、联的标准筛选出来的文献。
② 这不意味着著作都是跳读的。著作也有需要精读的，如经典性著作，是需要反复研读的。一般情况下，为写论文而进行的著作阅读往往不需要精读全书，只需要选择其中与论文主题相关的章节进行阅读即可。

（一）阅读方法

1. 精读

一篇需要精读的期刊论文，至少要读三遍，但这不意味读三遍就叫精读。

第一遍，对全文内容有大致了解，扫除阅读障碍如中文文献里的个别生僻术语、外文文献中影响阅读的关键词语等，理解文献的内容。

第二遍，厘清作者的写作思路。这一遍是站在作者的角度来读的，要弄清楚论文的研究问题、研究方法、研究思路、研究过程、研究结论等（见图2-44）。作者在论文中已将这些呈现出来，现在是作为读者的你尝试从作者的视角来看它们。

第三遍，厘清并评估作者的论证。这一遍的阅读可以脱离开论文原本的结构，重点在于弄清楚作者从研究问题到研究结论的分析论证过程（见图2-45）。作者是从哪些方面来回答问题的，为了回答问题提出了哪些观点，提供了哪些证据来论证这些观点，其论证是否严密有力。

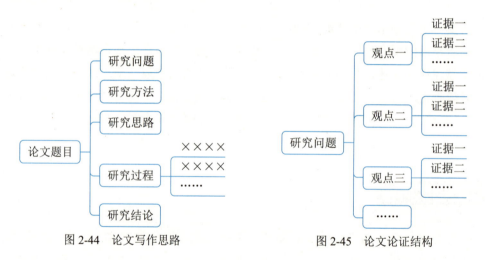

图 2-44　论文写作思路　　　　图 2-45　论文论证结构

2. 跳读

一般来说，与你学位论文主题完全吻合的著作可能比较少，部分章节内容与论文主题相关的著作可能比较多，你只需要阅读著作中的这些章节即可，步骤如下。

第一步，针对某一主题，查找已收集著作中是否有与之相关的内容。如你的研究主题是"大学教师收入差异"，围绕这一主题收集到了多部著作，现在你需要翻阅这些著作，重点是查阅章节目录，看看有没有与"大学教师收入差异"有关的章节。如你发现《必要的不平等：高校学术职业分层》[①]中有一节内容是"学术职业分层中的收入差异"，这与你的研究主题有关。

---

① 李志锋. 必要的不平等：高校学术职业分层[M]. 北京：知识产权出版社，2015.

第二步，浏览目标章节的内容，确定其与你论文主题相关度的高低。如果发现相关度不高，继续在其他著作中搜寻。如果发现相关度很高，就进入到第三步。

第三步，精读，阅读方法参见上文"精读"部分。

（二）阅读注意事项

为学位论文写作而进行的阅读是目的性（主题性）阅读，笔者提出如下三个建议。

1. 阅读面不要太宽、太散

要紧紧围绕论文主题进行阅读。按照与论文主题的相关度，可以把文献分为三类：(1)核心文献，与论文研究主题直接相关。(2)相关文献，与研究主题有关系但不直接。(3)背景文献，文献主题与你论文主题无关，仅其中部分内容与你论文主题相关。

2. 阅读材料不要太难

如何判断材料的阅读难度？如果一篇文献你看一遍后就很清楚是怎么回事儿，这篇文献对你而言没有难度，可以不用再看。如果一篇文献你看一遍后大致知道是怎么回事儿，但有些地方还不很清楚，这篇文献对你有一定难度，需要再读几遍，直到弄清楚为止。如果一篇文献看下来，每个字你都认识，就是不大清楚作者在说什么，如"社会团体中的个体成员经常通过视觉的、符号的渠道获得信息"，你就不要跟文献死磕，不要跟自己过不去，果断放弃。

3. 不同文献、不同阅读目的有不同的读法

不是所有的文献都值得细读，要学会从中选择。经济学家张五常在谈到读书的时候曾说过，他花在挑选书上的时间要比花在读书上的时间多得多。不同文献的阅读目的不同，阅读方法也不同。与论文主题高度相关的文献，有助于你提高写作水平的文献，建议精读；与论文主题不那么相关的文献，仅其中某部分与论文主题相关的文献，建议略读或跳读。

三、怎样做阅读笔记

在前面的文献管理部分已提及阅读过程中的笔记管理，指出阅读笔记可按主题、文献进行记录，这里从阅读、思考深入程度的角度将阅读笔记分成四级：初级仅抄书，二级有思考，三级既有思考，也理思路，四级在三级的基础上尝试与作者对话。

（一）仅抄书

尽管已经到研究生阶段了，但很多同学的阅读笔记习惯与做法还停留在作文写作阶段的记录好词好句好段落上。如果说有什么不同的话，那可能是之前是写在笔记本上，而现在则是输入到电脑里。

（二）有思考

这比前一种有进步，阅读过程中尝试与作者进行交流，能够对作者的观点进行或赞同、或反对的思考。

图 2-46 第二段话是笔者在阅读中的思考，由帕森斯将职业分为学术性、职业性两类（引号内部分）而思考这两类职业的职业伦理核心准则，尤其是学术性职业的职业伦理的核心准则应是什么。在围绕论文而进行的主题性阅读中，可能会形成非常多这样的思考碎片，思考碎片越多，对论文主题的思考就越深入与全面。

> "帕森斯认为，作为社会系统的组成部分，职业系统分化为学术性职业与应用性职业两个部分：学术职业（academic profession）将现代社会的知识制度化，而法律与医学则是将这些知识应用于实践的两个关键性职业，其他职业对学术知识的应用都可以在法律与医学的应用里找到源头（Parsons，1968：526-547）。"[1]
>
> 在帕森斯看来，医生职业和法律职业属于应用性职业，从业者通过对学术性知识的运用服务于客户。因而，其职业伦理的研究更多地关注从业者运用知识服务于客户的过程中应遵循的准则，或者说，这两个职业的最高准则是客户利益至上，如医生职业伦理的核心是"医乃仁术"，律师职业伦理的核心是"正义"，这都是从客户角度、从客户利益出发的。对于学术职业而言，职业伦理的核心不是像这两个职业一样更多关注服务对象即学生的利益，而是要兼顾知识生产、知识传播和知识运用三个方面。知识生产是一个求真的过程，因而，科研道德的核心应是"诚信"，知识传播，更确切地说是教学过程中则应以学生利益为上，教学工作很难量化评价，人们把教学称为是良心事业，对教学的投入和所付出的时间、精力等在很大程度上依靠教师的职业责任感和职业良心，因而，教学道德的核心应是"负责"，知识运用，确切讲是科研成果的生产性转化，则应遵循社会利益或公众利益之上的原则。

图 2-46 二级阅读笔记示例

（三）有思考、理思路

即以问题为中心、将文献作为一个整体进行分析，梳理出作者的分析论证思路。图 2-47 是笔者阅读《路西法效应：好人是如何变成恶魔的》[①] 后做的阅读笔记。

由问题"好人是如何变成恶魔的"开始，首先，通过斯坦福监狱实验的探索性研究得出初步结论"病态的行为是由情境力量诱发的"。其次，着眼于从众、盲目服从权威的启动作用，去个性化、去人性化、姑息之恶在行为发生中的作用等，

---

① 菲利普·津巴多. 路西法效应：好人是如何变成恶魔的[M]. 孙佩妏，陈雅馨，译. 北京：生活·读书·新知三联书店，2015.

对相关研究进行回顾，以更完整地了解情境影响人性的巨大力量，进一步论证初步结论。接着，从情境、系统、领导层的共谋等方面，对阿布格莱布监狱虐囚事件进行分析，更进一步探讨情境力量对行为的影响，得出结论"情境和系统力量导致了虐行"。最后，进行总结，回答问题，得出结论"情境和系统的力量导致了恶行"，这是对作者分析论证思路的梳理。

图 2-47　三级阅读笔记示例

（四）有思考、理思路并尝试与作者对话

这种阅读笔记是在读者、作者、读者与作者之间身份转换的结果。

首先，以读者身份来阅读、理解文献，弄清楚文献的脉络，如问题、方法、过程、结论等。

其次，把自己放到作者位置上，想一想如果自己是作者会怎么写，哪些地方会与原文一样，哪些地方会有所不同，这个不同是基于什么样的考虑，并将其写在原文相应的地方。

最后，还原自己的读者身份，分析、评估作者的分析论证，哪儿好，为什么好，哪儿有不足，应如何弥补。也可在文献与文献之间建立联系，将此文献与跟它观点相同、相异的文献联系起来。图 2-48 是笔者阅读一篇期刊论文后所做阅读笔记的一部分。

图 2-48　四级阅读笔记示例

第五节　文献述评

　　文献述评更常用的表述是"文献综述"，也有用"国内外研究进展""相关研究述评"的。笔者认为"文献综述"这种表述容易产生歧义，很多同学会望文生义地将其理解为对文献的综合叙述，就是把与论文主题相关的文献叙述一下，也就有了常见的"A 说、B 说、C 说……"式文献综述。采用"文献述评"这一表述不仅精准，而且体现了既要"述"更要"评"的写作要求。这里从是什么、为什么、怎么写、常见问题与对策等方面来谈文献述评写作。

一、文献述评是什么

　　文献述评指围绕某一主题全面收集、阅读大量文献后，经过分析归纳，对相关研究已取得成果、所存在问题以及未来研究趋势等进行的系统、全面的叙述与评论。

二、文献述评为什么

文献述评的写作目的有二：一是为了把握相关研究的状况；二是需要找到现有研究的缺陷。

（一）把握相关研究的状况

围绕论文主题进行了大量文献阅读之后，你可能认为自己对相关研究状况已有了解，但此时的了解还处于比较零散、不很系统的状态，而学位论文的研究与写作则要求你对相关研究要有全面、深入的了解。要弄清楚围绕这一主题，相关研究都从哪些方面入手、采用了什么方法、提出了哪些观点、哪些问题已经解决、哪些问题尚未完全解决、哪些问题尚未解决等，这就需要按照一定的结构对已有研究成果进行梳理，这是文献叙述部分。

（二）找到相关研究的缺陷

对相关研究进行了较为全面的叙述之后，更加重要的工作是你要找到所存在的缺陷或不足，这是文献评析部分。如果相关研究没有缺陷或不足，你的研究也就没有进行下去的必要，也就是选题没有价值。如果你找不到这个缺陷或不足，你的研究就没有对象了。

三、文献述评怎么写

学位论文的文献述评包括前言、主体、评析三个部分，学术论文形式的文献述评包括前言、主体、评析与参考文献四个部分。

（一）前言

前言的作用在于让读者对文献述评有个总体把握。

学术论文形式的文献述评的前言通常分三个层次来写。首先，引入并介绍述评主题。其次，简要交待相关研究情况。最后，说明本文的写作构想。如下例：

"院校研究"：国内研究进展与文献述评[①]

"院校研究"（Institutional Research）是流行于欧美地区尤其是美国高等教育领域的具有特定含义的专门术语，在我国曾被译为"机构研究""学院研究"等。作为高等教育研究领域的一个新的研究范式，院校研究是指研究者基于本校情境、

---

① 蔡国春."院校研究"：国内研究进展与文献述评[J].高等教育研究，2004，25（5）：47.

针对学校运行中的实际问题所作的分析与咨询研究；作为现代高等教育管理的一种新的活动形式，院校研究是单个高校为改进本校管理决策和运行状况而设定的一个专门实践领域。（引入并介绍述评主题）

在中文文献中，"院校研究"术语的引入始于20世纪80年代末。从90年代初开始，我国学者开始正式关注这一领域。时至今日，虽然"院校研究"在我国尚未成为研究的热点，但国内对于"院校研究"的研究热情和实践兴趣正在与日俱增。（简要交待国内研究状况）本文尝试追溯国内研究者关注"院校研究"的历程，分析与梳理迄今为止所发表的中文文献及其研究的进展状况。在此基础上，指出我国既往研究之不足，并提出今后相关研究尚需注意的问题及其建议。（本文写作构想）

学位论文中文献述评的前言部分只用写后两者即可，因为述评主题就是论文的研究主题，这在文献述评之前已有交待。如下例：

社保机构回收学生贷款的可行性研究①

20世纪40年代哥伦比亚青年在其老板借贷资金的资助下学成归国后创建了世界上第一个助学贷款机构以来，据统计已有70多个国家开展了助学贷款项目，尤其是自20世纪80年代美国学者约翰斯通提出成本分担理论以来，学生贷款项目如雨后春笋涌现，而那些已有学生贷款项目的国家也在不断地进行改革和完善。

然而专门从回收机构的视角探讨学生贷款回收理论与实践的文献却很少，尤其是有关回收机构运作机制及其回收程序方面的文献。（简要交待相关研究状况）因而本文只能在众多的文献中寻找与回收机构回收学生贷款有关的内容并对其进行综述。文献综述分为两部分，先综述与贷款回收相关的文献，然后再集中综述与社会养老保险机构发放或回收学生贷款有关的文献。（本文写作构想）

上例文献述评的前言部分是两个自然段：第一个自然段交待的是学生贷款项目的产生与发展，这略偏离论文主题；第二个自然段所提及文献述评的两部分不是并列关系，"与贷款回收相关的文献"包括"与社会养老保险机构回收学生贷款有关的文献"。

笔者将上例修改为一个自然段，包括简要交待相关研究状况、说明本文写作构想两个层次，考虑到该论文解决学生贷款回收难的思路很新（社保机构回收），需要明确指出（提出回收难的问题，简要交待现有研究情况，指出现有研究尚未关注到社保机构在回收学生贷款中的作用）。具体如下：

自20世纪40年代哥伦比亚创建了世界上第一个助学贷款机构以来，已有70多个国家实施了助学贷款项目（①背景句，引出助学贷款项目）。助学贷款项目实

---

① 梁爱华. 社保机构回收学生贷款的可行性研究 [D]. 武汉：华中科技大学，2008：8.

施过程中的难点是贷款回收（指出问题，贷款回收难），国内外学者从不同理论视角入手、基于不同立场提出了不同的回收方式与途径，但就笔者视野所及，国外仅有少量文献探讨养老金机构发放与回收学生贷款，国内有个别学者建议通过养老金系统发放与回收学生贷款，尚未见专题、系统研究探讨社保机构在学生贷款回收中所能发挥的作用（此句点出论文选题与问题解决思路的创新）。（②简要交待相关研究状况）鉴于此，本文更多查阅了学生贷款回收相关文献，依据回收机构（紧扣论文主题）对文献进行分类，从非养老金机构回收学生贷款、养老金机构回收学生贷款（紧扣论文主题）两个方面对相关研究进行述评（③本文写作构想）。

（二）主体

主体部分是对相关文献的叙述，需要将文献按一定方式组织起来，而不是毫无章法地罗列，常见叙述方式如下。

1. 按年代顺序叙述

但此种写法容易给人记流水账的感觉。

2. 按发展阶段叙述

前提是学界关于某主题研究的发展阶段存在共识，否则阶段划分的依据容易引起争议。

3. 按不同次级主题（问题）进行叙述

如《大学生思政课认同国内研究述评》的文献叙述分为四个次级主题展开：关于大学生思政课认同含义的研究、关于大学生思政课认同现状与问题的研究、关于大学生思政课认同问题原因的研究、关于大学生思政课认同提升策略的研究。

4. 按不同观点进行比较叙述

如《学术不端治理国内研究述评》就是按不同观点（还体现了时间线）进行叙述的：

有研究提倡道德自律。早期关注……，后来倡导……，目前的看法是……

有研究建议法律规制。早期研究从……入手，其后的关注点转移到……，目前的研究则强调……

更多的研究强调综合治理。早期研究从……方面来探究治理策略，后来的研究提出需要将……考虑在内，当前更多的学者提出……也应成为综合治理的一部分。

笔者建议将第3、第4两种方法结合起来，总体上按照不同主题进行叙述，在分述不同主题时，如有不同观点，就按观点来叙述。如下例：

（一）大学生思政课认同的含义相关研究[①]

准确地把握大学生思政课认同的含义是其实现与提升的前提，但遗憾的是迄今为止学界对其内涵与外延的认识仍存在较大分歧（过渡段）。

就其内涵来看，有心理状态论、心理倾向论、德行论、态度论、过程论、行为趋向论等不同观点（段首句，体现了作者的分析）。有研究将其解释为心理状态，认为它指……[7-8] 有研究将其看作心理倾向，是……[9-10]。[②] 有研究认为它是一种德行，指……[11]。有研究将其解释为态度，是……[12]。也有研究将其视为一个过程，指……[13-15]（相同观点放在一起叙述，不要一个个罗列）。还有研究指出，它是一种行为趋向，指……[16-18]。

就其外延来看，相关研究从结构与内容两方面入手来探讨大学生思政课认同包括什么（段首句，体现了作者的分析）。有研究从结构入手（体现了作者的分析），或认为它包括……[19]，或认为它包括……[20-21]。更多研究从内容入手（体现了作者的分析），或认为它包括……[22-24]，或认为它包括……[25-26]，或认为它就是"心理认同"，包括……[27]。

不建议分国外、国内进行述评。就笔者所见到的文献述评来说，凡这样写的往往会出现两个问题：一是两部分的篇幅严重不均衡，国外部分一点点，国内部分一大片；二是国外部分所叙述的文献很多不是国外学者做的研究，是国内学者对国外的研究。但也有特殊情况，如关于某主题的国外、国内研究关注点不一样，很难整合到一起，这种情况下可采用国外、国内两部分的写法。

（三）评析

评析要结合研究问题进行，评析本身不是目的，目的在于通过评析在已有研究与你的研究之间建立起联系。

文献叙述之后一般就接着写你的研究目标、思路、方法等，如果不通过评析在这两者之间建立起联系，现有研究与你的研究之间就没有关系，就体现不出学术研究的继承和发展。那么，怎么通过评析在现有研究与你的研究之间建立联系？一般先从主题、方法、思路、观点等方面对现有研究予以肯定，然后挑毛病，如现有研究没有关注到的问题，没有完全解决的问题，或理论、方法、观点上的

[①] 该文献述评的主题是"大学生思政课认同"，其中分出的次级主题之一是"大学生思政课认同的含义"，这个次级主题之下又分了"内涵""外延"两个更次级主题，其下面难以再分，就区分不同观点来叙述相关文献。

[②] 此处为引文编号。文献叙述部分所提及的所有文献都要在文中编号，页下注明文献详细信息与引文内容所在具体页码。

问题等。需要注意的是你所挑的毛病、所找的问题就是你的论文即将研究和解决的，由此，就在现有研究（没有解决或没有完全解决的问题）与你的研究（你论文即将研究和解决）之间建立起了联系。如下例所示：

现有研究从领口、袖口、长度、宽度、腰身等方面探讨现代社会的传统旗袍改良设计，提出了较多新的设计理念和设计方法，这为本研究奠定了较为坚实的基础（对现有研究的肯定）。不过，现有研究未关注到现代社会的快节奏生活对旗袍穿脱效率的要求（指出现有研究没有关注到的问题），这导致很多喜爱传统旗袍的女性因其穿脱耗时而放弃了旗袍。鉴于此，本研究选择"快节奏社会传统旗袍改良设计"作为研究主题，探讨如何在保留旗袍传统元素的基础上提高其穿脱效率（你的研究即将解决的问题），以满足现代社会快节奏生活的要求。

（四）对述及文献的要求

1. 类型全

著作、期刊论文、学位论文、会议论文、重要报纸文章、重要（可靠）的网络资料等都要有。

2. 质量高

文献质量很难客观准确判断，通常以作者（学术权威，还是无名小卒）及其所属机构（北大、清华等名校，还是××专科学校），文献出处（是发在《教育研究》上，还是发在《××专科学报》上）来间接判断。尽管这种做法屡遭诟病，被人戏称为"只认期刊不认文，只认衣裳不认人"，但发在好期刊上的论文质量还是好一些。著作要看作者、出版社，学位论文主要看学校、导师。

3. 关系近

根据相关度高低可把文献分为三类。以《我国高等教育改革史研究》为例，这三类文献分别是：（1）核心文献，指与高等教育史研究方法论有关，与我国高等教育改革史直接相关的文献；（2）相关文献，指我国高等教育制度与政策等方面的文献；（3）背景文献，指我国高等教育史或教育史的相关文献。要以核心文献为主，相关文献与背景文献根据情况取舍。

4. 日期新

建议60%~80%的文献以最近3~5年的为主，不要动辄自盘古开天地说起。当然，经典文献不受时间限制。

5. 数量足

文献叙述部分要述及40~60篇（部）文献，篇幅在8~10页。个别论文的文献叙述不到 3 页，仅从篇幅上就能看出文献工作严重不到位。这个数量要求是笔者在参考相关学校的要求与统计若干篇开题报告文献述评部分的文献数量、篇幅的基础上提出的。

四、文献述评注意事项

开题报告文献述评的目的一方面在于引出自己的研究；另一方面在于说明自己研究的重要性，文献述评的注意事项有以下七个方面。

（一）引用文献要忠实于原文

文献述评部分要提及大量文献，不少同学采用偷懒的办法，也就是把文献（期刊论文）的摘要直接搬过来。这会导致：(1) 文献与文献之间缺乏联系，像零散堆在一起的砖头，没有浑然一体的感觉；(2) 将来作为学位论文绪论部分进行查重时，复制率可能会比较高。要重新组织语言进行叙述，注意准确理解并表达原文的意思，尤其对外文文献的叙述要准确，不能想当然地理解原文，也不能有意无意曲解作者的意思。

（二）忌流水账式罗列文献

有些开题报告对文献的叙述方法是 A 说、B 说、C 说式的，一个文献一个自然段，看不出这些文献是按照什么顺序来排列的，让读者不明所以。建议总体上按照不同主题叙述，在分述不同主题时，如有不同观点，就按观点来叙述，可以用"也是""另外""再者""同样地"把相似的观点串在一起，用"然而""相反地""从另一方面来说""虽然如此"把不同观点串在一起，这样文献叙述既有了章法，又浑然一体。

（三）所有文献要与论文联系紧密

所提及文献理应和研究主题高度相关，但就笔者所见到的开题报告来说，有些同学可能是为凑篇幅或其他原因，把不少与论文主题关系不大甚至没有关系的文献都写进去，看起来文献叙述部分篇幅很长，但剔除无关文献后剩下的内容却少得可怜（水分太大了）。

（四）文献评析与论文主题关系紧密

叙述完现有研究后，就要对其进行评析了，评析的目的是在已有研究和你的研究之间建立起联系。评析要一分为二，既要肯定现有研究所取得的成绩，更要指出所存在的缺陷或不足。要注意这里找缺陷或不足不是无目的地找，不需要将所有缺陷或不足都一一指出来，而是结合你的研究来找。换言之，在这里所挑的毛病、所找的问题也就是你的论文即将研究与解决的，由此就在现有研究（没有解决或没有完全解决的问题）与你的研究（将要研究和解决的问题）之间建立了联系。

（五）尽量不转引

你看了文献 A，里面引用了文献 B 的内容，你将文献 B 的内容放到了自己的文献叙述部分，脚注标注了文献 B 的信息，但你并没有看到文献 B，这叫转引，不建议使用。原因有二：一是你无法确认文献 A 所引用的文献 B 的内容和信息是否准确；二是这属于学术不端。①

特殊情况下可以转引，如原文较早因而难以获得，或看不懂原文。转引文献格式详见第六章第五节引文规范部分。

（六）避免文献陈旧

文献述评需要回顾相关研究的过去，但这种回顾不一定非要自盘古开天地开始。如研究课堂教学不一定要从对班级授课制的研究开始叙述，如确实需要，简要提及即可。你的研究是在当前的理论、实践背景下展开的，是在新近研究的基础上展开的，不要出现大部分文献都年代久远这种情况。

（七）使用学术语言

文献叙述部分的语言问题不大，要么引用原文，要么转述作者的意思。文献评析部分较容易出问题，因为这里需要你自己组织语言、表达观点，较容易出现表述随意、主观性较强等问题。学位论文要使用学术语言，学术语言的标准之一是客观，对他人成果的评价也要客观，避免使用强烈的、带有感情色彩的语言，尤其是在批评他人研究时。如你可能认为某研究的抽样方法过于随意，但你不能说"抽样方法很可笑"，而要使用相对客观的学术语言，如"抽样方法不科学削弱了研究结果的可靠性"。

此外，相关政策、实践中的具体做法不能放到文献叙述部分。如《初中课程改革政策的×××研究》，初中课程改革的相关政策和具体做法都不能放到文献叙述里，因为这些都不是"相关研究"。

---

① "3.8 其他学术不端行为之一：将转引自其他文献的引文标注为直引，包括将引自译著的引文标注为引自原著。"[《学术出版规范 期刊学术不端行为界定》（CY/T 174—2019）].

本章小结

本章主题是文献，包括文献检索、管理、阅读与文献述评撰写。

文献是记录知识的材料。学位论文常用文献有学术著作（M）、期刊论文（J）、学位论文（D）、网络文献（EB/OL）等。文献既是学位论文的材料，也是它的标识。

文献检索要满足全、权、新、联的要求。文献检索步骤是：领域——主题——话题——问题——检索文献——评估检索结果。中文文献可通过搜索引擎、官方网站、数字图书馆、国家哲学社会科学文献中心去检索。英文文献可通过必应、谷歌学术、国家哲学社会科学文献中心和学校图书馆的外文期刊库检索。期刊论文的检索方法有顺查、逆查、抽查、引文查找与综合查找等。

文献管理包括存放、笔记、引文与列表。可按照文献类型、载体、与主题的相关度来分类存放。阅读笔记按主题或按文献记录。引文文献要单独存放，按照其在论文中出现的页码与顺序编号。资料收集完成与论文写完后都需要制作文献列表。

文献阅读有不同的目的，为提高写作水平建议采用精读的方法，为找选题或证据材料建议采取跳读的方法。阅读笔记要基于阅读目的，对文献要有思考、理思路，不能仅限于摘录重要信息。

文献述评指围绕某一主题全面收集、阅读大量文献后对已取得成果、所存在问题及未来研究趋势等进行的叙述与评论，包括前言、主体、评析。文献述评注意要忠实于原文，不一味罗列文献，文献与主题高度相关，不转引，避免文献陈旧等。

第三章 开题与开题报告写作

本章学习目标

◆ 了解开题意义与开题报告结构

◆ 了解开题报告各部分写作

◆ 了解开题报告写作常见问题

◆ 了解开题流程与注意事项

本章思维导图（图3-1）

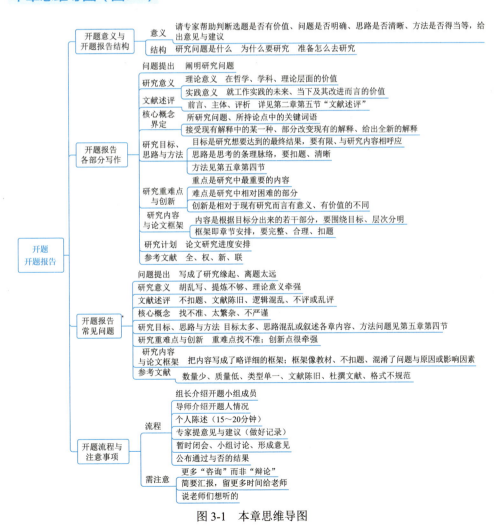

图3-1 本章思维导图

开题是学位论文写作中不可缺少的一项工作，是保证学位论文质量的重要环节。研究生需要撰写开题报告，在开题报告会上汇报相关内容，接受开题专家的审议、意见与建议。本章首先谈谈开题的意义；其次介绍开题报告的写作与常见问题；最后谈谈开题的流程以及需要注意的问题。

第一节 开题意义与开题报告结构

一、开题意义

开题的意义在于向专家汇报学位论文工作的准备情况，请专家帮助判断选题是否有价值、问题是否明确、思路是否清晰、方法是否得当、论证是否有缺陷等，提出意见与建议，以达到进一步明确研究问题、理清研究思路等目的。

当然，选题与开题报告是得到导师认可的，但导师各有自己的研究领域和专长，不见得对学生的论文选题都非常熟悉。以笔者为例，研究局限于高等教育领域，但也带有教育管理专业的学生，如果学生研究基础教育管理问题，笔者不很熟悉，多是凭学术直觉、查阅相关资料来判断选题的可行性。某选题是否为实践中的真实问题、是否可行、有没有价值，还需要听听其他老师尤其做基础教育管理研究的老师与来自管理一线老师的意见。

二、开题报告结构

（一）常见的结构

开题报告没有明确、统一的结构，不同学校的要求各不相同。笔者见到的开题报告结构有如下几种。

结构一：
一、引言
　（一）选题背景
　（二）研究目的与意义
二、文献述评
三、研究内容与技术路线

结构二：
一、研究缘起
二、研究目的与意义
三、文献述评
四、核心概念界定
五、研究思路与方法

四、研究材料、方法与手段　　六、研究内容与框架

五、研究条件　　　　　　　　七、研究计划

六、预期成果及可能存在的问题　八、参考文献

结构三：　　　　　　　　　　结构四：

一、选题背景及缘由　　　　　一、问题提出

二、研究意义　　　　　　　　二、研究意义

三、文献述评　　　　　　　　三、核心概念界定

四、核心概念界定　　　　　　四、文献述评

五、研究方案　　　　　　　　五、理论基础

　（一）研究目的　　　　　　六、研究思路与方法

　（二）研究内容　　　　　　七、研究重难点及创新之处

　（三）研究方法　　　　　　八、论文框架

　（四）研究思路　　　　　　九、研究进度

六、创新之处　　　　　　　　十、参考文献

七、写作进度

八、论文框架

九、参考文献

以上四种结构没有实质不同，仅表明不同学校的要求不一样。

（二）本书建议的结构

1. 逻辑结构

开题时，需要向专家汇报论文研究的准备情况，一般从三个方面入手：(1) 准备要研究的问题是什么？(2) 为什么选择这个问题进行研究？(3) 准备怎样去研究这个问题？

就第一个方面来说，直截了当的回答就是问题提出。

就第二个方面来说，直接表白体现在"研究意义"部分，间接透露体现在两处：一是文献评析部分，通过文献评析指出现有研究的缺陷或不足（这个缺陷或不足对于该主题的研究非常重要，你的研究就是要弥补这个缺陷或不足的，暗示研究意义）；二是拟创新之处，你的研究与现有研究相比，突破与贡献是什么，再次提及研究意义。

就第三个方面来说，需要说清楚研究该问题要达到的目标是什么，为达此目

标，准备按照什么样的思路、采用哪些方法、研究什么内容，研究中的重点是什么，可能的难点是什么。

由上可见，需要按照研究问题是什么、为什么要研究、准备怎么样去研究的顺序，来安排开题报告的各项内容，其逻辑结构如图 3-2 所示。

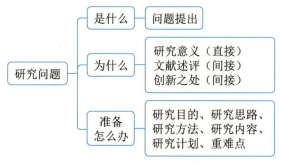

图 3-2　开题报告的逻辑结构

2. 内容与顺序

按照上述逻辑结构，开题报告的内容与顺序如下：

一、问题提出

二、研究意义

三、文献述评

四、研究目标、思路与方法

五、研究重点、难点与拟创新之处

六、研究内容与论文框架

七、研究计划

参考文献

也可以采用如下的写法：

一、问题提出

二、研究意义

三、文献述评

四、核心概念界定

五、研究目标、思路与方法

六、研究重点、难点与拟创新之处

七、研究内容与论文框架

八、研究计划

参考文献

两种写法的区别在于核心概念界定是否单列。第一种写法不单列，第一次提及核心概念时，在行文中或以脚注的形式作出界定，这种写法使开题报告的结构更紧凑、逻辑更严密。第二种写法单列核心概念界定，强调了核心概念的重要性。

第二节　开题报告各部分的写作

这里按照核心概念单列的写法，从问题提出、研究意义、文献述评、核心概念界定、研究目标、思路与方法、研究重难点与拟创新之处、研究内容与论文框架、研究计划、参考文献等方面依次介绍开题报告各部分的写作。

一、问题提出

"问题提出"即"提出问题"，要说清楚你的研究问题是什么，常见写法是由某一现象、事件引发思考、追问，进而提出研究问题。如《知识形态与大学建筑——教育学视域下的中国大学建筑形态演变之考察》，研究问题是：从知识、知识活动与建筑三者之间的关系来看，中国大学建筑的发展演变规律是什么？论文没有"问题提出"部分，但导论部分较长的前言相当于问题提出：

> 研究始于问题，因为对某个事物或某种现象发生疑问，百思不得其解，激发起了穷根究底的热情，于是卷进一场上下求索的漫漫研究路。研究者就像被爱情俘虏的恋人，废寝忘食、衣带渐宽，其目的不外乎亲近"伊"、了解"伊"、得到"伊"，这个"伊"就是问题的答案，整个研究过程就是在寻找答案。
>
> 我①的研究动机始于2003年一次湖南大学之行。在那次游历中，我被一种与现代大学建筑完全不同的古典大学建筑（岳麓书院，笔者注）深深震撼，震撼之余不禁发出疑问，是什么造就了这种建筑？它与现代大学建筑有哪些本质差异？在现代化过程中，它是如何一点点被遗弃的？
>
> ……
>
> 从岳麓书院出来，前方视野呈现着湖南大学的现代化教学大楼。回望岳麓书院，我禁不住心生迷惑，没有实验室、系馆、体育场，没有自动喷淋草坪，也没有抽象派雕塑，几乎所有房间的自然采光都达不到学校建筑设计规范，这样一座

---

① 学术著作、学术论文、学位论文等一般不使用第一人称，当需要提及作者自己时不用"我"，用"笔者"。

大宅子怎么能够为大学教育提供支撑呢？显然，如今的岳麓书院只是一处作为文化符号存在着的名胜古迹，而非大学建筑。对于现代大学而言，像岳麓书院这种建筑形态究竟还有没有生命力？这些疑问促使我去思考、去研究、去投入到一场对历史的不懈解读。①

有些学位论文不写问题提出，而写研究缘起（选题缘由）。与问题提出相比，研究缘起（选题缘由）相对好写一些，只需从两到三个方面回答一个问题：为什么要选择这个进行研究，写法如下：

A 主题很重要（展开论述）。

在该主题中，B 是关键（展开论述）。

而要解决这个关键，必须要研究 C 问题（论述）。

于是选择 C 问题进行研究。

如：

老年性白内障是与年龄相关的疾病，随着年龄的增加，其发病比率也不断升高，特别是人类趋向老龄化，白内障的患病人数还将持续增加。目前，它已是人类第一位的致盲疾病（老年性白内障这一主题很重要）。

迄今为止，治疗白内障唯一有效的方法是通过手术摘除混浊的晶状体并植入人工晶状体（该主题中，治疗是关键）。虽然手术后患者可以恢复良好的视力，但是不可避免的术后并发症及手术设备、材料耗资巨大，治疗白内障花费的资金已成为世界各国严重的医疗负担。最近的调查表明，如果将其发病时间延缓 10 年，白内障手术数量就会减少 45%[1]（原文中的引文文献编号，笔者注）。所以一些学者认为，通过预防白内障发生或延缓其发展的途径征服白内障，已成为一项全球性的社会和经济问题。

但是，目前我们对老年性白内障发病机理的认识还不十分清楚。多年以来许多学者的研究结果证实，晶状体上皮细胞在老年性白内障发生中起重要的作用，但对其中进一步的基因调控知之甚少（要解决治疗这个关键，必须研究清楚发病机理）。

鉴于此，本研究选择老年性白内障发病机理作为研究主题（本研究选择发病机理进行研究），以老年性白内障晶状体上皮细胞变化的相关基因为切入点，筛选出与白内障相关的基因，并着重对其功能进行研究，从基因水平阐明白内障的发病机制（提出研究问题：基于基因调控的老年性白内障防治）。②

---

① 张奕.知识形态与大学建筑——教育学视域下的中国大学建筑形态演变之考察［D］.武汉：华中科技大学，2005：1.

② 该例来自第四军医大学科研部苏景宽教授的基金申请讲座［EB/OL］.［2021-09-06］.https://ishare.iask.sina.com.cn/f/8wmFMjfTof.html.

上例这种写法，尽管没有小标题，但主题突出、条理清晰、结构紧凑，读者愿意读下去。不过，建议最好提炼出小标题，方便读者快速抓住你的写作思路，如下所示（笔者对该主题不很了解，总结得不一定到位）。

基于基因调控的老年性白内障防治研究

一、研究缘起

（一）老年性白内障的应对需从重治疗转向防治并重

论述当下的有效治疗方法（通过手术摘除混浊的晶状体并植入人工晶状体）及其存在的缺陷与不足，进而提出与治疗相比，预防也非常重要，引出对发病机理的认识。

（二）从基因层面认清发病机理是有效防治的前提

描述发病机理相关研究（学界认识不一，这说明学界对这一问题尚没有清晰的认识），引出晶状体上皮细胞，引出基因调控（目前尚未解决的问题，也正是本研究想要解决的）。

再如：

师幼互动质量对学前儿童学习品质的影响及其教育促进[①]

一、研究缘起

（一）重视学前儿童学习品质的培养是世界幼教发展的诉求

（二）师幼互动质量是学前儿童学习品质的重要影响因素

（三）我国学前儿童学习品质培养存在现实困境

（四）国内外已有相关研究存在不足

二、研究意义

有些开题报告的研究意义从理论、实践两方面来写，这么写也没毛病，问题在于：一方面，所写的理论意义根本不是理论意义，连牵强都算不上；另一方面，专业学位论文的选题来源于教育实践，要解决实际问题，这样的研究更多具有实践意义，而较少具有理论意义（这并不意味着专业学位论文的研究都不具有理论意义）。

---

① 张晓梅. 师幼互动质量对学前儿童学习品质的影响及其教育促进[D]. 长春：东北师范大学，2016：1-3.

（一）理论意义

1. 理论意义不是什么

有的开题报告理论意义部分写成了实践意义，如下例：

批判性思维在小学高年级数学教学中的运用研究

其一，有利于培养小学生的批判性思维。……

其二，有利于更好地落实新课程目标。……

其三，有利于数学课堂教学质量的提高。……

或者表达不清、不知所云，如下例：

本研究具有一定的理论意义。偏远山区独家村儿童已受到研究者的高度关注，独家村环境对儿童成长的影响机制是一个重要的研究课题。笔者在"中国知网"以"独家村"为关键词进行检索，仅搜到150条结果；以"独家村"为篇名进行检索，仅有2条结果。现有独家村相关研究中的"独家村"含义与本研究中不一样，对于"一户一村"式"独家村"的研究目前在国内还处于空白。然而，在我国偏远山区这种"一户一村"的现象确实存在，这具有研究意义，本研究弥补了这一空白。

2. 理论意义是什么

《辞海》对"理论"的解释是：（1）说理立论；依理评论。（2）追究。（3）道理；理由。（4）概念、原理的体系。是系统化了的理性认识。具有全面性、逻辑性和系统性的特征。[①] 显然，理论意义中"理论"的意思是第4项。对"意义"的解释是：（1）语言文字或其他信号所表示的内容。（2）从语言哲学的视阈来看，意义相关于语言，语言表达着某种意义。（3）价值；作用。如探讨人生的意义。[②] 显然，理论意义中"理论"的意思是第（3）项。

那么，理论意义就是指你的研究在概念原理体系上所具有的价值、作用。如提出了新的概念原理体系，或对现有的概念原理体系有补充、修正或完善。可以从三个层面来理解理论意义：（1）在哲学层面该研究所具有的价值。如提出一种新的认识论、本体论或对旧的有完善、发展。（2）在学科或专业层面该研究所具有的价值。如丰富了本学科（专业）的体系或理论，或发现并修正了现有体系或理论中的缺陷与不足。（3）在某个理论层面该研究有所具有的价值。如你认为马斯洛需要层次理论已不合时宜，提出一种更切合当下实际的需要层次理论，或完善了马斯洛需要层次理论。

[①] 陈至立主编.辞海（彩图本）[M].7版.上海：上海辞书出版社，2020：2603.
[②] 陈至立主编.辞海（彩图本）[M].7版.上海：上海辞书出版社，2020：5244.

3. 理论意义如何写

可能很多同学看到这里会困惑：前面独家村那个例子中写的不是理论意义，那它的理论意义是什么？应该这么问：该研究有没有理论意义？如果有，该怎么写？

要回答这两个问题，我们先推测一下其研究主题或问题，可能是"独家村环境对儿童成长的影响机制（从第二句话推测）"。如果只是通过实地考察如测量、问卷、访谈、观察等，一方面了解独家村儿童的成长状况，比较这个群体与正常村落居住的儿童在成长方面的差异，分析独家村这种独特的环境对儿童成长的影响，即哪些因素导致独家村儿童成长方面的什么情况，据此提出应对策略，该研究更多具有实践价值，谈不上有理论意义。

那么，该研究就不可能有理论意义吗？答案是：可以有。假设现有研究就环境对儿童成长的影响有个 A 理论，你通过研究发现 A 理论不能完全解释独家村环境对儿童成长的影响，于是你修正了 A 理论，提出了独家村环境对儿童成长影响的 B 理论（修正现有理论），这毫无疑问就是理论意义！

再如：

本研究基于生物学中的遗传变异理论（假设有这个理论），梳理中外大学教师职业的形成发展历程，在比较分析中探寻大学教师职业的遗传基因与导致其变异的内外部因素，构建了大学教师职业发展的×××模型（对大学教师职业发展的新认识）。

那么多学位论文，就没有理论意义写得很好、很恰当的吗？当然有！如："对一种新的人性论——人性灵——的内涵进行了详细阐发和深入论证，并与相关的人性论进行了具体的比较。"[①] 关于人性论，我们所熟知的有"性善论""性恶论""亦善亦恶论"，但这个研究却提出"人性灵"，丰富与扩展了人性论（新的认识论），这就是该研究的理论意义。

（二）实践意义

1. 实践意义是什么

《辞海》对"实践"的解释是：（1）履行。如：实践诺言。（2）亦称"社会实践"。人类有目的地改造世界的感性物质活动。[②]

实践意义可从三个方面来考虑：（1）就某一领域实践活动的未来发展而言，该研究有价值。如研究人工智能在教育教学领域中的具体应用。（2）就某一领域

---

① 朱新卓. 本真生存与教育［D］. 武汉：华中科技大学，2006：17.
② 陈至立主编. 辞海（彩图本）［M］. 7 版. 上海：上海辞书出版社，2020：3961-3962.

当下的实践活动而言，该研究有价值。如校本课程研发。(3) 就某一领域实践活动的改进而言，该研究有价值。如解决教育教学领域的实践问题。

2. 实践（研究）意义怎么写

学术型学位论文选题没有限制，既可以选择实践问题，如《县域高中多样化发展路径研究》；也可以选择理论问题，如《初中生校园欺凌的心理机制研究》，可能同时具有实践意义与理论意义。专业型学位论文选题要求从实践中选题，这样的研究更多具有实践意义，更多对实践问题解决、工作改进具有价值。实践（研究）意义常见写法有提炼小标题、给出段首句两种。

（1）提炼小标题的写法。适用于能将几个方面的研究意义提炼成表意精准、结构与长短一致的小标题的情况，要注意各标题结构要一致（如都是偏正）、长短要协调（字数不要差别太大）。如下例：

生本理念下任课教师协助班主任参与初中班级管理的可行性研究

二、研究意义

（一）有助于提高班级管理的效率和效益

（二）有助于提高班主任的班级管理水平

（三）有助于增进任课教师对学生的了解

（2）总结段首句的写法。适用于研究意义的几个方面难以凝练成简明的标题，需要较多文字才能表达清楚的情况，如下例：

中国应对气候变化国际合作政策的内外统筹
——从哥本哈根到巴黎[①]

首先，中国有效应对气候变化，既符合国家利益，也符合全人类切身利益，需要紧密联系世界各国，共同努力谋求可持续发展。

其次，中国气候政策既是聚焦解决气候问题，也是中国参与全球事务的重要抓手。

再次，从哥本哈根到巴黎，中国气候国际形象发生重大转变，是中国参与全球气候治理的里程碑和转折点。

最后，参与并引领全球气候治理可为中国提高全球治理能力、引领全球治理提供经验。

不建议从理论意义、实践意义两个方面来写。建议有什么写什么，提炼出两到三个小标题并展开论述。

[①] 赖雯燕. 中国应对气候变化国际合作政策的内外统筹——从哥本哈根到巴黎[D]. 北京：北京大学，2022：2.

三、文献述评

见第二章第五节"文献述评"。

四、核心概念界定

这里从什么是、为什么要界定、怎么界定三个方面来谈谈核心概念。

（一）什么是核心概念

概念是思维的起点，是构成判断与论证的最基本元素。学位论文中会涉及很多概念，其中有一个或几个是核心概念。

什么是核心概念？比较学术的解释是：指所研究问题、所持论点中的关键词语。比较通俗的解释是：有一个或几个词，如果不把它（们）解释清楚，你的论文就没法写，这一个或几个词就是你论文的核心概念。如《小学语文课堂教学低效研究》，如果不解释清楚什么是"课堂教学低效"，论文就写不下去，这就是论文的核心概念。再如《城乡初中生亲社会行为的比较研究》，如果不解释清楚什么是"亲社会行为"，论文也写不下去。核心概念不一定都在论文题目里，一篇论文也不一定只有一个核心概念。

关于核心概念的数量，笔者经常被学生问到："老师，我的论文有几个核心概念比较合适？"核心概念的数量没有合适与否的标准，有几个是几个，有一个就是一个。

（二）为什么要界定核心概念

1. 核心概念是学术讨论的起点

如果不解释清楚所讨论问题涉及的核心概念，就有可能出现"即使我们操持同一概念，但言者的具体所指却迥然有别"[①]的情况，有个故事能很好地说明这一点。一只松鼠站在树上，两个猎人绕它转了一圈。他们动时，松鼠也跟着他们在动。绕完一圈后，一个猎人说："看，我们围着松鼠转了一圈。"另一个猎人却不同意他的说法，反驳道："不对，我们没有围着松鼠转一圈。"俩人争论不休，谁也说服不了谁。究其根本，争论的焦点在于没有对什么叫"围着松鼠转一圈"达成共识（核心概念含义不明确）。说"围着松鼠转了一圈"的猎人，意思是松鼠站

---

① 阎光才．关于当前大学治理结构中的社会参与问题 [J]．清华大学教育研究，2020，41（1）：1．

在中间,他们已经围着松鼠画了一条封闭的曲线。持相反意见的猎人,意思是他们围着松鼠转时,松鼠也在转,看到的始终是松鼠的正面,并没有先看到松鼠的正面,接着看到侧面、后面,最后再看到正面。如果两个人不就什么叫"围着松鼠转一圈"达成共识,争论是不会有结果的。

2. 核心概念是学位论文的基点

只有把核心概念解释清楚了,论文才能写得下去。如《小学语文课堂教学低效研究》,只有解释清楚了"课堂教学低效",才能准确描述"课堂教学低效"的表现(问题分析),进而才有可能找到原因和提出对策。再如《"90 后"、"00 后"心目中母亲形象的比较研究》,只有解释清楚了"母亲形象",论文才能找准研究对象。

3. 核心概念是建立分析框架的基础

有些情况下核心概念不解释清楚,论文的分析框架就建立不起来。如《"70 后"、"90 后"女性社会地位比较研究》,核心概念是"女性社会地位",必须把它解释清楚,才知道你要比较什么(女性在一定社会系统中所处的位置),从哪些方面进行比较(如政治、经济、法律、教育、家庭地位等)。解释清楚了"女性社会地位",论文的分析框架也就建立起来了,从政治、经济、法律、教育、家庭地位等方面对两者进行比较。

关于论文是不是一定要界定核心概念,学界有两种不同的看法。

(1)是否界定看情况。如果核心概念是学界流行、行内周知的,就不必再界定。如"课堂教学"。如果核心概念比较新,如国外引入的或自己提出的新概念,或赋予老概念以新内涵,就需要进行界定。即使需要界定核心概念,也不必专门设置一个条目,可在行文中第一次提及核心概念时,用"本研究中的 × 指……"的方式进行界定;如果行文中不便解释,可采用脚注的方式进行界定,如图 3-3 所示。

> 党的十八大以来,党中央高度重视道德建设,尤其注重职业道德领域突出问题的专项治理。作为学术职业道德领域的突出问题。学术不端①治理被写入政府工作报告,成为教育部、科技部等部门工作重点并受到社会各界广泛关注。相关研究……
>
> ——————
> ① 学术不端泛指学术领域的不诚实、不道德、不规范、不合法的行为/现象。相关研究用多种术语指称学术不端,西方学者常用 academic misconduct, research misconduct, scientific misconduct 等,国内学者常用学术不端、科研不端、学术腐败、科研越轨、学术越轨等,本研究对这一概念不作严格界定,提及相关研究时沿用原文中的表述。

图 3-3 以脚注的形式解释核心概念示例

(2)一定要界定。概念有本义与引申义、表层义与深层义、具象义与抽象义、常规义与别解义,需要解释清楚这一概念在你论文中的含义。对于不界定概念可能会导致的混乱,涂尔干指出,"学者们如果按照他们所接受的惯用法来使用这些词，而不给这些词另作详细说明，就可能陷于最严重的混乱……不断发生这样的情况：某些不同范畴的事实被不加区别地归入同一类别，或者性质相同的事实被冠以不同的名称。"① 如"有两种一夫一妻制：一种是事实上的，另一种是法律上的……这两种婚姻关系有着截然不同的意义，而人们却对它们冠以相同的名称。"②

笔者对这个问题的看法是学位论文需要界定核心概念。

（三）怎么界定核心概念

1. 完全接受现有解释中的一种

此方法适用于现有多种解释中有符合你论文中含义的情况。如：就教育投入而言，目前学界有多种观点……本研究接受×××对教育投入的解释。

2. 部分修改现有解释

此方法适用于现有多种解释中没有完全符合你论文中含义的情况，可以根据论文的需要对现有解释作出部分修改。如：

就本科教育质量而言，有研究从宏观角度将其界定为高等教育体系的质量，包括……；有研究从微观角度将其界定为学生培养质量，包括……；还有研究从用人单位满意度的角度来解释它，认为它是……，包括……本文中的本科教育质量指学生培养质量，从培养目标实现与用人单位评价两方面构建评价指标体系。

3. 给出全新解释

此方法适用于你提出新的概念或赋予老概念以新含义的情况。如你提出了一个新概念"留白教学法"，第一次出现，大家不知道什么意思，你就需要对它做出解释。再如，就教育投入（老概念）而言，目前学界有多种观点，有观点认为，它是……（A）；有研究认为，它是……（B）。本研究从一个新的角度来认识教育投入，它指……（C），包括……（现有研究中没有这种解释）。

核心概念界定建议要说清楚它是什么（内涵）、包括什么（外延）。如下例：

专业承诺指学生认同所学专业并愿意付出相应努力的积极态度和行为（内涵），包括情感承诺、继续承诺、理想承诺和规范承诺等四个方面（外延）。情感承诺，指学生对所学专业的感情和期望。继续承诺，指学生出于对自身素质、能力、就业机会以及与该专业相应的工资、待遇等的考虑，而愿意继续留在该专业学习。规范承诺，指学生认同所学专业的规范和要求，留在所学专业是出于义务

---

① 埃米尔·迪尔凯姆. 自杀论 [M]. 冯韵文, 译. 北京：商务印书馆, 2008：7.
② E. 迪尔凯姆. 社会学方法的准则 [M]. 狄玉明, 译. 北京：商务印书馆, 1995：57.

和责任的考虑。理想承诺，指学生认为所学专业能发挥自己的特长，有利于实现自己的理想和抱负。[①]

说清楚内涵是概念界定的常规做法，为什么还要让你说清楚它的外延呢？因为这有利于你建立分析框架或设计调查问卷。上例中，论文对专业承诺的分析就相应从这四个方面展开，对学生专业承诺的调查问题也从这四个方面入手来设计。

有三点需要提醒：（1）核心概念界定后，在论文中的含义要一致。不要同一个词在上文是这个意思，下文又成了另外一个意思。（2）辞典里的解释不一定适合你的研究。辞典仅就词语的基本含义做出解释，除了基本含义，词语还有其他含义。（3）同一个词在不同的社会、同一社会的不同时期可能具有不同的含义。如"教育质量"的含义过去与现在就不一样，即便是现在，论及它时所指可能也有所不同，有研究指学生的杰出度，有研究指学生的学业成绩与发展情况，有研究指考试通过需要付出的劳动量等。

五、研究目标、思路与方法

（一）研究目标

1. 研究目标是什么、怎么写

研究目标（目的）是通过论文研究想要达到的最终结果或效果，常用一两句话表达。它是论文题目的具体化，是对论文研究内容的高度概括，既可以分条写，也可以用一段话说明。

（1）研究目标分条写。可以将研究目标分解为几个（一般两到三个，不会太多）阶段性目标，如下例所示。

高校学生评教行为偏差及影响因素研究[②]

（一）测量学生评教行为偏差，探究学生评教行为偏差的内在结构[③]

（二）探寻学生评教行为偏差与学生背景特征之间的关系

（三）探寻学生评教行为偏差发生的影响因素

---

① 黄丽晓.全日制教育硕士专业承诺和学习倦怠状况及关系的实证研究[D].北京：首都师范大学，2014：12-13.

② 周继良.高校学生评教行为偏差及影响因素研究[D].南京：南京大学，2015：10-11.

③ 标题上尽量不加逗号，要将其凝练为一句话，该标题可以改为"测量学生评教行为偏差并探究其内在结构"。也不建议一个标题涉及两个主题，一个标题只谈一个主题。

（四）探究学生评教行为偏差与其影响因素之间的关系

（五）为学生评教制度安排的改进提供科学依据及合理化建议

上例采用了分条的写法，略有欠缺的地方在于目标有点多，看起来更像是研究内容。笔者将其修改如下：

（一）了解学生评教行为偏差的表现

（二）探寻学生评教行为偏差的影响因素

（三）为引导学生理性评教与改进评教制度提供参考

（2）研究目标用一段话说明。如下例所示：

肝癌细胞转移过程中关键分子的研究①

通过肝癌转移中蛋白质的差异性表达谱及功能蛋白组学的研究①，确立肝癌转移过程中的关键分子②，为肝癌转移的预测及治疗靶点提供新的理论与实践依据③。

上例用一句话概括研究目标：①是研究路径，即怎么做；②是具体目标，即这项研究完成后所取得的结果；③是长远目标，可以把它看作是对为什么要实现具体目标的说明（为什么要找到这个关键分子？）。

笔者将这种写法总结为由三个层次构成的一段话：第一层，交待研究路径（方式方法），回答怎么做的问题；第二层，说明具体目标，回答想要什么结果的问题；第三层，说明长远目标，回答为什么想要这个结果的问题。

与分条的写法相比，笔者更推崇一段话的写法，更简洁明了。

按照这种写法，上例评教行为偏差的研究目标是：通过调查高校学生评教行为的现状，分析其中存在的偏差行为并剖析其影响因素，为引导学生理性评教与改进评教制度提供参考。另外，该论文题目可以更简洁地表述为《高校学生评教行为偏差研究》，即便题目中没有影响因素，也不影响论文研究它。如题目改成这样，研究目标就是：通过调查高校学生评教行为的现状，剖析其中存在的偏差行为，为引导学生理性评教与改进评教制度提供参考。"剖析其中存在的偏差行为"包括描述偏差行为表现、分析偏差行为影响因素、探究偏差行为的干预策略。

2. 研究目标注意事项

（1）要有限。学位论文通常围绕一个问题展开研究，通常不会或不能实现太多目标。目标太多，既可能难以实现，也可能给读者以抓不住重点的不良印象。评教偏差行为的例子列了5个研究目标，从形式上看，这叫目标太多。从实质上

---

① 该例来自中山医院肝癌研究所刘银坤教授讲座《科研标书的写作思路》[EB/OL].[2021-09-06]. https://ishare.iask.sina.com.cn/f/1QL5uVRI4IQZ.html.

说，属于没找准或提炼不够。

一般来说，一项研究只有一个目标（特殊情况除外）。如《新时代盈利性民办教育规范化发展路径研究》，研究目标是找到发展路径。再如《×专业高技能人才培养模式研究》，研究目标是构建人才培养模式。

（2）要与研究内容相呼应。研究目标要能统领整个研究，并与研究内容相呼应。如下例，内容一呼应目标中的"蛋白质的差异性表达谱"，内容二、三呼应目标中的"功能蛋白组学研究"与"确立关键分子"。

题目：肝癌细胞转移过程中关键分子的研究[①]

目标：通过肝癌转移中蛋白质的差异性表达谱及功能蛋白组学的研究，确立肝癌转移过程中的关键分子，为肝癌转移的预测及治疗靶点提供新的理论与实践依据。

内容：

（一）研究蛋白质差异表达谱和寻找关键分子

（二）关键分子结构及其与功能的关系

（三）关键分子功能的再验证（蛋白质关键分子在肝癌转移中功能的生物学鉴定）

再看下例的研究目标。

本科生参与大学治理研究

在新时代背景下，基于大学治理现代化的需要，旨在探讨本科生参与大学治理的理论体系与实现机制。一是构建本科生参与大学治理的理论；二是探究本科生参与大学治理的机制。

论文研究内容如下：

绪论

第一章　大学治理现代化需要利益相关者共同参与

第二章　作为重要利益相关者的本科生参与大学治理的可行性

第三章　本科生参与大学治理的实验研究

第四章　本科生参与大学治理的促动与抑制因素

第五章　本科生参与大学治理的实现机制

结语

上例中，"旨在探讨本科生参与大学治理的理论体系与实现机制"是研究目标，但表述模糊，读者看完之后并不清楚是什么样的理论和机制。除第五章与研

[①] 该例来自中山医院肝癌研究所刘银坤教授讲座《科研标书的写作思路》[EB/OL].[2021-09-06]. https://ishare.iask.sina.com.cn/f/1QL5uVRI4IQZ.html.

究目标中的"二"相呼应外，看不出"本科生参与大学治理的理论"如何体现在研究内容中，目标与内容之间的呼应关系不明显。如将其修改为：

通过论证本科生在大学治理中的参与权（第一章）、验证其参与大学治理的可行性（第二、三章）并剖析相关影响因素（第四章），（研究路径）构建本科生参与大学治理的实现机制（具体目标），为推进大学治理主体多元化与治理结构合理化提供参考（长远目标）。

这样写，目标与内容之间的呼应关系就很明显了。

（二）研究思路

1. 研究思路是什么、怎么写

研究思路即思考的条理脉络，使用简明扼要的语言，说清楚如何展开研究，要让读者明白你的研究从哪儿入手，展开路线是什么，最后得到了什么结果。为了使研究思路的表述更清晰，建议使用标识性语言，如第一，第二……；首先，其次……

研究目标需要被分解为阶段性目标，各阶段性目标完成后，研究目标也就实现了。基于此，笔者提出如下的研究思路写作模式：

为……（一句话表述研究目标），首先，……（采用什么方法，做什么，达到什么阶段性目标）。其次，……（采用什么方法，做什么，达到什么阶段性目标）。最后，……（采用什么方法，做什么，达到什么阶段性目标）。

具体写法有纯文字描述式、图文结合式两种。

（1）纯文字描述式。如下例所示：

为有效防治学术职业伦理失范（研究目标），按照认识——解释——应对的思路进行研究，具体如下：

首先，采用文献研究法（用什么方法），厘清学术职业伦理、失范与学术职业伦理失范的含义（做什么），解决何谓学术职业伦理失范的问题（阶段性目标）。

其次，采用文献研究法，归纳学术职业伦理失范的表现及程度；采用问卷调查法，了解学术职业伦理失范的现实状况，解决学术职业伦理如何失范的问题。

再次，采用文献研究法、统计分析法，剖析学术职业伦理失范的成因，解决学术职业伦理为何失范的问题。一是利用调查数据分析不同因素对学术职业伦理失范的影响；二是从生物学、心理学、社会学角度对学术职业伦理失范做出解释；三是从社会环境、制度规范、从业者三个方面探究学术职业伦理失范的形成机制。

最后，基于上述研究，采用归纳法、演绎法，探究相应的防治路径，解决学术职业伦理失范如何防治的问题。①

（2）图文结合式。如下例所示：

为有效防治学术职业伦理失范，按照认识——解释——应对的思路进行研究（见图3-4）。首先，采用文献研究法，厘清学术职业伦理失范的含义。其次，采用文献研究法、问卷调查法，探明学术职业伦理失范的状况。再次，采用文献研究法、统计分析法，剖析学术职业伦理失范的形成机制。最后，基于上述研究，采用归纳法、演绎法，探究学术职业伦理失范的防治路径。

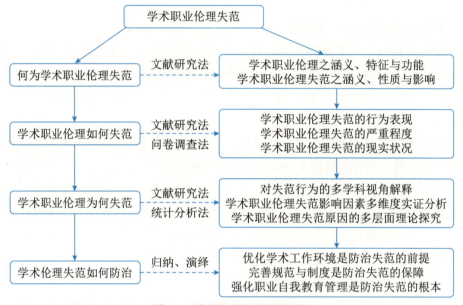

图 3-4　清晰的研究思路图示例

2. 研究思路注意事项

（1）扣题。既不能偏离题目，也不超出题目范围。如你要告诉别人怎么做汉堡，别人按照你的流程做下来，做出来的得是个汉堡，不能是花卷。如果做成了花卷，那叫偏离主题。

（2）清晰。要把研究过程（步骤）讲清楚。还以做汉堡为例，你得把先做什么、然后做什么、最后做什么说清楚，而且要让看的人能明白。

（3）善用思路图。思路图比文字的展示效果好，给人以直观、清晰之感（见图3-4），但思路图不能让人看了反而更糊涂（见图3-5）。

---

① 张英丽，戎华刚. 学术职业伦理失范及其规制（2016年国家社科基金结项报告）。

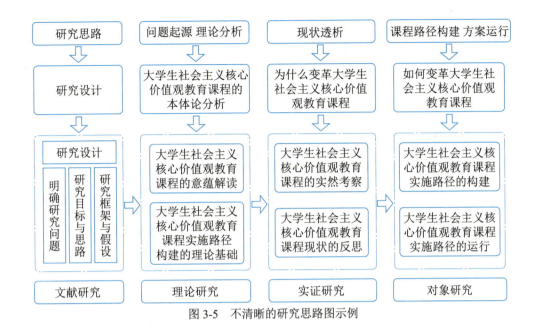

图 3-5 不清晰的研究思路图示例

（三）研究方法

为结合使用来谈研究方法，此部分内容详见第五章第四节"学位论文的方法"。

六、重难点与拟创新之处

（一）研究重点

重点是研究中最重要的内容，在整个研究（论文）中居于核心地位。如《超大型城市农民工艾滋病防治策略研究》，在这项研究中最重要的是防治策略，是该论文的研究重点。再如《研究生导师立德树人职责落实成效评估》，在这项研究中最重要的是成效评估，是该论文的研究重点。

（二）研究难点

难点是研究中相对困难的部分。如果研究所需部分材料具有一定保密性，收集起来比较困难，材料收集就是研究难点。如《地方本科院校科研投入、科研奖励与科研产出的关系研究》中，科研投入、科研奖励与科研产出的部分数据有一定保密性，数据收集就是研究难点。如果研究敏感性问题，可能会在调查对象选取上存在困难，这就是研究难点。如《超大型城市农民工艾滋病防治策略研究》中，调查对象的选取就是研究难点。

研究重点与研究难点可能截然分开。如《超大型城市农民工艾滋病防治策略研究》，研究重点是防治策略，研究难点是调查对象的选取。两者也可能完全重合。如《中小学教师教育惩戒权的边界厘定》，研究重点与研究难点均为教育惩戒权的边界。两者还可能部分重合。如《研究生学术不端行为预防机制研究》，研究重点是预防机制，研究难点有二：一是研究生学术不端行为的界定与认定；二是研究生学术不端行为预防机制的构建。

研究重点与研究难点的不同之处在于，重点是对于研究本身来说的，它是研究中最重要的内容；难点是对于研究者来说的，是研究者感到困难的部分。

（三）拟创新之处

创新是论文研究与现有研究相比，有意义、有价值的不同之处，可考虑新理论、新方法、新资料、新视角、新观点、新思路、新的问题解决策略等。如第一个用山楂以外的食材做糖葫芦的人做到了材料创新，第一个用手机信息表白的人做到了方法创新，这与现有做法不一样，更重要的是这种不一样有意义（价值）。你也可以用塑料或纸来做糖葫芦，这也是材料创新。但相对于食用而言，这种创新就很难说有意义与价值。当然你可以争辩说具有观赏、审美价值，因为改变了食用性质，则另当别论。

创新之处的写作模式：首先，指出创新所属的方面（如方法、视角、观点等）①。其次，简要说明就这一点而言现有研究的情况②。最后，指出创新的具体内容③。如下例所示。

研究视角创新（创新所属的方面）。传统的酒店安全评价研究主要以酒店的自我评价为主（简要说明现有研究情况），本研究则从顾客感知视角来研究酒店安全评价，为酒店安全评价提供了新的研究视角（创新的具体内容）。①

七、研究内容与论文框架

（一）研究内容及其分解

研究内容是根据研究目标分出来的若干部分。研究内容要围绕研究目标来设

---

① 张翠. 基于顾客感知视角的酒店安全评价研究 [D]. 泉州：华侨大学，2013：5.

计，要能够达成研究目标、解决研究问题。研究内容之间要有逻辑关系、层次分明、逐步深入。

研究内容、论文题目、研究目标的关系是：围绕题目设计目标、围绕目标分解内容。如前文所举例子《肝癌细胞转移过程中关键分子的研究》（题目），研究目标"通过肝癌转移中蛋白质的差异性表达谱及功能蛋白组学的研究，确立肝癌转移过程中的关键分子，为肝癌转移的预测及治疗靶点提供新的理论与实践依据"，紧扣题目来设计。研究内容有三部分：研究蛋白质差异表达谱及寻找关键分子、关键分子结构及其与功能的关系、关键分子功能的再验证。内容一呼应研究目标的第一句话，内容二、三呼应研究目标的第二句话，研究内容紧扣研究目标来设计。

学位论文所研究的问题一般包含若干方面，问题的解决也从多方面入手，这就需要围绕研究问题来确定一些相互关联的小问题，通过小问题的解决使研究问题得以解决。确定小问题的过程叫分解研究内容，常见分解方法如下。

1. 下位概念分解法

即确定研究问题中的核心概念，然后列出它的下位概念，每个下位概念就是一项研究内容。如《城乡小学生道德品质比较研究》，核心概念是"道德品质"，它有道德认识、道德情感、道德信念、道德意志与道德行为等五个下位概念，研究内容据此分解为：

城乡小学生道德认识的比较

城乡小学生道德情感的比较

城乡小学生道德信念的比较

城乡小学生道德意志的比较

城乡小学生道德行为的比较

2. 以研究方法来划分

有些问题不一定需要或能够分解出下位概念，可以通过研究方法的差异来分解研究内容。如《初中初任教师课堂理答研究》，采用了文献分析、观察法、实验法等研究方法，研究内容可据此分解为：

初中初任教师课堂理答的文献研究

初中初任教师课堂理答的观察研究

初中初任教师课堂理答的实验研究

3. 混合分解法

常见的是将下位概念分解、研究方法分解结合起来使用，按照问题解决的逻辑顺序安排研究内容。如《农村小规模学校教师专业发展困境研究》，研究内容如下：

理论分析：教师专业发展困境的理论探析
实证研究：农村小规模学校教师专业发展困境的深描
原因破解：农村小规模学校教师专业发展困境的生成
对策探究：农村小规模学校教师专业发展困境的出路

（二）论文框架及其要求

论文框架即论文的章节结构，一般写到四级标题，即章、节和节内的一级、二级标题，对论文框架的要求是完整、合理、扣题。

1. 完整

完整是指要有导论、本论、结论三部分。

（1）导论。也叫绪论、引论，其作用在于引起读者的阅读兴趣。要交待清楚研究问题、该问题产生的背景、研究该问题有什么意义、采用什么方法、按照什么思路进行研究等。开题报告略修改（如修改文献述评内容、删除研究计划等）就成为论文的导论。

（2）本论。是学位论文的主体，是研究过程的反映，包括问题描述、原因分析与对策探究。

（3）结论。更常见的表述是"结语"，概括研究结果、研究局限、未来研究展望等。需要指出的是，这里的结论不是研究问题的结论，是对全文的总结。有的论文以结论章代替全文结论，这导致论文前有导论，后无结论，结构不完整。

2. 合理

合理指逻辑严谨、层次清晰，表现在如下两个方面。

（1）论文结构按照是什么、为什么、怎么办的思路来设计，不管论文有几章内容，整体上符合提出问题、分析问题、解决问题的逻辑顺序。

（2）前后章节承上启下，以问题为主线贯穿全文。如下例围绕"女性服刑人员自伤行为"，从理论、现状、后果、影响与应对等方面展开研究，章与章之间的逻辑关系比较紧密。

女性服刑人员自伤行为及其应对

导论

一、女性服刑人员自伤行为的理论探析

二、女性服刑人员自伤行为的现状调查

三、女性服刑人员自伤行为的消极后果

四、女性服刑人员自伤行为的影响机制

五、女性服刑人员自伤行为的应对策略
结语

（3）问题、原因、对策相呼应。对策要针对原因，原因要针对问题，这三者之间应有紧密的逻辑关系。即使同样的问题，也可能因时间、地点不同而有不同的原因，就需要根据具体原因采取针对性的对策。如同样是贫困，一线大城市市民的贫困原因与四川凉山农民可能就不同，就需要采取不同的扶贫、减贫对策。有的论文描述完问题就提对策，不分析问题产生的原因而提出的对策往往是头痛医头、脚痛医脚式的。如问题是"教师的教学方法单一"，对策是"教师要采取多样化的教学方法"，这样的对策还需要研究才能提出吗？需要找出"教师教学方法单一"的具体原因，是主观方面的能力、水平、态度问题，还是客观方面的教学条件问题，然后再据此提出相应的解决办法。

3. 扣题

扣题指紧扣研究主题，可通过各部分标题中"反复出现"论文题目中的"关键词语"来体现。如下例，全文紧扣"MOOC学习者的持续参与行为"这一主题，本论第一章之外的各章标题均出现了这一关键词语。

MOOC学习者的持续参与行为研究

绪论
一、MOOC学习者的参与行为调查
二、MOOC学习者持续参与行为与非持续参与行为的比较
三、MOOC学习者持续参与行为的促动与抑制因素
四、MOOC学习者持续参与行为的促进策略
结语

八、研究计划

即论文研究的进度安排，一般始于开题，终于论文定稿，如下例所示。

2020年9月—2020年12月：收集资料，阅读文献，确定选题并撰写开题报告初稿；

2021年1月—2021年3月：继续查阅资料，修改开题报告并设计问卷

2021年4月—2021年10月：完成问卷调查、访谈，撰写论文初稿

2021年11月—2022年2月：补充访谈、修改论文

2022年3月   论文定稿、提交检测

九、参考文献

此时列的参考文献是为撰写开题报告而阅读、引用的文献，数量上一般少于学位论文后面的参考文献，总体要求依然是前文提到的全（文献类型要全）、权（权威性、代表性）、新（以新文献为主）、联（与研究主题高度相关）。此外，还要注意格式要规范，建议将文献分类罗列，每一类按照从新到旧的顺序排列。

第三节　开题报告各部分的常见问题

一、问题提出的常见问题

此部分的常见问题是把问题提出写成了选题缘由（研究缘起）与离题太远。

（一）写成了选题缘由（研究缘起）

问题提出、选题缘由（研究缘起）两者的表述不同，意思也不一样。问题提出指要做的事是个什么事，选题缘由（研究缘起）指为什么要做这个事。两者的写法也不同。问题提出即提出问题，把所要研究的问题说清楚；选题缘由（研究缘起）论述的是研究的理由或必要性。如把《小学应用文写作教学中存在的问题研究》的问题提出写成：小学应用文写作教学的需要，小学生写作能力培养的需要，这就把"问题提出"写成了"研究缘起"。

（二）离题太远

离题太远即严重偏离论文主题。如《角色扮演在小学语文教学中的应用研究》的问题提出：新时代对人才的必然需求（离题太远）；《义务教育语文课程标准》提出的新要求（不扣题）；指导教育实践的需要（离题太远）。

再如《农村初中家校合作中的问题与对策研究》的问题提出：基础教育发展的需要（离题太远）；学生自身健康发展的需要（离题太远）；个人的工作经历和学术兴趣（笔者不建议写这条）。

针对以上问题，建议先想清楚自己要写的是问题提出还是研究缘起，然后按照各自的写法、紧扣研究主题来写。

二、研究意义的常见问题

（一）胡乱写

可能有同学不清楚研究意义是什么、怎么写，但开题报告中又要求写，于是就出现下例中的研究意义：

小学语文教学中德育元素的融入研究

（一）有助于推动小学语文德育理念的发展

（二）有助于促进小学生思想品德素质的发展

（三）有助于丰富小学语文教师的德育融入观

上例中的研究意义存在的问题有二：一是表述不规范。如“语文德育理念（规范的表述为‘语文教学中的德育理念’）”“德育融入观（没有这种说法）”；二是不扣题，可从课程思政角度，即从语文教学中融入德育元素，而不是在语文教学中进行德育来提炼总结研究意义。

（二）提炼不够

提炼不够的典型表现是没有标题，没有段首句，全是大段大段的文字（见图 3-6）。极少有导师或专家有兴趣认认真真从前看到后，然后替你总结研究意义究竟是什么。结果是你辛辛苦苦写出来，可能写得也不错，但是没人愿意看。

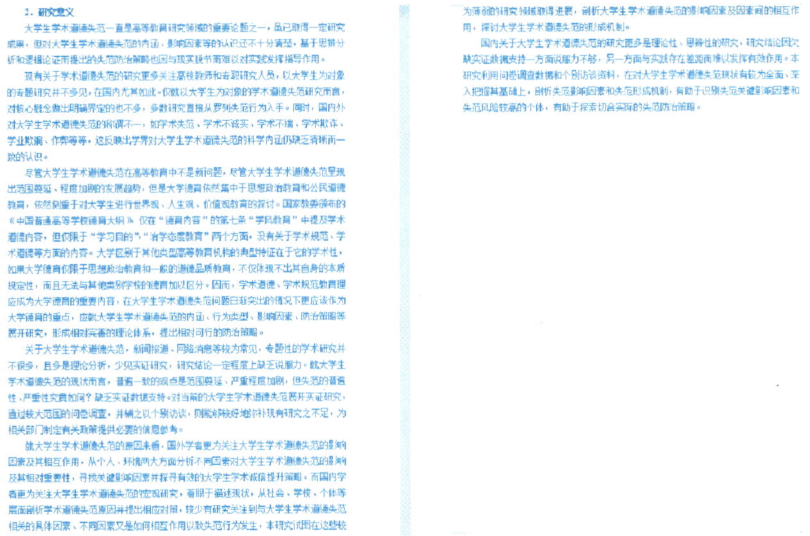

2. 研究意义

大学生学术道德失范一直是高等教育研究领域的重要论题之一，虽已取得一定研究成果，但对大学生学术道德失范的内涵、影响因素等的认识还不十分清楚，基于思辨分析和逻辑论证而提出的失范防治策略也因与现实脱节而难以对实践发挥指导作用。

现有关于学术道德失范的研究更多关注高校教师和专职研究人员，以大学生为对象的专题研究并不多见，在国内尤其如此。仅就以大学生为对象的学术道德失范研究而言，对核心概念做出明确界定的也不多，多数研究直接从罗列失范行为入手。同时，国内外对大学生学术道德失范的称谓不一，如学术失范、学术不诚实、学术不端、学术欺诈、学业欺骗、作弊等等，这反映出学界对大学生学术道德失范的科学内涵仍缺乏清晰而一致的认识。

尽管大学生学术道德失范在高等教育中不是新问题，尽管大学生学术道德失范呈现出范围蔓延、程度加剧的发展趋势，但是大学德育依然集中于思想政治教育和公民道德教育，依然侧重于对大学生进行世界观、人生观、价值观教育的探讨。国家教委颁布的《中国普通高等学校德育大纲》仅在“德育内容”的第七条“学风教育”中提及学术道德内容，但仅限于“学习目的”“治学态度教育”两个方面，没有关于学术规范、学术道德等方面的内容。大学区别于其他类型高等教育机构的典型特征在于它的学术性，如果大学德育仅限于思想政治教育和一般的道德品质教育，不仅体现不出其自身的本质规定性，而且无法与其他类别学校的德育加以区分。因而，学术道德、学术规范教育理应成为大学德育的重要内容，在大学生学术道德失范问题日渐突出的情况下更应该作为大学德育的重点，应就大学生学术道德失范的内涵、行为类型、影响因素、防治策略等展开研究，形成相对完善的理论体系，提出相对可行的防治策略。

关于大学生学术道德失范，新闻报道、网络消息等较为常见，专题性的学术研究并不很多，且多是理论分析，少见实证研究，研究结论一定程度上缺乏说服力。就大学生学术道德失范的现状而言，普遍一致的观点是范围蔓延、严重程度加剧，但失范的普遍性、严重性究竟如何？缺乏实证数据支持。对当前的大学生学术道德失范展开实证研究，通过较大范围的问卷调查，并辅之以个别访谈，则能够较好地弥补现有研究之不足，为相关部门制定有关政策提供必要的信息参考。

就大学生学术道德失范的原因来看，国外学者更为关注大学生学术道德失范的影响因素及其相互作用，从个人、环境两大方面分析不同因素对大学生学术道德失范的影响及其相对重要性，寻找关键影响因素并探寻有效的大学生学术诚信提升策略。而国内学者更为关注大学生学术道德失范的宏观研究，着眼于描述现状，从社会、学校、个体等层面剖析学术道德失范原因并提出相应对策，较少有研究关注到与大学生学术道德失范相关的具体因素、不同因素又是如何相互作用以致失范行为发生，本研究试图在这些较为薄弱的研究领域取得进展，剖析大学生学术道德失范的影响因素及因素间的相互作用，探讨大学生学术道德失范的形成机制。

国内关于大学生学术道德失范的研究更多是理论性、思辨性的研究，研究结论因欠缺实证数据支持一方面说服力不够，另一方面与实践存在差距而难以发挥有效作用。本研究利用问卷调查数据和个别访谈资料，在对大学生学术道德失范现状有较为全面、深入把握其基础上，剖析失范影响因素和失范形成机制，有助于识别失范关键影响因素和失范风险较高的个体，有助于探索切合实际的失范防治策略。

图 3-6　大段文字的研究意义示例[①]

① 该例是笔者自编。

建议要么提炼出几个小标题并展开论述，要么给出段首句（见图 3-7），以方便读者阅读。

2. 研究意义

大学生学术道德失范一直是高等教育研究领域的重要论题之一，虽已取得一定研究成果，但对大学生学术道德失范的内涵、影响因素等的认识还不十分清楚，基于思辨分析和逻辑论证而提出的失范防治策略也因与现实脱节而难以对实践发挥指导作用。

首先，对大学生学术道德失范展开研究具有重要的理论价值。

一方面，有助于把握大学生学术道德失范的科学内涵。现有关于学术道德失范的研究更多关注高校教师和专职研究人员，以大学生为对象的专题研究并不多见，在国内尤其如此。仅就以大学生为对象的学术道德失范研究而言，对核心概念做出明确界定的也不多，多数研究直接从罗列失范行为入手。同时，国内外对大学生学术道德失范的称谓不一，如学术失范、学术不诚实、学术不端、学术欺诈、学业欺骗、作弊等等，这反映出学界对大学生学术道德失范的科学内涵仍缺乏清晰而一致的认识。

另一方面，拓展了大学德育的研究领域。尽管大学生学术道德失范在高等教育中不是新问题，尽管大学生学术道德失范呈现出范围蔓延、程度加剧的发展趋势，但是大学德育依然集中于思想政治教育和公民道德教育，依然侧重于对大学生进行世界观、人生观、价值观教育的探讨。国家教委颁布的《中国普通高等学校德育大纲》仅在“德育内容”的第七条“学风教育”中提及学术道德内容，但仅限于“学习目的”，“治学态度教育”两个方面，没有关于学术规范、学术道德等方面的内容。大学区别于其他类型高等教育机构的典型特征在于它的学术性，如果大学德育仅限于思想政治教育和一般的道德品质教育，不仅体现不出其自身的本质规定性，而且无法与其他类别学校的德育加以区分。因而，学术道德、学术规范教育理应成为大学德育的重要内容，在大学生学术道德失范问题日渐突出的情况下更应该作为大学德育的重点，应就大学生学术道德失范的内涵、行为类型、影响因素、防治策略等展开研究，形成相对完善的理论体系，提出相对可行的防治策略。

其次，对大学生学术道德失范展开研究具有较强的实践意义。

第一，有助于理性认识大学生学术道德失范的现状，为相关部门制定有关政策提供必要的信息参考。关于大学生学术道德失范，新闻报道、网络消息等较为常见，专题性的学术研究并不很多，且多是理论分析，少见实证研究，研究结论一定程度上缺乏说服力。就大学生学术道德失范的现状而言，普遍一致的观点是范围蔓延、严重程度加剧，但失范的普遍性、严重性究竟如何？缺乏实证数据支持。对当前的大学生学术道德失范展开实证研究，通过较大范围的问卷调查，并辅之以个别访谈，则能够较好地弥补现有研究之不足，为相关部门制定有关政策提供必要的信息参考。

第二，有助于加深对失范影响因素和失范形成机制的理解。就大学生学术道德失范的原因来看，国外学者更为关注大学生学术道德失范的影响因素及其相互作用，从个人、环境两大方面分析不同因素对大学生学术道德失范的影响及其相对重要性，寻找关键影响因素并探寻有效的大学生学术诚信提升策略。而国内学者更为关注大学生学术道德失范的宏观研究，着眼于描述现状，从社会、学校、个体等层面剖析学术道德失范原因并提出相应对策，较少有研究关注到与大学生学术道德失范相关的具体因素、不同因素又是如何相互作用以致失范行为发生，本研究试图在这些较为薄弱的研究领域取得进展，剖析大学生学术道德失范的影响因素及因素间的相互作用，探讨大学生学术道德失范的形成机制。

第三，有助于探索切实可行的失范防治策略，推动大学生学术道德素养的提升和大学学风的好转。国内关于大学生学术道德失范的研究更多是理论性、思辨性的研究，研究结论因欠缺实证数据支持一方面说服力不够，另一方面与实践存在差距而难以发挥有效作用。本研究利用问卷调查数据和个别访谈资料，在对大学生学术道德失范现状有较为全面、深入把握其基础上，剖析失范影响因素和失范形成机制，有助于识别失范关键影响因素和失范风险较高的个体，有助于探索切合实际的失范防治策略。

图 3-7　提炼出小标题（段首句）的研究意义示例①

（三）理论意义牵强

并不是所有的研究都同时具有理论与实践两个方面的意义，可能有导师要求从理论、实践两方面来写，也可能有同学以为必须这样写，于是就出现很牵强的理论意义。如《小学应用文写作教学中的问题研究》的理论意义：

从理论上看，现在写作教学最迫切的是写作课程的建设。有专家指出，写作本质上是一种交流行为，营造具体真实或拟真的写作任务场景，教会学生自由地表达与交流正成为写作的趋势。本研究既有依据语文课程标准的写作课程设计，又能丰富写作教学理论。

先不谈这三句话能否充分说明理论意义，即论证是否充分，也不说这三句话之间是否有逻辑关系，会不会让人产生东一榔头西一棒子的感觉，仅最后一句话的后半句“能丰富写作教学理论”就是本研究的理论意义？写作教学有理论吗？如有，都有哪些？本研究提出了什么样的写作教学理论，或本研究如何丰富了写作教学理论？文中均未提及。

① 该例是笔者自编。

三、文献述评的常见问题

文献述评部分的常见问题有不扣题、文献陈旧、逻辑混乱、不评或乱评等。

（一）不扣题

即文献叙述部分很多文献与研究主题基本没有关系，东一榔头西一棒子，不清楚作者出于何种考虑将其放了进去。文献述评也要紧扣研究主题（问题），不是把与论文主题（问题）关系不大的文献堆在一起就完事了。如《小学新任班主任班级管理的实践研究》，文献述评应该紧紧围绕小学新任班主任班级管理展开，梳理清楚现有研究采用什么方法，从哪些方面展开研究，都提出了哪些观点等。假如直接相关研究不多，至少要紧扣小学班主任班级管理这一主题进行文献叙述，不能写成这样：

国外研究：有关班级管理思想的研究、有关班级管理模式的研究、有关班级管理理论的研究、有关班主任在班级管理中角色的研究。

国内研究：有关小学班级管理的研究、有关小学班主任专业发展的研究、有关新手班主任职业适应问题的研究。

上例几个方面的内容与论文主题不能说没有一点关系，但关系不密切。

一篇关于义务教育阶段教师县管校聘管理改革的论文，国外文献列出了美国关于教师流动的研究、日本教师定期流动制度、韩国中小学教师互换制度、法国教师换岗流动政策。从这几个方面写的问题有二：一是这些内容与论文研究主题关系不大；二是后三个方面是这些国家的制度或政策，不是"研究"。这种情况不少见，有些论文选题没有直接相关的国外文献，可以查间接相关的。就该论文来说，可能国外中小学没有与我国县管校聘一样或类似的政策，可以查阅国外学者关于中小学教师管理尤其是聘任的文献（间接相关）。假如经过一番查找，实在没有找到相关的国外文献，宁可不写也不要写那些被批评为"与研究主题无关"的内容。

再如《语用学视角下小学生英语口语教学研究》，文献述评分别从"语用学、小学英语口语教学"两个方面来写。这样的论文选题属于《A视角下的B研究》类，这类论文开题报告文献述评这样写很常见，即分别对A和B进行述评。笔者以为这样写不妥，因为论文要研究的是B，文献述评应围绕B来写，A仅是论文的研究视角，在合适的地方说清楚它是什么即可，不必就其进行文献述评。

（二）文献陈旧

有些开题报告对相关文献一定要追溯到很久很久以前，什么问题都要自盘古开天地说起，大部分文献是 10 年之前甚至更久远的。如以研学旅行为主题的开题报告，文献述评里出现了："2000 多年以前，孔子就打破了学在官府的传统，开启了体验式教学的新篇章……"。如一篇研究班级管理的开题报告，居然从 1632 年的《大教学论》谈起。再如以课堂教学为研究主题的开题报告，文献述评部分的大部分文献是 1960 年代到 1980 年代的。不能说这些文献没有一点学术参考价值，但参考价值不大，应更多查阅新近研究成果。

（三）逻辑混乱

逻辑混乱的突出表现是标题间的逻辑关系混乱。如《小学初任教师行动学习的实践研究》的文献述评：国外研究现状、国内研究现状、关于小学初任教师的研究，第三个方面既不属于国外研究也不属于国内研究，这在逻辑上就有问题了。

再如《小学语文教科书中的德育内容及其渗透》的文献述评，从两个方面展开：关于小学阶段各学科的德育渗透研究、关于小学语文教科书德育渗透的研究。其存在的问题是同级标题不是并列关系，是包含与被包含的关系。

（四）不评或乱评

很多开题报告的文献述评存在只述不评的问题，即只叙述相关研究而不进行评析，这样在现有研究与你的研究之间就出现了脱节，看不出你的研究是如何从现有研究中来的，是在现有研究中拾遗补阙，还是推翻了某个观点。同时，评析中又存在乱评的问题。例如主观随意性较强，未将评析与自己的研究结合起来。如《初中教师激励制度优化研究——以×市×区为例》的文献评析：

综上，虽然国内外的激励理论已相对成熟，对教师激励制度的研究也能从多个角度和维度开展，并具有实际的借鉴意义，但由于文化背景和地区经济发展的差异性，导致结论多样。因此，本研究选择×市×区的初中教师激励制度展开深入研究，进而提出初中教师激励制度的优化策略。

上例做到了辩证分析，既肯定成绩，又指出不足，但问题在于没有评到点子上，也就是没有找准现有研究的缺陷或不足（"结论多样"不是缺陷或不足，这无法突出自己的创新），也没有通过评析在现有研究与自己的研究之间建立起联系。

就这篇论文来说，该怎么写评析才能突出创新并在现有研究与自己的研究之间建立起联系呢？如下所示：

综上，现有研究从制度设计的理论基础、制度设计的合理性、制度运行中的问题等方面入手，对初中教师激励制度进行了较为全面深入的分析，为本研究奠定了较为坚实的研究基础（肯定现有研究）。不过，现有研究对制度设计合理性的分析更多关注其理论合理性，而未考虑到制度设计与实际需求之间的关系（找到缺陷或不足），由此导致理论上设计合理的制度在实际运行中出现了很多问题。鉴于此，本研究以×市×区为例，以"初中教师激励制度优化"作为研究主题，探讨如何将制度的理论合理性与实践合理性相统一，如何基于实践需要来优化教师激励制度（自己的研究就是针对这个缺陷或不足而展开的，如此就在现有研究与自己的研究之间建立起联系，并突出了创新之处），以更好地提升教师激励制度的实效性。

其他的问题还有：

一味罗列文献。即 A 说、B 说、C 说……，一个文献一自然段。

原文过多。粘贴原文观点或直接搬来原文摘要，这是一种偷懒、图省事的写法。

文献来源期刊层次太低。大量的《××专科学报》上的论文，以及从名称来看就极不专业的期刊上的论文。

国外文献名不副实。把国内学者对国外的研究放到国外文献叙述部分，或引用从中文文献里看到的外文文献内容。

四、核心概念界定的常见问题

（一）找不准

把非核心概念作为核心概念，列了一大堆。如《农村小学高年级阅读教学研究》的核心概念：农村小学、小学高年级、阅读、阅读教学、小学高年级阅读教学。论文的核心概念是"阅读教学"，如果论文侧重于阅读教学模式，也可把"教学模式"作为核心概念，其他几个都不是核心概念。

（二）太繁杂

解释过于复杂。界定核心概念的目的是说清楚这个词在论文中的意思，但有些论文的核心概念解释，读者不看还大概知道它的意思，一看反而云里雾里懵掉了。如某篇论文对"教学反思"的解释：

首先，教学反思实际上是对教学的反思（同义反复，纯属废话），即在真实的教学情境中展开（还有虚假的教学情境？）；其次，教学反思是以解决教育困惑（"教育困惑"的表述不严谨，应为"教学中的困惑"）和问题为出发点（除了这两个出发点没有其他的了吗？以其他为出发点就不叫教学反思了吗？），教学反思不仅仅就教学过程进行反思，还要对行为的理论进行探索（什么叫"行为的理论"？）；最后，教学反思是一个持续的、不断完善的过程。

解释得挺多，就每个方面都进行了较长篇幅的论述，但读者还是搞不明白论文中的教学反思是什么意思，包括哪些方面，简洁明了地把它是什么说清楚就可以了。

再如某篇以教师控制性语言为研究主题的开题报告，核心概念是"教师控制性语言"，先从词源学角度来解释"控制性语言"，接着介绍管理学、心理学、工程学等不同学科对这一概念的界定，然后就控制与管理、控制与限制、控制与指导等进行辨析，再对控制进行褒义、贬义与中性的词性分析，最后才来解释教师控制性语言是什么。这个解释过程绕来绕去、过于繁杂。

（三）不严谨

不严谨的表现有二：一是表述随意。如"我认为""我感觉"随处可见。开题报告与学位论文都是学术写作，不是日常闲聊，不能想当然地写。二是用词不规范，语言经不起推敲。如《小学语文赏识教育的实践研究》对"赏识教育"的界定：

作为教育者能够结合教育学、心理学、教育理论等相关教育知识，并且能够基于发自内心的信任和真爱，以尊重受教育的个性为前提，通过对受教育者的赞扬、鼓励和欣赏来激发受教育者的主观能动性，使其更好地认识自我发挥潜能，最终促使受教育者主动发展的教育理念。

首先，赏识教育是不是一种教育理念有待商榷。其次，"教育学、心理学、教育理论等相关教育知识"的说法不严谨，可以说教育学中的相关教育知识、心理学中的相关教育知识，但不能说教育理论的相关教育知识，没有这种说法。最后，如果一个老师从外在的行为表现上来看是赏识，但是这种信任和真爱并不是发自内心的，那么这种赏识叫不叫赏识？换句话来说，不是发自内心的，纯粹是为了赏识学生而赏识，就不是赏识了吗？

再如一篇开题报告对"入职需求"的界定：

本研究认为入职需求即小学初任教师在入职期间为了适应环境变化、提高自身的专业水平（是否画蛇添足？）而急需改变自身与环境之间不平衡状态（令人费解）时所表现出的一种稳定的需求（需求是……需求？），主要体现在物质、精神、自我实现三个方面（自我实现既不是物质需求，也不是精神需求？）。

五、研究目标、思路与方法的常见问题

研究目标存在的突出问题是目标太多。有同学把整篇论文的内容都写到了研究目标里，这既属于目标偏多，也叫混淆了研究目标与研究内容。如《农村小学高年级阅读教学研究》的研究目标是：

本研究旨在全面深入客观地把握农村小学高年级阅读教学的现实状况，剖析其中所存在的问题，探究问题产生的原因，并提出针对性的解决策略，为改进农村小学高年级阅读教学、提高小学生的核心素养、提升农村小学的教育质量提供理论依据和实践指导。

研究思路存在的突出问题是要么东一榔头西一棒子，毫无章法看得人晕头转向，要么依次叙述各章内容，把思路写成了内容，如：本研究共由五章构成。第一章……

研究方法的常见问题详见第五章第四节"学位论文的方法"。

六、重难点与拟创新之处的常见问题

重难点存在的突出问题是分不清、找不准。如《民办高校高质量发展的长效机制研究》中，研究重点是阐述基础理论，研究难点是处理好理论与实践的关系，这就属于没找准重难点。就该研究来说，研究重点是长效机制，研究难点也可以是长效机制，或是民办高校高质量发展的界定，或是民办高校发展相关材料的收集。研究难点是研究者感到困难的地方，即便是同一项研究，不同的研究者来做，研究难点可能就不一样。

创新之处存在的突出问题是很牵强。很多论文其实没有什么创新，但又要求写，于是就挖空心思找创新。如《农村小学高年级阅读教学研究》的创新之处：

现有研究更多关注城市小学高年级的阅读教学，本研究选择研究农村小学高年级的阅读教学，具有一定的创新性。

这仅是研究范围不同，不叫创新。再如下例中的创新：

在研究视角方面，以往研究大多关注学习者的参与行为，对持续参与行为的关注较少，从非持续参与行为、持续参与行为比较入手对学习者行为进行研究的更少；以往研究多是横截面研究，多采用问卷调查法，本研究则对学习者进行为期两年的纵向研究，将问卷调查和访谈调查、准实验方法结合起来，对学习者的参与行为进行动态研究。

这段话想论证的是"研究视角新"，但第一句话谈的是研究主题或研究内容，

而非研究视角；第二句话谈的是研究方法，也不是研究视角。要想论证"研究视角新"，得先指出来现有研究都采用了哪些视角，本研究与之不同的视角是什么，选择这个视角进行研究的意义或价值是什么。

七、研究内容与论文框架的常见问题

有的学校要求研究内容与论文框架都要写，常见问题是将内容写成了略详细一些的框架，即：框架部分按章节列，内容部分只是把框架再用多一些的文字加以说明。

也有开题报告把研究内容与研究思路相混淆。研究思路、研究内容、论文框架的不同在于：研究思路侧重于说清楚如何一步步展开研究，步骤性更强；研究内容是将问题解决分成几个方面，这几个方面之间有逻辑关系；论文框架是按照问题研究的逻辑顺序所安排的章节结构。各自的写法如下例所示：

学术职业伦理失范及其规制①

研究思路（步骤性强，各步骤之间有逻辑关系）的写法如下：

以学术职业伦理失范为研究主题，按照认识——解释——治理的思路进行研究，具体如下：第一，通过文献研究厘清学术职业伦理、失范与学术职业伦理失范的含义，解决何为学术职业伦理失范的问题。第二，通过文献研究归纳学术职业伦理失范表现及程度，利用问卷调查了解失范现状，解决学术职业伦理如何失范的问题。第三，通过文献研究、问卷调查剖析学术职业伦理失范的成因，解决学术职业伦理为何失范的问题。第四，基于对学术职业伦理失范的解释，通过归纳、演绎探究相应的治理策略，以解决学术职业伦理失范如何规制的问题。

研究内容（围绕问题解决而分出的几个部分，各部分间有逻辑关系）的写法如下：

第一部分：认识学术职业伦理失范。首先，从学术职业、职业伦理、学术伦理几个相关概念入手，厘清各自含义并辨析其关系，在此基础上界定学术职业伦理的含义，从多样性、专业性和引领性三个方面，探讨学术职业伦理的特征。从认识调节、控制引导、凝聚团结、教育促进四个角度，认识学术职业伦理的功能。其次，从失范与越轨的辨析入手，辨明学术职业伦理失范的含义。依据普遍性这个判断社会现象正常与否的标准，判定学术职业伦理失范的性质，并剖析学术职

---

① 张英丽，戎华刚.学术职业伦理失范及其规制（2016年国家社科基金结项报告）。

业伦理失范的消极影响。最后，梳理相关研究对学术职业伦理失范表现及程度的分析，报告本研究两次问卷调查所反映的失范表现及其程度。

第二部分：解释学术职业伦理失范。一方面，利用两次问卷调查数据，从实证分析中寻找学术职业伦理失范的影响因素。先分析环境、制度、个人因素对学术职业伦理失范的影响，然后分析内部、外部因素对失范的影响。另一方面，从外部环境、制度规范、从业者层面探究学术职业伦理失范的形成机制。

第三部分：治理学术职业伦理失范。基于对学术职业伦理失范的解释，从优化环境、完善制度与规范、强化职业自我教育与管理方面提出学术职业伦理失范的规制策略。

论文框架（章节结构，章与章之间、章内节与节之间有逻辑关系）的写法如下：

绪论
  一、问题提出
  二、研究意义
  三、文献述评
  四、研究目标、思路与方法
  五、研究重点、难点与创新

第一章 学术职业伦理失范的理论与实践
  一、学术职业伦理的含义、特征与功能
  二、学术职业伦理失范的含义、性质与影响
  三、学术职业伦理失范之表现、程度与调查

第二章 学术职业伦理失范相关因素的实证研究
  一、学术职业伦理失范相关环境因素的实证研究
  二、学术职业伦理失范相关制度因素的实证研究
  三、学术职业伦理失范相关个人因素的实证研究
  四、学术职业伦理失范内、外部相关因素的实证研究

第三章 学术职业伦理失范原因的剖析
  一、生存环境的变化是外在诱因
  二、学术制度的异化是外在推力
  三、学术职业伦理规范的缺漏是内在诱因
  四、学术职业自身的弱化是内在根源

第四章 学术职业伦理失范规制策略的探究
  一、优化学术工作环境是前提

二、完善规范与制度是保障

三、强化职业自我教育管理是根本

结语

大部分学校只要求写论文框架，常见问题如下。

（1）像教材，是说明而非论证，从不同的方面来介绍研究主题。如：

最高额抵押权研究[①]

一、最高额抵押权的意义

二、最高额抵押权的历史演进

三、最高额抵押权的设定

四、最高额抵押权的效力

五、最高额抵押权的确定

六、最高额抵押权的消灭

（2）不扣题，有的甚至完全跑题。如：

空间理论视角下小学生中华民族共同体意识培育研究

一、绪论

二、小学生中华民族共同体意识现状调查

三、空间理论视角下小学生中华民族共同体意识存在的问题

四、空间理论视角下小学生中华民族共同体意识问题的对策

五、结语

就题目来看，要研究的是"小学生中华民族共同体意识培育"，题眼是"培育"，"空间理论"是研究视角，但从各章标题来看，研究的却是"小学生中华民族共同体意识"，偏离论文题目。

（3）混淆了问题表现及其影响因素。如《小学教师校本研修中的问题与对策研究》，校本研修的现状部分列了：校本研修需求、校本研修内容、校本研修形式、对校本研修的评价。其中"校本研修需求""对校本研修的评价"不是校本研修本身，是与校本研修相关的内容，或是影响校本研修的内容。

八、参考文献的常见问题

参考文献部分的问题有：

一是文献数量少（不到30篇）、质量低（大多是 CN 期刊论文）。

二是文献类型单一，几乎全部是期刊论文。

[①] 梁慧星. 法学学位论文写作方法 [M]. 2版. 北京：法律出版社，2012：71.

三是文献陈旧，大部分是 10 年前甚至更久远的。

四是将未看过的文献列为参考文献，这属于学术不端。[①]

五是格式不规范。[②]

第四节　开题流程及需注意的问题

一、开题流程

不同学校的开题流程大致差不多，可能在细节上略有差异，开题报告会通常由开题专家小组的组长主持，基本流程如下：

首先，组长介绍参加开题的专家小组成员；

其次，导师介绍开题者的情况（一般由开题者进行自我介绍）；

接着，开题者进行陈述，一般为 15~20 分钟；

然后，专家就陈述人的开题报告提出意见与建议，开题者要做好记录；

接下来，等所有参加开题的同学陈述完毕、专家提完意见与建议之后暂时闭会，专家小组讨论开题情况，就通过与否形成意见；

最后，复会，组长公布开题结果。

二、需注意的问题

第一，开题不同于答辩，对老师的态度更多是"咨询"而非"辩论"。开题是个人就论文准备情况进行汇报，听取导师以外其他老师的意见与建议，因此开题过程中应更多倾听与记录。当然，这并不是说老师们提意见与建议的过程中不可以讲话，如果有老师问到一些需要你当场回答的问题，也要及时做出回答。

第二，简要汇报，留更多时间给老师。个人陈述时间一般在 15~20 分钟，有

---

① "在参考文献中加入实际未参考过的文献"是一种学术不端行为，见《学术出版规范 期刊学术不端行为界定》（CY/T 174—2019）中的"3.8 其他学术不端行为"。[S/OL].[2021-08-28]. https://www.nppa.gov.cn/nppa/contents/805/102815.shtml.

② 格式参见《信息与文献 参考文献著录规则》（GB/T 7714—2015）[S/OL].[2021-08-28]. http://xuebao.hpu.edu.cn/info/10440/85989.htm.

的学校可能会少一些或多一些,建议把握好时间,不要超时,挑重点、有条理地进行汇报。

第三,不能光说自己想说的,要说老师们想听的。老师们不想听你念PPT,尤其不想听你念文献述评,老师想听三个方面:研究问题是什么?为什么要研究这个问题?准备怎么研究这个问题?

关于开题报告,大家可能还比较关心篇幅的问题,也就是开题报告需要写多少字?这个没有明确要求,就笔者所见到的开题报告来看,学术型的多在8 000~15 000字之间,专业学位多在6 000~10 000字之间,这不是标准,仅供参考。

本章小结

本章主题是开题,包括开题意义、开题报告结构与写作、开题流程等。

开题的意义在于向专家汇报论文工作准备情况,请专家给出意见与建议。

开题报告要交待清楚研究问题是什么、为什么要研究、准备怎样去研究。内容与顺序为:问题提出、研究意义、文献述评、研究目标、思路与方法、研究重难点与创新之处、研究计划、参考文献等。

问题提出即提出问题,常见问题是写成了选题缘由或离题太远。

研究意义中的理论意义指在哲学层面、学科(专业)层面或某理论层面所具有的价值;实践意义指对工作改进、问题解决、未来发展所具有的价值。常见问题是胡乱写、提炼不够和理论意义牵强。

文献述评包括前言、主体与评析,详见第二章第五节"文献述评"。常见问题是不扣题、文献陈旧、逻辑混乱、不评或乱评。

核心概念指所研究问题、所持论点中的关键词语。要找准核心概念,解释清楚它是什么(内涵)、包括什么(外延)。常见问题是找不准、太繁杂、不严谨。

研究目标是研究最终要达成的结果,要有限,与研究内容相呼应,常见问题是不明确或目标太多。研究思路是思考的脉络,要扣题、清晰,常见问题是混乱,依次叙述各章内容。

研究方法详见第五章第四节。

研究内容是根据目标分解出来的若干部分,可以用下位概念或研究方法为依据来分解,也可将这两种方法结合使用。论文框架即论文的章节结构,要完整、合理、扣题。常见问题是区分不清这两者,框架像教材、不扣题、问题与原因相混淆。

创新指与现有研究相比有意义、有价值的不同，可考虑视角、方法、思路等的创新，常见问题是很牵强。

研究计划指从开题到论文定稿期间的各项工作安排。

参考文献类型要全，有代表性与权威性，以新文献为主，要与研究主题高度相关，格式要规范。常见问题是数量少、质量低、类型单一、内容陈旧与格式不规范。

最后，简要介绍了开题流程，个人陈述建议按照研究问题是什么、为什么要研究、准备怎样去研究的顺序简要汇报。

第四章 学位论文的常用研究方法

本章学习目标

◆ 了解问卷调查法并学会设计问卷

◆ 了解比较研究法及运用步骤

◆ 了解访谈法及运用步骤

◆ 了解观察法及运用步骤

◆ 了解案例研究法及运用步骤

本章思维导图（图4-1）

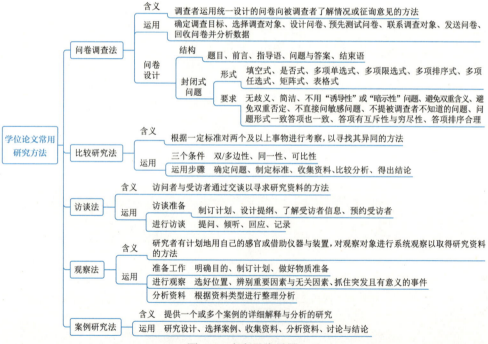

图 4-1　本章思维导图

开题通过后不是直接开始写论文，通常还需要采用除文献研究之外的其他方法收集资料。人文社科领域常用的有问卷调查法、访谈法、观察法、比较研究法、案例研究法等（自然科学领域可能更多通过实验获取资料），本章简要介绍这些研究方法。

第一节 问卷调查法

问卷调查法既可以被看作收集资料的方法,也可以被看作研究方法,这里从含义、运用步骤、问卷设计等方面对它进行介绍。

一、问卷调查法的含义

(一)问卷

有学者将问卷解释为调查材料,指"对所有的抽样调查对象提出若干个同样问题的书面调查材料"。① 有学者将其解释为收集资料的方法或工具,是"一种使用一组有关特定研究领域的共同性问题来收集资料的方法",② 笔者倾向于第一种解释,即问卷是对所有抽样调查对象提出若干同样问题的书面调查材料。③

(二)问卷调查法

问卷调查法是调查者运用统一设计的问卷向被调查者了解情况或征询意见的方法。④ 该解释表明了问卷调查法的四要素:主体(调查者)、客体(被调查者)、工具(问卷)、目的(了解情况或征询意见)。"没有调查,就没有发言权"是大家都很熟悉的一句话,出自毛泽东1930年5月所写的《反对本本主义》,毛主席是为了反对当时红军中的教条主义(即文中的"本本主义")思想而写的,文中指出:

---

① 梅雷迪斯·D.高尔,沃尔特·R.伯格,乔伊斯·P.高尔.教育研究方法导论[M].6版.许庆豫等,译.南京:江苏教育出版社,2002:243.
② G.邓肯·米切尔.新社会学词典[M].蔡振扬,谈谷铮,雪原,译.上海:上海译文出版社,1987:253.
③ 一般情况下,一次调查,只设计一份(一个版本)问卷,只调查一个群体。如中学生上网心理调查,通常只调查中学生,调查群体是一个,问卷也只有一个,问卷标题是:中学生上网心理调查。有时候,一次调查也会调查到多个群体,不同的群体使用不同的问卷。如中学生上网心理调查,可以同时调查中学生、网吧工作人员、家长、老师4个群体。这样,调查群体有4个,就需要设计4份问卷(不同问卷中的有些问题可以一样),问卷标题分别是:中学生上网心理调查(学生)、中学生上网心理调查(教师)、中学生上网心理调查(家长)、中学生上网心理调查(网吧工作人员)。
④ 梅雷迪斯·D.高尔,沃尔特·R.伯格,乔伊斯·P.高尔.教育研究方法导论[M].6版.许庆豫等,译.南京:江苏教育出版社,2002:243.

你对于某个问题没有调查，就停止你对于某个问题的发言权。这不太野蛮了吗？一点也不野蛮。你对那个问题的现实情况和历史情况既然没有调查，不知底里，对于那个问题的发言便一定是瞎说一顿。瞎说一顿之不能解决问题是大家明了的，那么，停止你的发言权有什么不公道呢？许多的同志都成天地闭着眼睛在那里瞎说，这是共产党员的耻辱，岂有共产党员而可以闭着眼睛瞎说一顿的吗？

要不得！

要不得！

注重调查！

反对瞎说！①

估计你看到这段话后会会心一笑。现在不少同学写论文有点儿像文中"许多的同志"：不调查、不了解情况，这不也是闭着眼瞎说嘛！学位论文大多解决实际问题，需要通过调查了解实际情况。"调查就是解决问题"，②只有对实际情况了解清楚了，把问题的现状和历史了解透彻了，才有可能找到问题的解决办法。"只有蠢人，才是他一个人，或者邀集一堆人，不做调查，而只是冥思苦索地'想办法'，'打主意'。须知这是一定不能想出什么好办法，打出什么好主意的。换一句话说，他一定要产生错办法和错主意"。③可见，调查对于问题研究与解决都是非常重要的。

二、问卷调查法的运用

（一）确定调查目标

问卷调查要有明确的调查目标，问卷设计要围绕调查目标展开。调查目标不同于研究目标（有时也可能一样），研究目标指向整个研究，而调查目标仅限于问卷调查。如笔者曾承担一项"《教育科研方法》教学改革的实践研究"项目，研究目标是"通过调研了解研究生的研究方法基础与学习需要，结合培养目标从三个维度构建研究生研究方法素养框架，通过两轮教学改革探索四阶段的研究生研究方法素养提升策略，为高校提高学位论文质量与研究生培养质量提供新思路"。为了解学生已有基础与学习需要并据此进行教学方面的改革，设计了"研究方法与学术规范素养调查问卷"，调查目标是"了解研究生的研究方法基础、学术规范素养状况及学习需要"。

---

① 毛泽东. 反对本本主义 [M] // 毛泽东选集（第一卷）. 2版. 北京：人民出版社，2009：109.

②③ 毛泽东. 反对本本主义 [M] // 毛泽东选集（第一卷）. 2版. 北京：人民出版社，2009：110.

（二）选择调查对象

即确定调查的目标群体并从中抽选样本。如《新时代大学生消费观念调查》，目标群体是大学生，但不大可能对所有的大学生进行调查，这就需要从该群体中抽取一部分个体作为调查对象，这个过程叫抽选样本或取样。

这里有几个术语需要解释一下：总体，指调查对象全部个体构成的集合；样本，指调查的一部分个体；样本容量，即样本的数量。

常用抽样方法有简单随机、系统随机、分层随机、整群随机与有意抽样等，实践中使用最多的是方便加随机的取样方法。所谓方便，指调查者力所能及。如你是小学老师，要调查小学老师的职业幸福感，通常选择自己有熟人的学校进行调查，委托其帮忙发送问卷。所谓随机，指所选定学校究竟调查哪些人，往往是调查者所委托的人随机选取的。

（三）设计调查问卷

详见"三、问卷设计"。

（四）预先测试问卷

预先测试问卷即预调查，从调查对象中选取小样本（20~30人）进行调查，目的在于确保问卷设计的合理性（有些问卷会做信度、效度分析，然后根据分析结果修改问卷）。根据笔者了解，大部分问卷调查一般不进行预调查。有一点要提醒大家，不要自认为问卷设计好了就马上能进行调查，建议将定稿问卷拿给若干调查对象看一下，一是确保调查对象能够准确无误地理解问题，即确保调查者想要表达的与被调查者所理解的相一致，二是确保问卷中没有让被调查者感觉不舒服甚至反感的表述，这些都会影响问卷填写质量。

（五）提前同调查对象联系

提前联系既是出于礼节，更重要的是有助于提高问卷回复率。预先联系包括调查者公开身份，说明调查目的、调查方式等。

（六）发送问卷

如果是纸质问卷，可由调查者本人或委托他人发放、回收。如果是网络问卷，可发送问卷链接或将问卷发至被调查者邮箱，或通过其他途径发送问卷。

（七）回收问卷

1. 问卷筛选与计算

问卷回收后需要先清点数量，然后进行筛选，最后选择有效问卷进行录入与分析，并计算回收率、有效率等。

如果是纸质问卷，回收率等于回收问卷总数除以发放问卷总数；有效率等于回收问卷总数减去无效问答数再除以回收总数，即有效问卷数除以回收问卷数。如发放问卷100份，回收95份，其中有效问卷91份。那么，问卷回收率为95%，有效率为95.8%。也可以这么表述：发放问卷100份，回收有效问卷91份，有效回收率为91%。

如果是网络问卷，不存在发放多少份问卷的问题，一般不报告回收率，只报告有效率，有效率等于有效问卷数除以收到的问卷总数。如共收到问卷100份，其中有效问卷97份，有效率是97%。

论文中除了报告回收率外，还需要交待问卷调查的时间与方式（纸质问卷、网络问卷，或两种都有），网络问卷发送途径（问卷星平台、发邮件等），调查范围及抽样方法等，如：

调查于2022年4月18—28日期间通过问卷星进行，调查对象是普通高等院校的本科师范生，共收到问卷521份，其中有效问卷496份，有效率为95.2%。

调查于2022年4月18—28日期间进行，采用方便加随机的取样方式，选择A市4所普通本科院校的本科生作为调查对象，共发放问卷1 200份，回收有效问卷1 138份，有效回收率94.8%。

2. 问卷无效的判断标准

（1）漏答题数过多。一般以总题数的2/3为准。如问卷有10题，漏答6题及以上即为无效问卷。

（2）正反问项出现矛盾。如第1题"我觉得自己有很多优秀品质"的答案选了"非常同意"，而第8题"我认为自己一点优点都没有"答案也选了"非常同意"。

（3）选项皆为同一个。如全部选"A"或"B"。

（4）答项选择有规律。如答项选择的规律是1、2、3；1、2、3……

（5）未按指示填答。如第1题问："请问您有无网络购物的经验，若有请继续填答以下2~15题，若没有请跳至第16题"。第1题选了"没有"，却仍然填写了2~15题。

（6）答项未按要求填写。如单选题选择了2个及以上的答案，要求最多选3个却选了4个及以上。如果问卷中的这种情况是个别现象，所涉及题目作为无效题不录入；如果这种情况较多，则该问卷无效。

三、问卷设计

这里从结构、设计图、操作性定义、封闭式问题等方面来谈问卷设计。

（一）问卷的结构

一份完整的问卷包括题目、前言、指导语、问题与答案（也称答项）、结束语等。

1. 题目

题目即问卷标题，是对问卷内容的高度概括，要与调查内容相符。如"新时代大学生奋斗精神调查""本土红色资源在小学思想品德课教学中的融入调查"。问卷题目要注意措辞，不要给被调查者带来不良影响。如让小学教师填写的问卷题目是"小学教师师德失范情况调查"，可改为比较中性的表述，如"小学教师师德情况调查"，这就不会让被调查者感觉不舒服甚至反感了。

2. 前言

前言可长可短，一般包括调查者、调查目的（主题）、匿名保证三个要素。首先，表明身份，"我是谁"，要让被调查者知道是在给谁填写问卷。其次，介绍调查目的（主题），说明调查什么（为什么调查）。最后，匿名保证。如：

2022年大学生就业首选调查

亲爱的大学生朋友：

您好！

我们是《中国大学生就业》编辑部（调查者），为了更好地为大学生就业服务（调查目的），我们正在进行一项有关大学生就业首选的调查。请您真实地回答每一个问题，答案无正确与错误之分。您所填任何资料将被保密（匿名保证），不会对您产生任何不利影响，请您不必有任何顾虑。

《中国大学生就业》编辑部　大学生就业首选调查课题组

3. 指导语

指导语即问卷使用说明，包括选出答案做记号的说明（是在所选答案上打对号、画横线，还是将序号填到题干的括号内），选择答案数目的说明（单选、限选、任选），以及其他需要说明的事项。如下例：

填空题请直接在横线上填写。

选择题如果遇文字提示"可以多选"，则可选择多于一个的选项，只要您认为合适的都可选上。

如果您选择了"其他"选项，请在_____上或括号内写明相关内容。

4. 问题与答案

问题包括个人情况、调查问题两大类。

（1）个人情况。包括：①基本情况，如年龄、性别、职业等。②受教育情况，如受教育程度、（学生的）年级、专业等。③家庭情况，如家庭人口、父母职业、家庭收入、婚姻状况等。如《网络学习资源对英语专业学生听说能力的影响》中的个人信息部分：

您的性别？男□ 女□

您所在年级？大一□ 大二□ 大三□ 大四□

您是否拥有个人电脑？是□ 否□

（2）调查问题。调查问题是调查者要了解的基本内容，是问卷最主要的部分，也是问卷设计的关键，包括各类问题及其答项。问题可以从功能、内容、形式上分为不同的类别（见图4-2）。

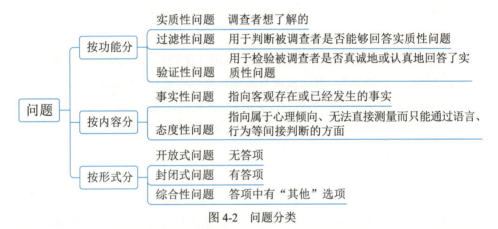

图4-2 问题分类

从功能上，可将问题分为实质性、过滤性、验证性三种。①实质性问题，是调查者想了解的问题，是研究材料的主要来源，构成问卷的主干。②过滤性问题，其功能在于判断被调查者是否能够回答实质性问题，在过滤性问题后面被调查者可以根据自己情况回答不同的问题。有时候，我们拿不准被调查者是否能够回答某个问题，可在这样的问题之前设置一个过滤性问题。如要调查学生对《河南师范大学学报》（哲学社会科学版）的评价，但不一定所有的被调查者都了解它，在"你对《河南师范大学学报》（哲学社会科学版）的看法是"之前设置的"你是否看过《河南师范大学学报》（哲学社会科学版）"就是过滤性问题。③验证性问题，用于检验被调查者是否真诚地或认真地回答了实质性问题。常见做法是在问卷中对某个实质性问题设计一个相依性问题，后者就是验证性问题。如在某问卷的某处有这样一道实质性问题"你喜欢学习化学吗？喜欢□ 不喜欢□"，在另一处设置了验证性问题"你做化学作业时会感觉？很愉快□ 很反感□ 无特殊感觉□"，用于检验被调查者对实质性问题回答的真实性。

从内容上，可将问题分为事实性、态度性两种。①事实性问题，指向客观存在或已经发生的事实，又分为存在性事实如"是否有""有多少"，行为性事实如曾经发生过的行为（时间、地点、方式等）。②态度性问题，指向属于心理倾向、无法直接测量而只能通过语言、行为等间接判断的方面，有方向性如喜欢或不喜欢、肯定或否定，有强度如喜欢或厌恶的程度、肯定或否定的程度。

从形式上，可将问题分为开放式、封闭式、综合性三种。①开放式问题，只有问题，不设置答项（类似于考试卷中的简答题），被调查者可自由作答。②封闭式问题，既有问题也有答案，被调查者从中选择一个（单选）或几个（限选、任选）。③综合性问题，也是既有问题也有答案，只不过答案中增加了"其他"选项。

5. 结束语

问卷要有结束语，或对被调查者的合作再次表示感谢，如"问卷到此结束，衷心感谢您的支持！"。或提出调查中的一个重要问题来结束问卷，如《家长学校的发展趋势研究》，以一道开放式问题"您认为家长学校未来的发展趋势是_____"结束问卷。

（二）问卷设计图

问卷设计图类似于房屋设计图或论文框架。设计问卷先要想清楚调查总目标，并将其分解为若干个次级调查目标，每个次级调查目标或再分解，或落实到一道或若干道问题上，最终形成如图 4-3 所示的问卷设计图。

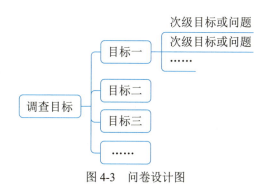

图 4-3 问卷设计图

（三）操作性定义

操作性定义是用可观察、可测量、可调查的特征对一个抽象概念进行的解释，也就是把一个抽象概念转换成可以观察、可以测量、可以调查的项目（问题）。

1. 下操作性定义的步骤

（1）界定概念。即清晰界定概念的内涵与外延，包括什么、排斥什么。如将"女性社会地位"界定为"女性在社会系统中所处的位置"（内涵），包括政治、经济、法律、教育、家庭地位等（外延）。

（2）列出维度、建立指标。即寻找与概念内涵相对应的指标。如女性社会地位的维度有政治、经济、法律、教育、家庭地位等，其中法律地位包括法律权利的确立、法律权利的实现两个指标。

那么，指标从哪儿来？一是从文献中找，使用前人已经建立的指标。二是通过探索性研究如问卷调查、访谈等建立自己的指标。

2. 下操作性定义的方法

（1）条件描述法。即通过陈述操作程序来界定一个概念，指出用何种操作去引出何种状态，也就是规定某种条件，观察产生的结果。如想研究处于饥饿状态的小白鼠，给"饥饿"下的操作性定义是"连续24小时没进食的状态"。

（2）指标描述法。即通过陈述操作标准来界定一个概念，是对所解释对象的观测手段、观测指标、判断标准作出规定。如"青少年"的操作性定义是"年龄在7岁以上，18岁以下的人"。

（3）行为描述法。即通过陈述观测结果来界定一个概念，是对所解释对象的动作特征进行描述，对可观测的行为结果进行描述。如要研究幼儿的旁观行为，给"旁观"下的操作性定义是"注视别人的活动达2~3分钟以上，自己未参与"。

（四）封闭式问题设计

这里从形式与要求两个方面来谈封闭式问题设计。

1. 问题形式

（1）填空式。填空式适用于答案比较简单（通常是数字）的问题。如"您家有＿＿＿口人？"有些研究需要知道被调查者的年龄，一般不直接问，可让其填写出生年月，录入后转换为年龄。

（2）是否式。是否式问题的答案为"是""不是"或其他肯定与否定形式如能与不能、会与不会，回答者根据自己的情况选择其一。如"您是共青团员吗？是□　不是□"。

（3）多项单选式。多项单选式问题的答案选项在两个及以上，被调查者根据情况选择其一。如"您的文化程度是？①小学及以下　②初中　③高中（中专）④大专　⑤本科及以上"。

如果被调查者选择了多于一个的答案，则此题无效，不录入。如果同一份问卷中此类情况较多，则此份问卷无效。

（4）多项限选式。多项限选式问题有多个答案选项，被调查者根据自己情况从中选择一定数目。如"您喜欢阅读哪些类别的书？（请最多选择3项）①哲学　②法律　③军事　④经济　⑤教育　⑥文学　⑦历史　⑧艺术　⑨医学　⑩其他（请注明）_____"。

如果被调查者所选答案在你设定的数目以内，此题有效。如果超出了你设定的数目，此题无效；如果同一份问卷中此类情况较多，则此份问卷无效。

（5）多项排序式。多项排序式问题有多个答案选项，需要被调查者选择两个及以上的答案，并为所选择答案排序。如：您最喜欢看哪一类书？（请将答案号码填入横线中）

第一_____　第二_____　第三_____

①哲学　②法律　③军事　④经济　⑤教育　⑥文学　⑦历史　⑧艺术　⑨医学　⑩其他（请注明）_____

（6）多项任选式

多项任选式问题有多个答案选项，被调查者可以选择符合自己情况的所有选项。如"您家里有哪些家用电器？①电视机　②空调　③电脑　④电冰箱　⑤扫地机器人　⑥光波炉　⑦吸尘器　⑧燃气热水器　⑨智能马桶　⑩其他（请注明）_____"。

（7）矩阵式。矩阵问题是将同一类型的问题集中在一起构成矩阵。既节省问卷篇幅，也节省被调查者阅读和填写的时间。如：您对河南电信所提供服务的看法如何？（请在所选方框内打√）

	非常不满意	不太满意	中立	比较满意	非常满意
装机移机服务	□	□	□	□	□
话费查询服务	□	□	□	□	□
电话障碍修复	□	□	□	□	□

（8）表格式。表格式是矩阵式的变体，除了具有矩阵式的优点外，还显得更为整齐。如：您对河南电信下列服务的看法如何？（请在所选方框内打√）

	非常不满意	不太满意	中立	比较满意	非常满意
装机移机服务					
话费查询服务					
电话障碍修复					

问卷中的矩阵式、表格式问题不宜过多，否则容易给人以单调感，填写过程中容易疲乏，且会让被调查者感觉问卷内容很多。

2. 设计要求

（1）无歧义。问题与答项的表述都要清晰准确，不能出现不同的被调查者有不同理解的情况。如"×公司新推出一款书包，您将：a. 为孩子买一个；b. 看看再说；c. 已经有了不必再买；d. 其他"。答项c有两种含义：已经有了其他书包，不必再买；已经有了这种书包，不必再买。

（2）简洁。问题表述要做到语言简洁。如"我们知道，温度升高时，温度计内的水银柱会上升；温度降低时，温度计内的水银柱会下降。从微观角度分析，你认为温度升高时温度计内的水银柱上升的原因是（   ）"。可简洁地表述为"温度升高时，温度计内的水银柱会上升，从微观角度分析，你认为原因是（   ）"。

（3）不使用诱导性（暗示性）问题。诱导性问题，指措辞方式暗示了某个答案的问题。如"人们普遍认为兴趣是最好的老师，你对数学学习有兴趣，是吗？"问题的措辞暗示了答案"有"。可改为"你对数学学习有兴趣吗？"答项为："有；没有"。

暗示性问题，指所用词语可能引起被调查者强烈情绪反应的问题。如"你认为自己辛苦挣来的钱应该更多自己支配还是被征缴以增加官僚政府的项目？""辛苦挣来""征缴""官僚政府"都是可能引起被调查者情绪反应的词语。

（4）一题一问。即一道题不问两件事。如"你喜欢语文课、语文老师吗？"答项为"喜欢；不喜欢"。如果同时喜欢或不喜欢两者，可以回答此题；如果只喜欢其一，被调查者该如何选择呢？可改为两道题：你喜欢语文课吗？你喜欢语文老师吗？

（5）避免双重否定。双重否定的问题读起来很拗口，被调查者要花费一番心思琢磨所选择的答项究竟意味着什么。如："你不赞成学校不实施学分制吗？"可改为"你赞成学校实施学分制吗？"

（6）不直接问敏感问题。如调查大学生，问"你在上一次期末考试中作弊了吗？"调查中小学老师，问"您收过学生的礼物吗？"可以预测多数被调查者的回答是"没有"。但有时需要了解相关情况，怎么办？可以侧面问、间接了解。心理学的研究表明，态度可以预测行为，与对某行为持反对态度的人相比，持赞成态度的人做出该行为的可能性更大。对于敏感问题，我们可以问被调查者的态度，如："你对考试作弊的态度是什么？""您对收受学生礼物行为的态度是什么？"

（7）不提被调查者不知道的问题。如"你认为《河南师范大学学报》（哲学社会科学版）的栏目设置如何？"可能有的被调查者不知道有这个期刊，或知道但没有看过，不管哪种情况，这道题都回答不了。可以先提一个过滤性问题，如"你是否了解《河南师范大学学报》（哲学社会科学版）的栏目设置？"

（8）形式一致问题的答项也一致。同一种形式问题的答项数目与形式尽量保持一致。如满意度可采用五级：非常不满意、比较不满意、中立、比较满意、非常满意；可采用四级：非常不满意、比较不满意、比较满意、非常满意；可采用三级：不满意、中立、满意。① 同一份问卷中的满意度题目，不要出现有的三级、有的四级、有的五级的情况。②

（9）答项具有穷尽性与互斥性。穷尽性，指答项要包括所有可能的情况，不能出现有被调查者找不到符合自己情况答项的状况。互斥性，指答项互相之间不能有交叉重叠或相互包含。如"您的婚姻状况？已婚；未婚；丧偶"，如果被调查者离异，就找不到符合自己情况的答项，答项没有满足穷尽性的要求。如"您这次外出旅游支出中，花费最多的是？餐饮；景点门票；购物；交通；食宿；娱乐；其他"。"餐饮"与"食宿"出现了交叉，如果在吃的方面花费最多，被调查者就拿不准该选哪个了。

（10）答项长度平衡。这更多是基于排版美观的考虑，并不是要求答项的字数要一模一样，实际上这也不大可能做到，要尽量保持平衡。不要出现这样的情况："已经进入了毕业期，你的打算是？a.求职　b.考研　c.出国　d.创业　e.先考研试一试，如果考不上就找工作　f.其他"，答项e的长度与其他答项差别太大，可将其简洁地表述为"考研求职两手准备"。

（11）问题排序合理。问题排序的总体原则是被调查者熟悉的、较简单的问题放在前面，生疏较难的放后面；被调查者可能感兴趣的问题在前，有顾虑的在后；行为方面的问题在前，态度方面的在后。或根据需要打乱问题顺序，或按一定逻辑顺序排列。同类型题目放在一起处理成表格或矩阵，开放式问题通常放在结尾。

（12）讲究艺术。问题与答项的表述都要注意措辞、讲究艺术，避免引发被调

---

① 不同学者对要不要设置中间项（中立或一般）有不同的看法。有学者认为，如果列有中间项，可能会有很多被调查者不加思考地选择中间项，建议不设置中间项。也有学者认为，如果不设中间项，会有部分持有明确中立态度的被调查者无法找到适合自己的答项。实践中，大家可以根据情况选择要不要中间项。

② 建议答项的排列顺序从左到右在价值判断上是越来越好。问卷录入中，通常从左到右给答项的赋值越来越大。如果答项排列是：非常不满意、比较不满意、中立、比较满意、非常满意，"非常不满意"赋值为1，"非常满意"赋值为5，数字越大意味着越满意，这符合常识。如果反过来，变成数字越大越不满意，这就不符合常识了。

查者的不良情绪而影响到问卷填写质量。如"您至今未买电脑的原因是什么？买不起□　没有用□　不懂□　软件少□"。问题中的"至今未买"和答项的表述都不很艺术，可改为"您不买电脑的原因是什么？价格偏高□　用途较少□　对其性能不太了解□　其他（请注明）　　　　　"。两相对比，意思没变，但后者的表述就比较艺术。

第二节　比较研究法

我们经常进行各种比较，去食堂吃饭，会对不同窗口的饭菜质量、口感、价格等进行比较；到商场购物，会就同类商品的质量、价格、使用体验等进行比较；即便选课，也会就课程内容、授课老师、预期学习体验等进行比较。比较是我们认识事物的重要思维方法与分析方法。美国学者斯旺森指出，"没有比较的思维是不可思议的，如果不进行对比，一切科学思想和所有科学研究，也都是不可思议的。明显的和含蓄的比较充满了社会科学家的著作，并且从一开始就是这样：角色之间的对比，组织之间以及社团、机构、会社和文化之间的对比，任何人都不应该为此感到惊讶。"[①] 本节从含义、作用与运用等方面来介绍比较研究法。

一、比较研究法的含义与分类

（一）比较研究法的含义

比较研究法是对两个或两个以上的事物或对象加以对比，以找出它们之间的相似性与差异性的一种分析方法。[②] 这一解释表明，比较的对象需是两个及以上的事物，比较的目的在于寻找其相似或差异。教育研究中的比较法是根据一定的标准，对不同国家或地区的教育制度或实践进行比较研究，找出各国教育的特殊规律和普遍规律的方法。[③] 除了有比较的对象、目的之外，这一解释还指出比较需要标准。此外，进行比较时还要考虑所比较事物的联系（可比性）问题。综上，可将比较研究法解释为：根据一定标准（或比较维度），对两个及以上有联系的事物

---

① 尼尔·丁·斯梅塞尔.社会科学的比较方法[M].王宏周，张平平，译.北京：社会科学文献出版社，1992：2-3.
② 林聚任，刘玉安.社会科学研究方法[M].2版.济南：山东人民出版社，2004：169.
③ 吴文侃，杨汉青.比较教育学（修订本）[M].北京：人民教育出版社，1999：21.

进行考察，以寻找其异同的研究方法。

（二）比较研究法的分类

比较研究法可按属性数量、时空区别、目标指向、比较性质、事物间存在差异性还是同一性等进行分类（见图4-4）。

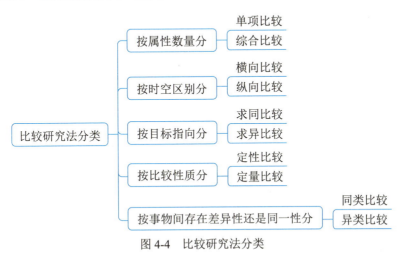

图4-4　比较研究法分类

1. 按属性数量分

单项比较，即仅就事物的一种属性进行比较。就教育而言，可以是教师教育，如《中美教师教育培养模式比较研究》；可以是课程设置，如《中美教师教育课程设置比较研究》；还可以是教师培养计划中的学分结构，如《中美教师培养计划中的学分结构比较研究》。

综合比较，即按事物的所有（或多种）属性进行比较。如《中美教师教育比较研究》，就中美教师教育的制度、模式、方法、标准等进行多方面的比较。

2. 按时空区别分

横向比较，即对时空上同时并存的事物进行比较。如《不同省份普通高中入学率比较》。

纵向比较，即就某事物不同时期的情况进行比较，展示事物在不同时期的不同情况，以达到认识其发展演变之目的。这种方法不仅适用于宏观问题研究，如《建国以来我国教育指导思想的纵向比较》；也适用于对学生个体的微观研究，如《绘画疗法对自闭症儿童的治疗作用——基于一个个案的跟踪研究》。

3. 按目标指向分

求同比较，即寻求不同事物共同点的比较，目的是探求事物发展的共同规律。如《春》《济南的冬天》《海滨仲夏夜》《香山红叶》四篇文章，题目的相同之处是都揭示了时令，都用了绘景抒情为主的基本表现手法，都在时间与空间上作了规定。

求异比较，即比较事物的不同属性，以发现其发生发展的特殊性。如《捕蛇者说》《马说》虽然都属于"说"类文体，但在写作手法上却有所不同。《捕蛇者说》是先叙事然后点明主题"赋敛之毒有甚于蛇"，揭示了横征暴敛带给人民的疾苦并表达了作者的深切同情；而《马说》则是托物寓意，借题抒发作者怀才不遇的愤慨。

4. 按比较性质分

定性比较，即对事物之本质属性的比较。如中美中学生爱国精神或奋斗精神、集体感等的比较。

定量比较，即对事物属性进行量的比较。如不同学校（班级）学生总（分科）成绩的比较。

5. 按事物间存在差异性还是同一性分

同类比较，即比较两种及以上同类事物，通过鉴别其异同来认识事物发生、发展的特殊性与该类事物的共同规律。如《不同省份义务教育完成率的比较》。

异类比较，即通过对两种及以上性质相反的事物，或一个事物的正反两方面进行比较，揭示它们在不同表征下的异同之处，从而寻求某些规律。如《高考统招与自主招生的比较》。

二、比较研究法的优势

无论在自然科学还是人文社会科学中，比较都是非常重要的一种研究方法。它既有助于更好地认识事物的本质与规律，也可能会带来新的发现。

（一）有助于更好地认识事物的本质与规律

比较是确定事物之间相同点与不同点的方法。只有在对各个事物内部矛盾的各个方面进行比较后，才能把握事物间的区别与联系，进而认识事物的本质。

如国家财政性教育经费占GDP的4%这一指标，它不是拍脑袋拍出来的，是学者在进行了严谨的国际比较后得出的研究结论。改革开放初期，教育的重要战略地位已成为共识，教育经费严重短缺亦是共识，但国家支出总量有限，决策者想知道政府为教育支出多少才算合理？于是"国家财政性教育经费占GDP多大的比例才算合适"就成为1983年的国家社科基金重点项目。该项目由北京师范大学王善迈教授承担，项目研究采用了国际比较法，利用回归模型寻求同等经济发展水平（人均GDP）条件下，公共教育支出占GDP的合理比例。第一组选择了人口在千万以上的 38 个市场经济国家（地区）19 年的数据，计算结果是人均 GDP 达到 1 000 美元时，公共教育支出占比为 4.24%；第二组选择了苏联及东欧社会主义国家 20 年的数据，计算结果是人均 GDP 达到 1 000 美元时，该比例为 3.79%。根据我国 2000 年达到人均 GDP 为 800~1 000 美元的发展目标，项目组提出了 2000 年财政性经费占 GDP 的比例要达到 4% 的目标。[①] 该研究是很典型的比较研究，有助于我们认识一定经济发展水平下公共教育支出的合理占比。

（二）通过比较可能会带来新的发现

我们有时候通过深入探究单个事物来认识它，更多时候在比较中认识新事物、对已有事物产生新认识。如地球上新物种的发现，确定新物种的依据是它具有已知物种所不具备的某种特殊生物性状，这就需要在所发现物种与已有物种之间进行比较。如对比脊椎数量、身体纹理、骨骼形状等形态特征。有些物种如鸟类的行为特征及求偶方式也是鉴定新物种的重要线索。[②] 再如《独家村环境对儿童成长的影响机制研究》，关于环境对儿童成长的影响机制有个 X 理论，但你在研究中发现它不能完全解释独家村环境对儿童成长的影响机制，还有一些因素该理论没有涉及，这就是你把 X 理论（理论上的影响机制）与调研结果（实践中的影响机制）进行比较后的新发现。

三、比较研究法的运用

这里从条件与步骤等方面介绍比较研究法的运用。

（一）三个条件

使用比较研究法要具备三个条件。

1. 双 / 多边性

即必须有两个及以上的事物，很显然一个事物是没法比较的。

2. 同一性

即这些事物必须有共同的基础，没有共同基础也无法进行比较。如可以对不同的人种从多方面进行比较（有共同基础），但是没法就人类与泥土进行比较（两者没有共同的基础）。

---

① 王善迈. 教育经济实证研究与规范研究的案例［J］. 清华大学教育研究，2016，37（1）：1-5.
② 揭开地球最大秘密 新物种究竟如何被发现［EB/OL］.［2021-09-06］. https://www.docin.com/p-261964345.html.

3. 可比性

即比较对象要有不同的特性（如果一模一样就没有比较的必要了），但相互之间要有内在联系，要有本质上的共性（如果没有联系与共性就没有比较的可能了）。如同样的名称"public school"，英国与美国却很不一样。英国的"public school"指公学，特指英国贵族在维多利亚时期创建的学校，是贵族学校，招生极严格，其目的是保持贵族优良传统。而美国的"public school"指公立学校。两者根本不是同一类学校，不具有可比性。

（二）运用步骤

运用比较研究法的步骤是：确定问题、制定标准、收集资料、进行比较、得出结论。①

1. 确定问题

在确定比较问题之前要先选择比较主题，然后确定比较项目（也称比较维度）。如选定"女性社会地位"作为比较主题，要弄清楚"女性社会地位"是什么意思，尤其要弄清楚它包括哪些方面，如女性社会地位指女性在一定社会系统中所处的位置，包括政治、经济、法律、教育、家庭地位等，这些是女性社会地位的比较项目。还要确定比较的范围，是不同区域如城乡比较，还是不同代际的比较。假定选择"60后"、"90后"进行代际比较。那么，"60后"、"90后"女性的社会地位就成为我们的比较问题。再如选择"小明、小刚体格发育情况比较（6岁男童）"这一问题，0~6岁儿童体格发育指标包括身高、体重、头围、出牙数、卤门等，我们可以选择身高、体重作为比较项目。

2. 制定标准

没有标准比较就无法进行。有些能够定量如生均经费，有些可能很难量化如教学投入，但要尽量做到标准明确、具体，具有可操作性。如"城乡义务经费比较"，可以选择生均公用经费、总经费占 GDP 的比重、总经费占公共经费支出的比重等作为比较标准。再如女性经济地位，可以从社会、家庭两个角度分析。社会角度体现为女性能和男性一样参与社会经济活动并获得平等的经济收入，可从

---

① 关于比较研究的步骤，还有法国黎成魁的 5 步骤：确定问题、提出假设、观察、验证假设、概括。德国弗朗兹·希尔克的 4 阶段：记述、解释、并置、比较。美国乔治·贝雷迪的 4 阶段：描述、解释、并列、比较。美国诺亚和埃克斯坦的 7 程序：确定问题、提出假说、设定指标、选择例证、收集数据、整理数据、说明结果。英国布莱恩·霍尔姆斯的 5 步骤：选择和分析问题，提出假设或政策办法，识别和验证相关因素，预测可能出现的结果，比较所预测的结果与实际情况的差异。参见，沈红. 教育研究中的比较[M]// 刘献君主编. 教育研究方法高级讲座. 武汉：华中科技大学出版社，2010：146-152.

女性参与社会经济活动的机会（在一二三产业的就业情况）、女性参与社会经济活动的结构与就业层次（女性在不同产业的占比、女性在同一产业不同岗位的占比等）、女性参与社会经济活动的收入（与同等条件的男性相比）等方面进行比较。家庭角度体现为女性在家庭中决策、支配收入的经济权利，如财产继承权。上例"小明、小刚体格发育情况比较"中，假定6岁男童的身高、体重的参考标准是107厘米、19千克，这就是比较的标准。

需要指出的是，人文社科领域很多比较研究难以给出标准，如课堂教学效率，没有明确的标准，实践中往往是就（若干个）比较对象进行相互对比，得出孰高孰低的结论，根据结论提出相应建议。

3. 收集资料

即采用多种方法、通过多种途径尽可能多地收集相关资料。如就女性经济地位来说，可以查阅相关资料获得权威数据，可以到一些单位进行实地考察，也可以选择一些女性进行问卷调查与访谈等。然后，对各种资料按比较的项目（维度）进行归类。最后，对这些归类好的资料进行解释，为下一步的比较分析奠定基础。如上例"小明、小刚体格发育情况比较"中，资料收集就是分别测两人的身高与体重，假定测的结果是小明身高150厘米、体重27千克，小刚身高100厘米、体重18千克。

4. 比较分析

这是比较研究中最重要、也最容易被忽视的环节。不少学位论文对比较研究法的运用都止于第三步。如一篇关于"高职人才培养模式"的论文，研究方法部分指出运用了比较研究法，用于对国外职业教育人才培养模式的比较，但论文仅分别描述了德国、加拿大等六个国家的人才培养模式，并未对其进行比较。

在这个阶段，要对收集到的材料逐项按一定标准进行比较。如"城乡义务教育经费比较"中，生均经费、总经费占GDP的比重、总经费占公共经费支出的比重分别是多少，各自与所确定的标准之间的差距如何，每一个项目的城乡差异如何，为什么会产生这样的差异，这些问题需要在比较分析阶段进行回答。比较分析时应以客观事实、数据、材料为依据，让事实、数据、材料说话，尽量避免主观化的分析与判断。上例"小明、小刚体格发育情况比较"中，我们已经收集到两人的身高与体重资料，分别将其与参考标准107厘米、19千克进行比较，并对差异的可能原因进行分析。如小明的身高与体重都远高于参考标准，可从遗传（家族成员中高个居多）、饮食（营养、比例、结构等）、锻炼（如爱打篮球等）等方面进行分析。

5. 得出结论

在第四步的基础上，得出比较结论。上例"小明、小刚体格发育情况比较"，结论是小明体格发育指标高于小刚，前者明显超过正常，后者基本正常。

有时会将第四、第五步整合在一起，即对资料进行分类解释，然后在比较中得出结论。

第三节 访 谈 法

访谈既可以被看作获取研究资料的手段，也可以被看作调查研究方法，这里从含义、分类、运用步骤等方面对它进行介绍。

一、访谈法的含义与分类

访谈是一种研究性交谈，访谈法是访谈者与受访者通过交谈以寻求研究资料的方法。

访谈法可按受访对象、访谈者对访谈的控制程度、访谈方式、访谈次数等进行分类（见图4-5）。

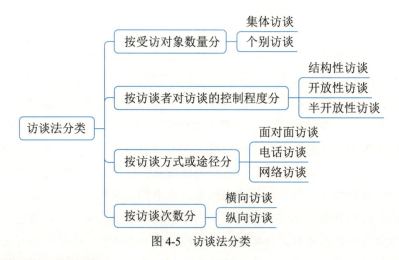

图4-5 访谈法分类

1. 按受访对象数量分

集体访谈，也称座谈，由一个或多个访谈者召集多名受访者进行交谈。这种形式的访谈可在较短时间内获得较多资料，但由于受访者人数较多，不适合敏感话题，受访者观点的表达会因其他受访者在场而受到影响，难以获得深入的、重要的尤其是相互冲突的观点。

个别访谈，是访谈者与受访者一对一、面对面或通过电话、网络等进行有目的交谈以获取研究资料。多数访谈采用访谈者与受访者一对一的形式进行。

2. 按访谈者对访谈的控制程度分

结构性访谈，也称封闭式访谈或标准式访谈，是访谈者根据预先设计好的访谈提纲进行访谈，受访者选择、访谈内容、访谈记录表都严格按照设计进行，访谈者主导（控制）整个访谈过程。其优势在于收集到的信息便于进行量化分析；不足之处是访谈过程与效果会受到研究设计的影响，可能会因研究设计的欠缺而遗漏一些重要信息。

开放性访谈，也称非结构性访谈或自由访谈，访谈之前没有明确、固定的访谈问题，受访者围绕一个宽泛的主题自由表达，访谈者在访谈过程中发挥辅助作用，引导、鼓励受访者表达自己的想法。其优势在于能够获得受访者关于某一主题的真实且深入的信息；不足是对访谈者访谈技巧的要求较高，如当受访者的表达远离研究主题时如何及时制止，且访谈过程中出现的无关信息较多，资料分析难度较大。

半开放性访谈，也称半结构性访谈，是介于结构性访谈与开放性访谈之间的一种访谈方式。访谈者按照预先制定的访谈提纲提问，对访谈过程与内容有一定控制，但给受访者留有一定自由表达的空间。

3. 按访谈方式或途径分

面对面访谈，是访谈者与受访者通过面对面的直接沟通来获得研究资料的方式，是访谈调查最常用的方式。面对面访谈中，访谈者不仅能够获得受访者通过语言所表达出来的信息，而且可以通过受访者的表情、神态、肢体动作等获得更多信息。

电话访谈，是访谈者与受访者通过电话交谈来收集资料。优点是节省时间与经费，效率较高，但所获得的信息要少于面对面的访谈。

网络访谈，是访谈者与受访者通过网络进行访谈交流，常用的形式有网络视频、音频、网络文字交流等。与电话访谈相比，网络访谈的成本低、效率高，而且不受地域、国界的限制，还可以在访谈的同时生成相关文件，如边录音边生成Word文档或边视频边录制。

4. 按访谈次数分

横向访谈，也称一次性访谈，是访谈者就某个研究主题对多个受访者进行的一次性资料收集。

纵向访谈，也称多次性访谈，是访谈者对固定受访者（一个或多个）进行长期、多次跟踪访谈。

二、访谈法的运用

在访谈法运用过程中,访谈者既要按照计划实施访谈,也要根据实际情况对计划做出相应调整,要注意准确理解并如实记录访谈结果。既要收集访谈者的语言信息,也要留意非语言信息。下面从访谈准备与进行访谈两个方面(见图4-6)介绍访谈法的运用。

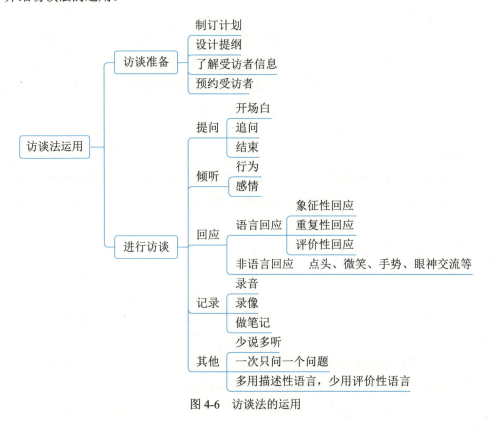

图 4-6　访谈法的运用

(一)访谈准备

访谈前的准备工作包括以下四个方面。

1. 制订访谈计划

包括根据研究问题制定访谈目标,根据目标设计访谈内容、选择访谈对象、确定访谈时间与地点(通常根据受访者的选择来确定)、做好物质准备(如录音设备)等。

2. 设计访谈提纲

访谈提纲要围绕访谈目的来设计，一般包括：标题（即访谈主题）；受访者的人口学信息（如性别、年龄、职业、学历、职称/务、工作单位等）；访谈问题（访谈提纲的主要内容）。

3. 了解受访者基本信息

访谈前最好通过多种途径了解受访者的基本信息如性别、年龄、受教育背景、兴趣爱好及生活习惯等。对受访者的了解越多，越有利于访谈的顺利进行。如可以设计更适合受访者的开场白，确定访谈方式、语言风格等。

4. 预约受访者

主要是确定访谈的时间与地点，一般尊重受访者的选择。

（二）进行访谈

访谈过程是访谈双方的互动过程，访谈效果既取决于访谈者的前期准备，也取决于对访谈过程的调控。访谈者要注意把握好访谈过程中的提问、倾听、回应、记录四个方面。

1. 提问

要注意开场白、追问、结束三个环节。

（1）访谈开始时的开场白。如果事先对受访者有较多了解，可从其感兴趣的话题或双方的共同点（如校友、老乡或有共同爱好等）切入，营造出轻松愉快的谈话氛围。接着，访谈者向受访者简要介绍访谈的背景、主题等。然后就可以开始提问，进入正式访谈环节。

（2）访谈过程中的追问。访谈过程中，访谈者可能会对受访者所说的某一观点、用词、事件、行为等需要进一步发问，这就是追问。追问要注意时机和适度，时机指一般要在受访者说完该观点、词语，或描述完该事件、行为后，访谈者就紧接着提出问题，不要间隔时间太长。访谈初始阶段不要频繁追问，容易引起受访者的反感而影响后续访谈。适度指追问要注意所涉及问题的敏感度、受访者的表达意愿等，不能不顾一切地"顽强"追问。如就"收学生礼物的问题"访谈中小学老师，如果受访者表示知道有老师收，但不愿深谈，访谈者就不宜再追问，可以到访谈后期（双方交流深入、建立信任关系后）再尝试询问。

（3）访谈的结束。一般情况下，谈到访谈提纲的最后一个问题就意味着访谈的结束，访谈者可以再询问受访者就访谈主题是否还有其他补充，最后对受访者表示感谢。

2. 倾听

要注意行为与感情两个方面。

（1）在行为方面，访谈者要注意不轻易打断受访者，不抢话、少插话，允许受访者短暂沉默；要以身体动作及语言让受访者感受到被倾听，如专注的神情、适机的眼神交流、点头、简短的语言回应等。

（2）在感情方面，访谈者要感受、体会受访者的感情，并及时通过眼神、表情或语言做出回应。如就惩戒权问题访谈中小学老师，受访者表示虽然有相关文件保障了教师的惩戒权，但实践中很难操作，导致惩戒权有名无实，并举出事例说明教师在惩戒学生过程中的尴尬境遇。访谈者就要通过眼神、表情或语言及时回应（如"老师也挺难的，虽然给了惩戒权，但实际上又很难行使"）。

3. 回应

访谈过程中访谈者需要以适当方式回应受访者，以使受访者感受到访谈者对其所讲述内容的关注，从而愿意继续讲述。访谈中的回应包括语言回应、非语言回应两种。

（1）语言回应，包括象征性回应、重复性回应、评价性回应三种。象征性回应指对受访者的讲述以"哦，嗯，啊，是这样啊"等进行回应，用以表明访谈者在倾听受访者的讲述。重复性回应是访谈者将受访者的表述重复说一遍，既提醒对方看看是否遗漏了相关信息，又能核实是否准确理解了讲述内容。评价性回应是对受访者的讲述内容进行判断，更多的时候是表示认可（"就是""真不错""真好"），以鼓励受访者继续讲下去。

（2）非语言回应，包括点头、微笑、眼神交流、适当的手势等，动作表情要适度，不能过于夸张，否则可能会干扰受访者，影响访谈顺利进行。

4. 记录

记录有录音、录像、做笔记三种形式，不论采用哪种形式，都要事先征得受访者的同意。如"我能不能进行录音（录像、记录）？"根据记录工具的不同，分为录音记录、录像记录、文字记录。根据记录的顺序，分为现场记录和事后记录。现场记录（速记、简记）的好处是可以收集到相对完整的信息，让受访者感到被重视，弊端是访谈者可能会因忙于记录而忽略受访者的表情、动作等信息，可能会因记录速度而影响到受访者的讲述等。事后记录是访谈结束后根据回忆或录音（录像）进行记录，这可以避免现场记录对访谈进程的影响、有利于访谈双方更好地交流；但可能会受到访谈者记忆（遗忘规律）、兴趣（选择性记忆）等的影响。因此，通常将两种记录方式相结合，访谈过程中采用速记、简记的方式及时记录重要信息，事后再根据回忆或录音（录像）等进行补充完善。

5. 其他

除了上面谈到的提问、倾听、回应、记录四个方面之外，还要注意访谈者在访谈过程中要尽量少说，要多听并及时引导受访者回归访谈主题。既不要直接否定受访者的观点，也不要随意附和。一次只问一个问题，不要两三个问题一起问。多用描述性语言，即尽量客观地把感官知觉到（如看到的、听到的）的东西说出来；少用评价性语言，即那些带有喜恶、褒贬的语言。如"你的衣服上有泥点儿"是描述性语言，"你的衣服好脏啊"是评价性语言。

第四节 观 察 法

我们在工作学习生活中随时随地都在进行观察，但这种日常观察不同于作为一种研究方法的科学观察，这里从含义、分类、运用步骤等方面来介绍观察法。

一、观察法的含义与分类

（一）观察法的含义

观察法是研究者有计划地用自己的感官或借助辅助仪器与装置，对观察对象进行系统观察以取得研究资料的方法。科学研究中的观察不同于日常生活中的观察，它有明确的观察目标，需要制订观察计划，具有较强的目的性与计划性。它往往在一定的理论指导下进行，对于同一现象，不同学科或基于不同理论视角的观察者观察到的是不同的东西，得出的结论也不一样。如课堂上学生七歪八扭、坐姿各异，管理者看到的可能是疏于管理、纪律散漫的课堂；教育者注意到的可能是轻松愉快、自由放松的课堂氛围；生理学家关注的可能是学生不标准的坐姿会导致体格发育异常。

（二）观察法的分类

观察法可按观察情景、观察者是否参与、是否通过中介物、是否有严格设计等进行分类（见图 4-7）。

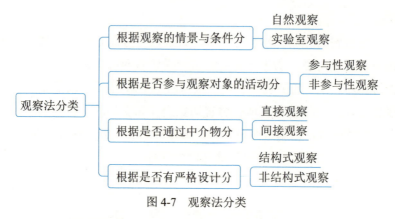

图 4-7 观察法分类

1. 根据观察的情景与条件分

自然观察，即在日常情境中、自然状态下随着行为或事件的发生与进展而进行观察，研究者不进行任何干预。教育研究中的大部分观察都是在自然状态下进行的，通过这种方法能够收集到更为客观真实的材料，但比较耗时耗力。

实验室观察，即在实验室有控制的条件下所进行的观察，需要设置特定的情景，规定刺激的性质，观察特定条件下的特定现象。这种方法有利于探讨相关因素之间的因果关系，但对环境可控性的要求比较高。

2. 根据观察者是否参与观察对象的活动分

参与性观察，即研究者不同程度地参与到被观察的群体、组织中，与其共同生活并参与其日常活动，从局内人的视角进行观察。运用这种方法，观察者往往不会披露自己作为研究者的真实身份，以避免给观察对象的行为带来影响。该方法的优点是能够深入观察对象内部，获得较为全面、深入的材料；不足之处在于观察结果容易受到观察者主观情绪的影响，尤其是在情绪受到观察对象活动的影响时。

非参与性观察，即观察者不介入观察对象的活动，不干预其变化发展，从旁观者与局外人的视角了解观察对象。相较于参与性观察，该方法少了一些主观性；但观察结果往往会停留在被观察对象的表层，难以了解深层信息。

3. 根据观察是否通过中介物分

直接观察，即靠观察者自身的感觉器官进行观察。这种观察比较直观，真实性、可靠性也较高；但由于人类感官在获取信息上存在局限，可能会遗漏观察对象的一些信息。

间接观察，即利用辅助手段如录音、录像、拍照等所进行的观察，这种方法突破了人类感官的局限，也有利于原始材料的保存。

4. 根据是否有严格设计分

结构式观察，是一种可控性较强的观察，对观察目的、范围、内容、步骤、记录方法等都进行细致设计。观察开始前要设计好观察记录表，观察过程中需严格按照预定计划进行观察，观察结果适合进行量化处理。通过这种方法能够获得大量确定、翔实的资料，可以对观察对象进行量化分析与比较研究，但对观察者的要求较高。如观察不同（年龄、性别、学科、教龄等）老师的课堂评价语运用情况（积极、中性、消极），就可以对这些老师的课堂进行观察并记录其不同评价语的使用情况（如频率），观察结果可以量化分析，也可进行比较分析。

非结构式观察，往往事先没有严格设计，研究者带着一个总的观察目的进入现场，根据观察过程中发现的现象进行选择性观察，是一种非控制性的观察。优点是简便易行，缺点在于所获取信息比较零散，难以进行量化处理，多用于探索性研究。如研究者想弄清楚哪些因素影响小学低年级学生的课堂注意力（观察目的），就可以带着这个目的进入小学低年级课堂进行观察。

二、观察法的运用

科学的观察是有目的、有计划的，其运用可分为准备、实施与资料分析三个步骤。

（一）观察准备

观察准备工作需从以下三个方面入手。

首先，明确观察目的，确定观察内容与观察对象。观察目的要根据研究问题确定，观察内容与对象根据观察目的确定。如想弄清楚在幼儿园里为什么有些孩子不参与游戏而只是站在一旁观看，研究问题是"幼儿旁观行为的原因是什么"。研究这一问题需要到幼儿园去调研，方式之一就是观察幼儿的旁观行为，观察目的是了解幼儿的旁观行为，弄清楚旁观行为与旁观幼儿的特征，观察内容是旁观行为，观察对象是幼儿。

其次，制订观察计划。明确了观察目的、内容、对象之后就要制订详细的观察计划，以便接下来有计划、有步骤地进行观察。观察计划包括观察目的、对象、范围、地点、内容、步骤等，要写清楚观察的途径如听课、座谈、参观、出席活动等，观察的时间与次数，具体观察方法如是结构式观察还是非结构式观察，是参与式观察还是非参与式观察等，还要列上观察注意事项、人员分工（如果有多人参与），观察过程中可能出现的意外情况及其应对措施等。

最后，做好物质准备。要印制观察记录表，以便观察过程中及时记录相关信息。如需要录音、录像或拍照，要准备好相应的设备，并到现场安装调试。

（二）进行观察

观察者进入现场后，要选好观察位置，要能看到需要看到的，确保观察能够有效展开。如果是参与性观察，观察者应提前进入，与观察对象熟悉并建立和谐关系之后再进行观察。如到中小学课堂观察，如果第一次去就展开观察，会影响学生的注意力，进而影响观察效果。观察者可先进入课堂听课若干次，等学生将观察者视为课堂的一部分而不会影响其课堂行为之后再进行观察。如果是非参与性观察，观察者需要考虑如何做才能尽可能少地打扰到观察对象，以保证观察结果的客观真实。

观察过程中要注意：（1）选择好观察位置。既能获得实现观察目的的最佳视野，又能保证不影响观察对象的日常状态。（2）辨别重要因素与无关因素。观察和记录要服务于观察目的，要根据研究问题与观察目的，及时捕捉重要因素，不要受无关因素干扰。（3）善于抓住突发的、有意义的事件。如在对小学新手教师课堂教学环节把握情况的观察中，突然有学生举手报告说后面的同学一直在用笔捣自己的后背，打乱了正常的教学秩序。观察者就要观察并记录该新手教师如何处理这一突发事件，处理完毕后又如何衔接上被中断的教学。

（三）分析资料

通过观察获得的资料有定性资料也有定量资料，要根据资料类型进行整理分析。首先，要对观察记录进行初步整理，对照录音、录像与照片（如果有）核查观察记录，确保资料准确与完整。其次，根据资料类型进行处理。如果是定性资料（如文字记录），需要对资料进行分类、编码。如果是定量资料（如频次），需要录入原始数据。最后，分析资料，进行总结，给出结论。

第五节 案例研究法

与问卷、访谈、观察等方法相比较，案例研究法在学位论文中的运用比较少，这里从含义与分类、优势与不足、运用步骤等方面对它进行介绍。

一、案例研究法的含义与分类

（一）案例研究法的含义

案例又称个案、实例、个例、事例等，指人们在生产、生活中所经历的典型的、具有某种意义的事件。案例研究法又称案例分析法、个案研究（分析）法，是提供一个或多个案例的详细解释与分析的研究。[①] 就性质来说，案例研究是经验研究，不是理论研究；是实证研究，不是规范研究。它回答"为什么""怎么样"的问题，不回答"应该是什么""应该怎么样"的问题。就研究对象而言，它研究现实社会中的事例、证据及变量之间的相互关系。案例可以是个体、群体、组织，也可以是一次活动如教师学习操作多媒体设备，或一个过程如新教师入职第一年的专业成长。

（二）案例研究法的分类

案例研究法可根据目的（任务）、案例数量等进行分类（见图4-8）。

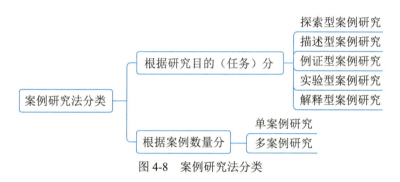

图4-8 案例研究法分类

1. 根据研究目的（任务）分

探索型案例研究，研究者没有任何问题或预设，凭直觉到现场了解情况、收集资料形成案例，然后再根据具体情况来确定研究问题与理论假设，此类研究往往能通过案例发现或建构新的理论。如"霍桑实验"，该研究的缘起是霍桑工厂职工福利很不错，但工人却不满意，厂方也认为生产效益不理想，并且想搞清楚问题出在了哪儿。于是邀请哈佛大学心理学教授梅奥前往工厂调研，想要找出原因。梅奥教授采用了实验、访谈、观察等方法，研究从1924年持续到1932年。研究

---

① 伯克·约翰逊，拉里·克里斯滕森.教育研究：定量、定性和混合方法[M].4版.马健生等，译.重庆：重庆大学出版社，2015：366.

发现，产量与工人的精神因素有关，工人感受到被关注、被尊重便可提高其工作效率，组织中的非正式团体对工人具有重要影响。研究得出结论认为，工人不仅仅是经济人，还是社会人，不能忽视社会与心理因素对个人工作效率的影响；企业中存在非正式组织，它对个人的生产效率具有重要影响；新型领导者既要有管理经济的能力，还要有处理人际关系的能力。研究提出了社会人理论、士气理论、非正式群体理论、人际关系型领导者理论等。

描述型案例研究，通过对某个事件进行详尽、系统的描述，使局外人对事件真相有清晰的认识与理解，最后形成理论观点或检验理论假设。如《学校家庭社区协同育人机制构建——基于×××的案例研究》。但实践中很少有纯粹的描述型案例研究，因为案例研究往往都会或多或少、或深或浅地揭示现象（问题）的本质特征及其背后的因果关系。

例证型案例研究，通过案例来说明某一事件的发展趋势或阐述某种理论。如《路西法效应：好人是如何变成恶魔的》中的"阿布格莱布监狱虐囚事件"，[①]通过对该案例的分析，作者意在证明系统对个人行为的影响。作者较详细地分析了系统中的领导缺失、培训与资源的不足、致命的讯问等，如何成为促成虐行的主要因素。

实验型案例研究，通过实验来评价新技术、新方法、新模式、新实践的效益，如《县域高中"职普融通"办学模式研究》。

解释型案例研究，通过典型事件的研究，对事物或问题背后的因果关系进行分析与解释，如《城市青年"妈宝男"家庭权力关系——基于15个离婚案例的考察》。[②]

2. 根据案例数量分

单案例研究，只研究一个案例，主要用于证实或证伪已有理论假设或解决某个问题。如前文提到的"阿布格莱布监狱虐囚事件"，作者分析该案例的目的在于证实系统（情境）因素对个体行为的影响。有时也用于分析一个极端的、独特的、罕见的事件（现象、情境）等。如曾引发社会高度关注的"马加爵事件""北大学子（吴谢宇）弑母案"等。

多案例研究，选择多个案例进行研究，既将每个案例作为独立整体进行深入分析（案例内分析），也对所有案例进行归纳、总结，并得出研究结论（跨

---

① 菲利普·津巴多.路西法效应：好人是如何变成恶魔的[M].孙佩妏，陈雅馨，译.北京：生活·读书·新知三联书店，2015：374-429.

② 张晶，李冬梅.城市青年"妈宝男"家庭权力关系——基于15个离婚案例的考察[J].中国青年研究，2019（9）：54-62.

案例分析），如《新时期我国乡村治理机制创新——基于20个典型案例的比较分析》。①

二、案例研究法的优势与不足

（一）案例研究法的优势

1. 生动鲜活

案例研究具有生动性、鲜活性的特点。用生动的语言讲述一个或多个故事，故事中往往有冲突的情节与鲜活的人物，这些更能吸引读者并营造出身临其境的现实感，能被更多读者所接受。

2. 带来新知

通过案例研究有可能发现新的理论。案例研究所选择的对象往往是非常困扰人们的极端、独特、罕见的事件或现象，往往是已有知识或理论所无法解释的，通过对它们进行深入、全面的研究，有可能产生新的解释、新的理论。如"霍桑实验"，现有的经济人假设与管理理论无法解释霍桑工厂的状况，梅奥教授通过对该案例的研究，有了新的发现并提出了社会人理论、士气理论、非正式群体理论、人际关系型领导者理论等。

3. 深入全面

案例研究具有深入性、全面性的特点。要对事件、现象等进行全面翔实地描述，要对其背后的原因、关系等进行深入地分析，既回答"怎么样"的问题，也回答"为什么"的问题，有可能发现被其他研究方法所忽视的特殊现象与规律。

此外，案例研究可由个体研究者独立完成，不一定需要研究团队。

（二）案例研究法的不足

一方面，研究结果的普遍性与适用性不够。根据独特案例研究所得出的结论往往难以推及其他类似的情况。另一方面，科学性与效度容易受到质疑。这在很大程度上是由于案例选择不像问卷调查的抽样那样科学规范，同时由于案例研究比较耗时耗力，一般不会选择大量案例而往往是进行小样本研究。

---

① 王晓莉. 新时期我国乡村治理机制创新——基于20个典型案例的比较分析[J]. 科学社会主义, 2019（6）：123-129.

三、案例研究法的运用

案例研究法的运用步骤包括研究设计、选择案例、收集资料、分析资料、讨论与结论等。

（一）研究设计

研究设计包括明确研究问题、提出研究假设、确定案例对象以及资料收集与分析的方法等。

1. 明确研究问题

问题是研究的起点，案例研究回答"怎么样""为什么"的问题。如霍桑工厂的职工福利、工作条件都不错，为什么工人不满意、生产效益不理想？

2. 提出研究假设

研究假设是在研究之前对问题答案的猜想。霍桑工厂案例中的研究者猜想车间的工作条件、工人对管理制度及方法的不满、非正式组织等可能会对工人的生产效率产生影响。那么，研究假设从哪儿来、如何提出？详见第七章第二节实证研究步骤部分的"提出研究假设"。

3. 确定案例对象

案例对象也称分析单位，可以是个人、事件、机构、组织、国家，也可以是一门课程、一次活动或一个过程。如《新时代特殊教育普惠发展的案例研究》中，4所特殊教育学校是分析单位。再如《城市青年"妈宝男"家庭权力关系——基于15个离婚案例的考察》[①]中，15个离婚案是分析单位。

4. 确定收集、分析资料的方法

资料收集方法有文献法、观察法、访谈法、实验法等。资料分析技术与方法根据资料类型来确定。如果收集到的是定量资料，通常用统计分析法。如果是定性资料，通常用内容分析法。

（二）选择案例

这一阶段要考虑的问题是选择单案例还是多案例，如何选择案例。案例选择标准与研究问题及研究目的有关。

---

① 张晶，李冬梅. 城市青年"妈宝男"家庭权力关系——基于15个离婚案例的考察[J]. 中国青年研究，2019（9）：54-62.

1. 单案例适用于验证或挑战一个理论

如果是为了验证或挑战一个理论，适合选择单案例。如《路西法效应：好人是如何变成恶魔的》，作者通过斯坦福监狱实验进行探索性研究，发现病态行为是由情境力量诱发的。通过对相关研究进行回顾，进一步了解情境影响人性转变的巨大力量，得出结论认为系统（环境、情境）对人的行为具有（决定性）影响。为了验证该结论，选择了阿布格莱布监狱虐囚事件（单案例）进行研究，深入探讨情境因素、系统力量对个体行为的影响。单案例分析也适用于独特或极端的案例。如刘亚军对电子商务创业的研究选择了东风村作为案例，对其如何发展成"淘宝村"进行追踪调查，该案例研究提出了自发式包容性增长的概念，这是一种新的包容性增长模式。[①]

2. 多案例适用于建构理论

如果是为了建构理论，通常采用多案例。多案例更全面、更有说服力，研究结论更可靠、更具有普遍意义。如张晶等选择15个离婚案例所进行的城市青年"妈宝男"家庭权力关系的研究，研究发现了当前家庭正超越夫妇家庭模式、重新走向复杂性模式的理论。[②]再如刘亚军等选择全国20个"淘宝村"所进行的中国淘宝村的"产业化"研究，发现"淘宝村"的产业演化具有自组织性、变异彻底性、弱路径依赖性的系统性特征，提出其产业演化的动力机制、变异机制、复制机制与选择机制，将其产业演化路径分为萌芽、裂变式扩张与产业集群发展三个阶段，[③]研究结论具有一定的普遍意义。

（三）收集资料

案例研究通过查阅文献、观察、访谈、实地考察等方式来收集资料。如前文提到的《城市青年"妈宝男"家庭权力关系——基于15个离婚案例的考察》，通过到法院查阅"妈宝男"离婚诉讼案的卷宗，对当事人、主审法官、书记员进行访谈来收集资料。《互联网条件下的自发式包容性增长——基于一个"淘宝村"的纵向案例研究》，通过深度访谈、现场观察、查阅档案文件与二手资料来收集资料。《中国"淘宝村"的产业演化研究》，通过对中国第一批20个"淘宝村"进行调研来收集资料，并收集了共1 131个淘宝村的二手资料。

---

① 刘亚军.互联网条件下的自发式包容性增长——基于一个"淘宝村"的纵向案例研究[J].社会科学，2017（10）：46-60.

② 张晶，李冬梅.城市青年"妈宝男"家庭权力关系——基于15个离婚案例的考察[J].中国青年研究，2019（9）：54-62.

③ 刘亚军，储新民.中国"淘宝村"的产业演化研究[J].中国软科学，2017（2）：27-36.

（四）分析资料

根据所收集的资料类型（定性、定量），对资料进行整理与分析。如对质性资料进行分类编码，对数据资料进行统计分析等。

（五）讨论与结论

即得出结论、建构理论、提出问题解决方案等。如《大学场域的游离部落——研究型大学青年教师发展现状及应对策》，对16名青年教师进行了较为全面深入的研究后，得出如下结论：

第一，青年教师在大学场域中处于一种边缘状态，在收入、教学、科研、管理以及心理等各个方面遭遇众多"现实的冲击"和困惑。第二，文化资本仍是新一代学者努力争夺的目标，但社会资本和经济资本逐渐发挥越来越大的作用。第三，影响大学青年教师发展的除主观因素外，主要取决于青年教师所在的学科团队和某些关键人物。第四，青年教师的资本结构与数量划定了其在大学场域的位置，位置形塑着青年教师的惯习，而惯习又影响其行为策略。[1]

大部分研究不止步于得出结论，往往会在此基础上提出问题解决策略或政策建议。上例所提出的建议是"加强'场外'储备，培植场域后备力量；强化'候场'意识，健全'退场'机制；规范'入场'秩序，增强'主场'吸引力。"[2]

本章小结

本章主题是学位论文的常用研究方法，包括问卷调查、比较研究、访谈、观察、案例研究方法等。

问卷调查法是调查者运用统一设计的问卷向被调查者了解情况或征询意见的方法。问卷包括题目、前言、指导语、问题与答案、结束语等。封闭式问题有填空式、是否式、多项单选式、多项限选式、多项排序式、多项任选式、矩阵式与表格式等。问题表述要无歧义且简洁、避免双重否定，一题一问，不使用诱导性（暗示性）问题，不直接问敏感性问题，不向被调查者提问其不知道的问题，答项要具有穷尽性与互斥性、长度要平衡、排序要合理。

---

[1] 张俊超.大学场域的游离部落——研究型大学青年教师发展现状及应对策略[D].武汉：华中科技大学，2008：129-130.

[2] 张俊超.大学场域的游离部落——研究型大学青年教师发展现状及应对策略[D].武汉：华中科技大学，2008：135-144.

比较研究法是根据一定标准，对两个及以上事物进行考察以寻找其异同的方法。需要有两个及以上的事物，事物间必须有共同基础同时又具有不同特性。步骤是：确定问题、制定标准、收集资料、进行比较、得出结论。

访谈法是访谈者通过与受访者进行交谈以获取研究资料的方法。准备工作包括制订访谈计划、设计访谈提纲、了解受访者的基本信息、预约受访者等。访谈实施过程中要注意提问、倾听、回应与记录等。

观察法是研究者有目的、有计划地用感官或仪器等对观察对象进行系统观察以获取研究资料的方法。观察准备工作包括明确目的、制订计划与物质准备。观察过程中要注意选好位置，辨别重要因素与无关因素，善于抓住突发的、有意义的事件。资料分析要根据其类型选择不同的分析方法。

案例研究法是提供一个或多个案例的解释与分析的研究方法，步骤是：研究设计、选择案例、收集资料、分析资料、讨论与结论。

第五章 学位论文简介与写作

本章学习目标

◆ 了解学位论文的功能、类别与写作步骤
◆ 了解学位论文的内容与各部分写作
◆ 了解学位论文的理论、方法与资料

本章思维导图（图5-1）

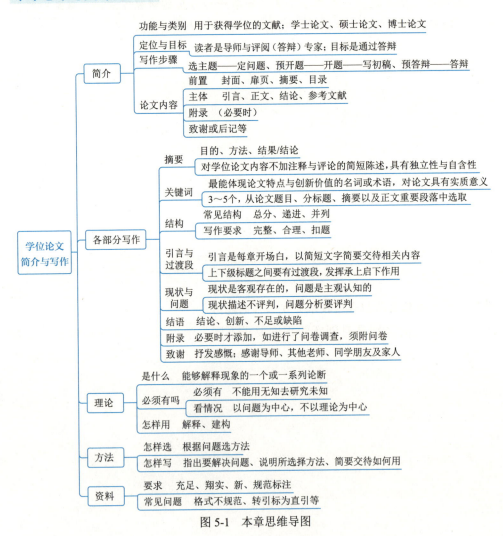

图5-1 本章思维导图

学位论文是申请授予相应学位时评审用的学术论文，是检验作者专业水平与学术水平的重要依据。与学士学位论文相比，硕士学位论文篇幅长、内容多、要求高，从初稿各部分写作到修改，需要投入大量时间与精力，但很多同学在写作之前对学位论文并不了解，这导致论文写作过程变得更为艰难。鉴于此，本章先从功能与类别、写作步骤等方面介绍学位论文，然后谈谈摘要等各部分写作以及学位论文的理论、方法与资料。

第一节　学位论文简介

在写作之前，先要了解学位论文的功能、写作定位、写作步骤等。

一、功能、类别与区别

学位论文是"作者提交的用于其获得学位的文献"，[①] 有学士论文、硕士论文、博士论文三种：

学士论文表明作者较好地掌握了本门学科的基础理论、专门知识和基础技能，并具有从事科学研究工作或承担专门技术工作的初步能力。

硕士学位论文表明作者在本门学科上掌握了坚实的基础理论和系统的专业知识，对所研究课题有新的见解，并具有从事科学研究工作或独立承担专门技术工作的能力。

博士学位论文表明作者在本门学科上掌握了坚实宽广的基础理论和系统深入的专门知识，在科学和专门技术上做出了创造性的成果，并具有独立从事创新科学研究工作或独立承担专门技术开发工作的能力。[②]

三者最大的区别是对创新的程度要求不同。学士论文没有创新要求，硕士论文要求有新见解，博士论文则要求做出创造性成果。当然，三种论文的篇幅也不一样，学士论文在 5 000~1 万字之间（也有学校要求 1.5 万字），硕士论文在 2 万~3 万字之间，博士论文在 6 万~12 万字之间。

就具体写作来说，三者的不同在于：学士论文往往从基本概念入手，从多个方面对研究主题进行介绍，多采用说明式的写法，论文中所写内容是别人已经发

[①][②]《学位论文编写规则》(GB/T 7713.1—2006)[S/OL].[2021-08-28]. https://grs.xatu.edu.cn/info/1044/1626.htm.

现、反复验证过的知识，作者不过是按照一定的方式与顺序对这些知识进行排列组合。硕士论文需要就研究主题进行学术史梳理（文献述评），由此引出研究问题，需要围绕研究问题分析梳理相关研究（过去怎么做、现在怎么做），在现有研究的基础上开展自己的研究，最后反思自己研究的不足。硕士论文中的大部分内容虽然也是现有的、已成定论的知识，但要有自己的新见解（新观点），要采用论证式的写法，要收集论据对自己的观点、见解进行论证。此外，硕士论文要有理论依据，用理论去分析或解决问题。博士论文的要求比硕士论文更高，如对学术史的梳理要比硕士论文更详尽；研究主题（问题）比硕士论文更大；不仅要论证，而且要论证有力；不仅要有新见解，而且要做出创造性成果。

二、写作定位

写给谁看。即便是同样的问题，写给不同的读者看有不同的写法。写给政策制订者看的研究报告是一种写法，与同行交流是一种写法，给外行人进行科普写法则又有所不同，这有点像一句民间俗语"看人下菜"。学位论文的读者群体非常明确，就是导师、评阅专家、答辩专家。

写作目的是什么。学位论文既不是为了发表，也不是为了进行同行交流，其目的是表明本人的研究能力与学术水平符合学位要求，首先得到导师的认可，然后得到评阅专家与答辩专家的认可，最终论文才能通过并取得学位。

那么，学位论文的写作定位就很明确了，即评阅通过，能得到好评当然更好。

三、写作步骤

硕士阶段学习时间一般 3 年，也有 1 年、1 年半、2 年的学制，其中差不多一半时间用于课程学习，一半时间用于论文写作。① 从时间管理的角度，建议大家入学后就考虑论文选题，论文写作的时间安排与每阶段需完成的工作建议如下（见图 5-2）。

---

① 关于硕士研究生阶段的论文工作进度安排，不同学校模式不同。有些学校是"成熟一个走一个"，自己和导师认为可以了，就组织开题和（论文检测、评阅通过后）答辩。有些学校是集中管理，开题、答辩均统一安排。集中管理的学校，有的增加了预开题、预答辩环节。以集中管理且有预开题、预答辩为例，2021 级硕士研究生大致的时间安排是：2022 年下半年预开题（第三个学期，一般在元旦前后）；2023 年上半年开题（第四个学期，一般在三四月份）；2023 年下半年预答辩（第五个学期，一般在元旦前后）；2024 年上半年答辩（第六个学期，一般在五六月份）。

（一）选择主题

建议第一、第二个学期完成此项工作。一方面，要积极主动联系导师，了解导师的研究情况，如目前承担了什么课题、做了哪些研究、未来研究设想等，最好从导师所熟悉的研究领域找自己的兴趣点，这样方便导师提供更多指导。如果因学位类型、研究方向等限制，论文选题无法与导师的研究兼容，也要主动请导师提出意见与建议。另一方面，课程学习、日常生活中要做个有心人，时时处处考虑自己的论文选题。课程学习集中在前两个学期，课程讲授中老师们可能会提及各学科领域的研究热点与难点，要留心记录。日常生活中浏览新闻、刷视频时也要多关注与自己学科专业相关的内容，了解学界与社会的关注点，看能否找到论文的选题。笔者认识的一位研究生，论文选题就来自个人经历与对新闻的关注。她研一暑假返家途中打了黑车，途中自己感觉有些不对，假装给家人打电话告知了车牌号；又看到女大学生因安全防范意识不强而出现各种事故的新闻报道，最后选择以女大学生安全防范意识作为研究主题。

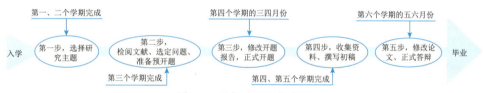

图 5-2　学位论文写作步骤

（二）选定问题、预开题

建议第三个学期完成此项工作。选定研究主题之后，就可以查阅文献以了解相关研究情况。如上例可以围绕"女大学生安全防范意识"来查阅文献，看相关研究从哪些方面入手，可供你选择的问题有哪些。假定经过文献检阅，你发现相关研究从女大学生安全防范意识的含义、女大学生安全防范意识不强的表现、原因与对策等方面入手。相比较而言，对安全防范意识不强的原因或影响因素的研究比较薄弱，尤其是同辈对女大学生安全防范意识的影响，少量研究提及但均未进行深入研究，而你基于个人经验又认为同辈影响所发挥的作用很大、很重要，就可以选择"同辈对女大学生安全防范意识的影响如何"作为研究问题。接下来就围绕该问题查找、研读文献，撰写开题报告初稿、参加预开题。预开题一般安排在第三个学期的期末（3年制）。

（三）修改开题报告、开题

此项工作会从第三学期期末（预开题结束）开始，到第四学期初（正式开题结束，大概有 3 个月时间。预开题中，老师们会就论文选题、文献掌握、研究方法及思路、论文框架等提出若干意见与建议。要做好记录，预开题结束后做好梳理总结，然后跟导师沟通开题报告修改，为正式开题做准备。若所在学校没有预开题环节，主要与导师就开题报告修改进行沟通。如果了解到其他老师的研究与自己的论文主题相近，最好也征询一下他们的意见及建议。

正式开题和预开题流程相同，开题小组成员一般不变。如果预开题中老师提出的意见或建议被采纳，开题过程中最好予以说明。如"预开题时张老师提到问卷调查的样本代表性不强，为了使样本具有代表性，又……"。

这三步中相关活动的具体做法参见第一章第二节的"选题过程"、第二章第二节的"文献检索步骤"、第三章开题报告写作相关内容。

（四）撰写初稿、预答辩

此项工作需在第四、第五个学期完成。期间要继续查阅文献资料，通过问卷调查、访谈、观察等收集其他资料，撰写论文初稿，并于第五个学期的期末进行预答辩。预答辩要求论文要完成 80% 以上（不同学校的具体要求不一样），但一般情况下参加预答辩时论文初稿已完成。

预答辩相当于正式答辩的彩排，流程与开题差不多。提醒两点：（1）简要汇报，不要只说自己想说的，而要更多考虑老师们想听什么。（2）做好记录，不要老师们提问题时只听而不做记录，预答辩结束后也要梳理总结，然后与导师就论文修改进行沟通。与开题有所不同的是，预答辩时就老师们对自己论文的批评，既可以虚心接受并据此修改；也可以据理力争予以反驳，这就是"答""辩"。与正式答辩有所不同的是，对于预答辩时老师们所提问题、意见及建议，还是要多一些"请教""咨询"，少一些"辩论"。

（五）修改论文、答辩

论文修改工作会从第五学期期末（预答辩结束）持续到第六学期初（提交学校进行检测），大概有三四个月时间。预答辩结束后，要就老师们所提意见和建议及时与导师沟通，在导师的指导下对论文进行修改。修改定稿后提交学校进行检测。检测时间一般在第六个学期的 3 月底或 4 月初，不同学校的时间安排可能会有所不同。建议大家在提交学校检测前自己先进行检测（要用与学校一样的检测软件），要提前了解学校对论文复制率的要求，做到心中有数，确保能够通过学校的检测。检测通过后才能送交专家评阅，评阅通过后进入答辩环节，答辩一般安排在第六学期的 5 月份。

四、内容与顺序

按照前后顺序，学位论文包括前置、主体、附录、后记等部分。

（一）前置部分

前置部分包括封面、扉页、致谢页（仅限外语专业）、中英文摘要、目录、附表与插图清单（必要时）、主要符号表（必要时）。

封面、扉页如图 5-3 所示，此部分须注意：（1）对导师不要直呼其名，导师姓名后可以跟学位、职称（就高不就低，如果导师是讲师、博士，就写 ××× 博士；如果导师是教授、硕士，就写 ××× 教授）。（2）论文题目的英文翻译一定要准确。

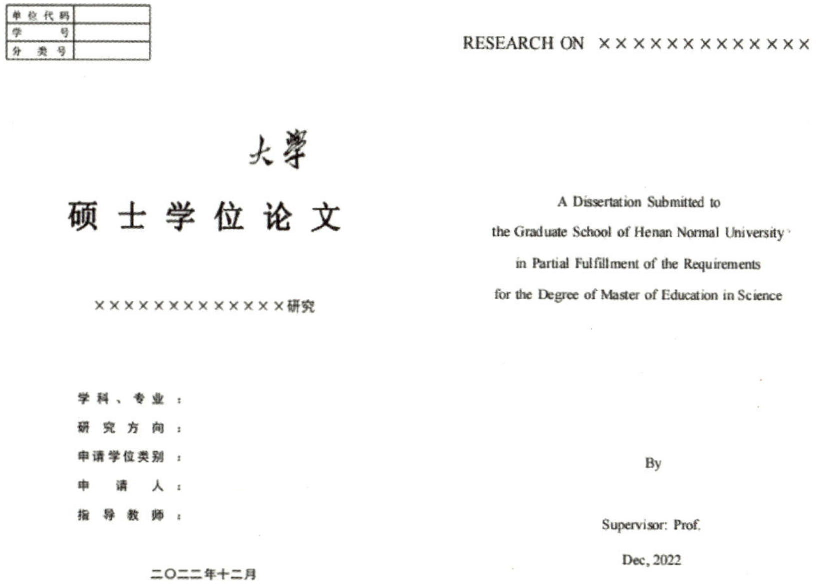

单位代码	
学　　号	
分 类 号	

大學

硕 士 学 位 论 文

×××××××××××××研究

学科、专业：
研 究 方 向：
申请学位类别：
申　请　人：
指 导 教 师：

二〇二二年十二月

RESEARCH ON ×××××××××××××

A Dissertation Submitted to
the Graduate School of Henan Normal University
in Partial Fulfillment of the Requirements
for the Degree of Master of Education in Science

By

Supervisor: Prof.

Dec, 2022

图 5-3　学位论文的封面与扉页

中英文摘要如图 5-4 所示，此部分须注意：（1）摘要写作要规范（详见本章第二节摘要写作）。（2）中英文摘要须对照。不少同学的中文摘要修改了好几遍，定稿之后却忘记对英文摘要作相应修改，导致英文摘要与中文不对照。

目录如图 5-5 所示，一般显示到三级（章、节和节内一级标题）。

图（表）目录与主要符号表必要时才制作。什么叫“必要时”？一般指论文中的图（表）与主要符号较多时。多少才算“较多”？这没有明确标准，作者自己把握。图（表）目录放在论文目录之后，图目录在前，表目录在后。目录中的图（表）均要有序号、标题与页码（见图 5-6）。

摘 要

中华人民共和国教育部颁布《关于全面落实研究生导师立德树人职责的意见》中明确了研究生导师的立德树人职责。本文以研究生导师立德树人职责落实情况为研究问题，通过提出落实过程中问题的解决对策以促进导师更有效地落实立德树人职责，加强导师师德师风和"四有"导师队伍的建设。

首先，依据研究主题，在研究相关文献的基础上，充分了解研究生导师立德树人的具体职责内容，对立德树人、职责、落实进行核心概念界定。其次，通过问卷调查，对问卷信效度和调查数据进行分析，客观描述当前研究生导师立德树人职责的情况。再次，通过对分析结果的比较，发现研究生导师落实立德树人职责过程中存在问题包括：部分导师对学生的思想政治教育不够重视，对学生的学术指导缺乏力度，对学生的人文关怀不够到位，对学生社会责任感的培养意识淡薄。最后，结合研究内容，探究研究生导师落实立德树人职责过程中存在问题的原因，根据调查发现，部分导师自身师德师风和育人能力存在不足、部分导师与学生之间有隔阂、导师考评体系和奖惩制度不完善以及受外部环境的负面影响等因素是造成上述问题的主要原因。

在把握相关文献资料的基础上，结合实证调查结果，本研究从导师自身、导学关系、制度建设以及组织保障四个方面提出有效落实研究生导师立德树人职责的对策建议：一是提高研究生导师综合素质；二是构建导学共同体；三是健全制度建设；四是强化组织保障。

关键词：研究生导师，立德树人，导师职责

ABSTRACT

The Ministry of Education of the People's Republic of China promulgated the Opinions on Comprehensively Implementing the Responsibilities of Postgraduate Tutors for Strengthening Moral Education and Cultivating People, which clarified the responsibilities of Postgraduate Tutors for strengthening moral education and cultivating people. This paper takes the implementation of the responsibilities of strengthening moral education and cultivating people of postgraduate tutors as the research problem, and puts forward the countermeasures to solve the problems in the implementation process, so as to promote the postgraduate tutors to implement the responsibilities more effectively, strengthening the construction of the moral ethics of the tutors and the "four characteristics" of the tutors' team.

First of all, according to the research theme, on the basis of research relevant literature, the specific responsibilities of the postgraduate tutors are fully understood, and the core concepts of strengthening moral education and cultivating people, responsibilities and implementation are defined. Secondly, through the questionnaire survey, the reliability and validity of the questionnaire and the survey data are analyzed to objectively describe the current situation of postgraduate tutors implementation of the responsibilities of strengthening moral education and cultivating people. Thirdly, through the comparison of the analysis results, there are some problems in the process of implementing the responsibilities of strengthening moral education and cultivating people of postgraduate tutors are founded, including: some tutors do not pay enough attention to the ideological and political education of postgraduate students, lack of academic guidance for postgraduate students, lack of humanistic care for postgraduate students, and lack of awareness of cultivating postgraduate students' sense of social responsibility. Finally, combined with research content, this paper explores the reasons for the problems in the process of implementing the responsibility of strengthening moral education and cultivating people, according to the survey findings, it is found that some tutors' ethics and education ability are insufficient, there is a gap between some tutors and postgraduate students, the tutors' evaluation system and reward and punishment system are not perfect, and the tutors are affected by the external environment negative influence are the main reasons for the

图 5-4　学位论文的中英文摘要

目　录

摘　要	I
ABSTRACT	III
第一章　绪　论	1
1.1 研究缘起	1
1.1.1 落实导师立德树人职责是建设"四有"导师队伍的应有之义	2
1.1.2 研究生导师立德树人职责落实状况不容乐观	3
1.2 研究意义	4
1.2.1 有助于加强研究生导师师德师风建设	4
1.2.2 有助于提升研究生培养质量	4
1.3 理论依据	5
1.3.1 交往行为理论	5
1.3.2 人的全面发展理论	6
1.4 文献综述	7
1.4.1 关于研究生导师立德树人职责内涵解读的研究	8
1.4.2 关于研究生导师立德树人职责落实中问题的研究	9
1.4.3 关于研究生导师立德树人职责落实中问题原因的研究	10
1.4.4 关于研究生导师立德树人职责落实中问题解决对策的研究	11
1.4.5 对已有研究的评析	13
1.5 核心概念界定	13
1.5.1 立德树人	14
1.5.2 职责	14
1.5.3 落实	14
1.6 研究思路与研究方法	15
1.6.1 研究思路	15
1.6.2 研究方法	16
1.7 创新之处	16
第二章　研究生导师立德树人职责落实的情况调查	17
2.1 调查设计	17
2.1.1 调查对象	17
2.1.2 问卷设计	18
2.1.3 调查过程	18
2.1.4 数据处理	19
2.2 调查结果	23
2.2.1 提升研究生思想政治素质职责	23
2.2.2 培养研究生学术创新能力职责	24
2.2.3 培养研究生实践创新能力职责	25
2.2.4 增强研究生社会责任感职责	25
2.2.5 指导研究生恪守学术道德规范职责	26
2.2.6 优化研究生培养条件职责	27
2.2.7 注重对研究生人文关怀职责	28
第三章　研究生导师立德树人职责落实中的问题及原因	29
3.1 研究生导师立德树人职责落实中的问题	29
3.1.1 部分导师对学生的思想政治教育不够重视	30
3.1.2 部分导师对学生的学术指导缺乏力度	31
3.1.3 部分导师对学生的人文关怀不够到位	32
3.1.4 部分导师对学生社会责任感的培养意识淡薄	33
3.2 研究生导师立德树人职责落实中问题的原因	35
3.2.1 部分导师自身师德师风和育人能力存在不足	35
3.2.2 部分导师与学生之间有隔阂	37
3.2.3 导师考评体系和奖惩制度不完善	39
3.2.4 受外部环境的负面影响	40
第四章　研究生导师立德树人职责落实中问题的解决对策	43
4.1 提高研究生导师综合素质	43
4.1.1 加强导师自身师德师风建设	43
4.1.2 提升导师自身业务素质	44
4.1.3 增强导师落实立德树人职责的意识	44

图 5-5　学位论文的目录

图 表 目 录

图目录

表目录

图 5-6　学位论文的图表目录

（二）主体部分

主体部分包括引言（或绪论、导论、引论）、正文、结论（或建议）、参考文献等。

（三）附录部分

不是所有的论文都有附录，也是必要时才有。如采用了问卷调查法（见图 5-7 左，附录 1）、访谈法、观察法，须将调查问卷、访谈提纲、观察表附在参考文献之后。有的学校要求将攻读学位期间所有相关成果放在附录部分（见图 5-7 右，附录 2）。

附录 1

×××××××调查问卷

亲爱的同学：

您好！为了解研究生学术道德素养现状，为相关部门制定政策提供参考，我们进行了此次调查。所有答案无对错之分，您只用选择适合您情况的答案即可。此次调查采用匿名形式，仅用于研究，请放心填写。

衷心感谢您的支持与帮助！祝您学业有成！

“研究生学术道德素养提升”课题组

【填写说明】有些题目需您在对应选项上打“√”，有些需要填写。如无特别说明，均为单选。

性别：（1）男（2）女
年级：（1）研一（2）研二（3）研三
学位类别：（1）专业学位研究生（2）学术学位研究生
学科门类：
（1）哲学（2）经济学（3）法学（4）教育学（5）文学（6）历史学
（7）理学（8）工学（9）农学（10）医学（11）管理学（12）艺术学
学术自律性：（1）非常弱（2）比较弱（3）一般（4）比较强（5）非常强
导师指导风格：
（1）贫乏型（低定规、低关怀）（2）指令型（高定规、低关怀）
（3）牧师型（低定规、高关怀）（4）协作型（高定规、高关怀）
学校学术风气：（1）非常差（2）比较差（3）一般（4）比较好（5）非常好
学校学术监管：（1）非常松（2）比较松（3）一般（4）比较严（5）非常严
上过学术道德课程：（1）否（2）是

附录 2

攻读硕士学位期间相关成果

发表论文

[1] ××××××××××××××
[2] ××××××××××××××
[3] ××××××××××××××
……

参与课题

[1] ××××××××××××××
[2] ××××××××××××××
[3] ××××××××××××××
……

图 5-7　学位论文的附录

（四）致谢（或后记）等

这部分包括致谢或后记（不同学校说法不一样，采用"致谢"者较多）、攻读学位期间发表的学术论文目录、独创性声明与关于论文使用授权的说明（见图5-8）。

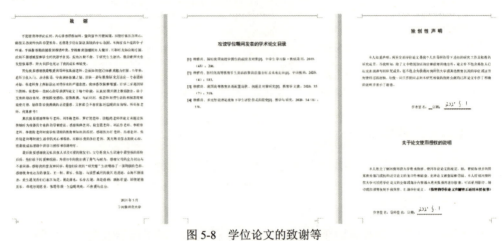

图5-8　学位论文的致谢等

第二节　学位论文各部分的写作

学位论文包括前置、主体、附录与后记等部分，这里重点谈摘要、关键词、论文结构、引言与过渡段等部分的写作，这是很多同学不很了解、比较容易出问题的部分。

一、摘要与关键词

摘要与关键词在论文的扉页之后，一般的阅读习惯是看完题目后就看此部分，它在很大程度上决定了读者对论文的第一印象，其重要性不言而喻。

（一）摘要

这里从摘要是什么、怎么写、注意事项三个方面来介绍。

1. 摘要是什么

摘要也称文摘，《文摘编写规则》（GB 6447—86）[①]里的规定如下：

---

① 《文摘编写规则》（GB 6447—86）[S/OL]．[2021-08-28]．https://xb.xxu.edu.cn/info/1012/1266.htm.

文摘是以提供文章内容梗概为目的，不加评论和补充解释，简明、确切地记述文献重要内容的短文。

文摘要素：

目的——研究、研制、调查等的前提、目的和任务，所涉及的主题范围。

方法——所用的原理、理论、条件、对象、材料、工艺、结构、手段、装备、程序等。

结果——实验的、研究的结果，数据，被确定的关系，观察结果，得到的效果，性能等。

结论——结果的分析、研究、比较、评价、应用，提出的问题，今后的课题，假设，启发，建议，预测等。

其他——不属于研究、研制、调查的主要目的，但就其见识和情报价值而言也是重要的信息。

《学位论文编写规则》（GB/T 7713.1—2006）[1]里的要求如下：

摘要是论文内容的简要陈述，是一篇具有独立性和完整性的短文，一般以第三人称语气写成，不加评论和补充的解释。摘要应具有独立性和自含性，即不阅读论文的全文，就能获得必要的信息。

摘要的内容应包含与论文同等量的主要信息，供读者确定有无必要阅读全文，也可供二次文献采用。摘要一般应说明研究工作目的、方法、结果和结论等，重点是结果和结论。

中文摘要一般字数为300~600字，外文摘要实词在300个左右。如遇特殊需要字数可以略多。

可见，摘要是对论文内容不加注释与评论的简短陈述，其作用在于让读者尽快了解论文的主要内容。它像房间的"窗户"，让人能够透过这个"窗户"大致了解房间的布局结构、布置装饰等。

2. 摘要怎么写

就内容来说，摘要包括研究目的、方法、结果（结论），重点是结果（结论），这被称为结构化摘要，期刊论文常见；硕士论文摘要部分需要交待的内容多一些，包括研究问题、研究目标、研究路径（思路、方法、内容等）与研究结论。

就篇幅来说，《学位论文编写规则》的要求是300~600字，笔者建议控制在600~1 000字之间。

就写法来说，可分为三个部分、三到五个自然段。

---

[1] 《学位论文编写规则》（GB/T 7713.1—2006）[S/OL]．[2021-08-28]．https://grs.xatu.edu.cn/info/1044/1626.htm.

（1）三部分、三自然段的写法。第一部分，交待研究背景，迅速切入主题，提出研究问题，明确研究目的（一个自然段），如：

教育惩戒是教师培养人才、管理学生的重要手段之一，2020年12月23日发布的《中小学教育惩戒规则》（试行）明确赋予教师教育惩戒权（研究背景）。教育惩戒权（研究主题）是教师的重要职业权利之一，虽然相关法律与政策对其作出了规定，但还存在操作性不强、保障措施不到位等问题，这导致实践中难以落实（研究问题）。鉴于此，选择中小学教师教育惩戒权的实现机制作为研究主题，以期为中小学教师依法、合规实施教育惩戒提供依据和参考（研究目的）。

第二部分，研究路径（研究过程），交待清楚研究思路、方法、内容等，突出创新之处（一个自然段），如：

以A理论为研究视角，借用B学科的C模型，创造性地构建了……的教育惩戒权实现机制分析框架，并据此对国内外的教育惩戒权实现进行考察分析。一方面，研究过去与当下我国教育惩戒权的实现问题。一是通过文献分析法回顾历史上中小学教师教育惩戒权的实现，发现……二是通过文献分析法了解当下中小学教师教育惩戒权实现的应然状态，认为……；通过问卷调查与个别访谈了解其实然状态，发现……（问题），这是由于……（原因）。另一方面，采用文献分析法研究美国与新加坡中小学教师教育惩戒权的实现机制及其对我国的启示。美国……（如何实现、有什么问题、怎么解决）；新加坡……（如何实现、有什么问题、怎么解决），这对于我国……（启示）。

第三部分，研究结论、意义等（一个自然段），如：

最后，基于美国、新加坡的经验与我国中小学的实际情况，提出了适合我国国情的中小学教师教育惩戒权实现机制。第一，可效仿美国，……，这是教育惩戒权实现的……；第二，可借鉴新加坡，……，这是教育惩戒权实现的……；第三，考虑到……，还需要……，这是教育惩戒权实现的……。这将有助于……。

（2）三部分、五自然段的写法。第一自然段，交待研究背景，迅速切入主题，提出研究问题，明确研究目的。

教育惩戒是教师培养人才、管理学生的重要手段之一，2020年12月23日发布的《中小学教育惩戒规则》（试行）明确赋予教师教育惩戒权（背景）。教育惩戒权（主题）是教师的重要职业权利之一，虽然相关法律与政策对其作出了规定，但还存在操作性不强、保障措施不到位等问题，这导致实践中难以落实（问题）。鉴于此，选择中小学教师教育惩戒权的实现机制作为研究主题，以期为中小学教师依法、合规实施教育惩戒提供依据和参考（目的）。

第二到第四自然段，研究路径（研究过程），交待清楚研究思路、方法、内容等，突出创新之处。

首先，采用文献分析法，总结梳理现有研究对教育惩戒权实现机制的界定，并以 A 理论为研究视角，借用 B 学科的 C 模型，创造性地构建了……的教育惩戒权实现机制分析框架（创新之处），解决教育惩戒权实现机制是什么的问题。

其次，采用文献研究、问卷调查与访谈等方法，分析过去与当下我国教育惩戒权的实现问题，解决教育惩戒权如何实现的问题。一是通过文献分析法回顾历史上中小学教师教育惩戒权的实现，发现……二是通过文献分析法分析当下中小学教师教育惩戒权实现的应然状态，认为……通过问卷调查与个别访谈了解其实然状态，发现……（问题），这是由于……（原因）。

再次，采用文献分析法、比较研究法研究美国与新加坡中小学教师教育惩戒权的实现机制及对我国的启示，解决他国教育惩戒权实现机制如何、有何经验可供借鉴的问题。美国……（实现机制）；新加坡……（实现机制）。其不同之处在于……；其共同点是……，这对于我国……（启示）。

第五自然段，研究结论、意义等。

最后，基于美国、新加坡的经验与我国中小学的实际情况，提出了适合我国国情的教育惩戒权实现机制。第一，可效仿美国，……，这是教育惩戒权实现的……；第二，可借鉴新加坡，……，这是教育惩戒权实现的……；第三，考虑到……，还需要……，这是教育惩戒权实现的……。这将有助于……。

两种写法的第一、最后一部分相同，中间部分不同。三个自然段的写法中，中间的研究路径部分比较简练；五个自然段的写法中，中间的研究路径部分相对详尽且更清晰。相比较而言，笔者推崇三部分、五自然段的写法。

3. 摘要写作注意事项

（1）使用第三人称，不加评论。不用"本文""本研究""作者""我们"，常用"对……进行了研究、报告了……现状、进行了……调查"等；不对自己的研究进行评价，你的研究有没有意义，有多大意义，不是自己说了算的，要靠读者来评价。

（2）不使用图、表、公式等，不出现注释。如果论文摘要中出现了图表与注释等，这是不规范的。

（3）重点反映新内容与新观点。摘要是读者用以判断是否需要（值得）阅读全文的一个依据，一方面要客观、全面提供全文最重要的信息，另一方面要突出研究特色、亮点、创新点，以激发读者的阅读兴趣。

（4）不要写成各章内容介绍。如"全文共分×章，第一章说明课题来源，第二章……最后一章给出研究结论并指出今后研究的方向等"。

（5）篇幅不要太长。篇幅太长会影响读者的阅读情绪，可能索性就不读了；会让读者质疑你的文字表达能力，连一篇简短、精练的摘要都写不出来。

好的摘要要让读者看完之后了解到：论文的研究问题、研究目的与意义是什么；研究思路与内容是什么；学术贡献（创新之处）是什么。

（二）关键词

关键词是表达学位论文主题内容的词或词组，主题指论文的主体内容或中心思想。① 关键词要有检索意义，因此不能使用太泛指的词，例如"理论""问题""分析""策略"等。②《学位论文编写规则》（GB/T 7713.1—2006）规定：关键词应体现论文特色，具有语义性，在论文中有明确的出处。可见，关键词是最能体现论文特点与创新价值的词或词组，对论文具有实质意义。

建议每篇学位论文选取 3~5 个关键词，一般从论文题目、章标题、节标题、摘要以及正文的重要段落中选取。如下例：

现实与超越——大学教师理想角色形象研究③

关键词：大学教师；理想形象；教育者；学者；知识分子

学术与政治之间：大学教师社会角色的历史分析④

关键词：政治人；知识人；大学教师；社会角色；历史分析

高校教师学术不端行为治理研究⑤

关键词：高校教师；学术不端行为；学术治理；制度化；学术立法

由上例可见，关键词首先从论文题目中提取，因为题目反映了论文最重要的内容。如果题目提取不到 3 个，可从章标题中提取。

关键词常见的问题是提取不精准，表现在：（1）关键词不关键，如将"原因、策略"等对论文不具有实质意义的词提取为关键词；（2）关键词"多而不精"，硕士论文关键词数量以 3~5 个为宜，最多不超过 5 个；（3）遗漏关键词，对论文具有实质意义的重要词或词组未出现在关键词中。

---

① 《学术出版规范 关键词编写规则》（CY/T 173—2019）[S/OL].[2023-08-09]. https://hbba.sacinfo.org.cn/attachment/onlineRead/5e5296c079bcabc7d8215c53a550af5ba92f11629a8b2bfd61e3fe1acf6db08d.

② 《学位论文编写规则》（GB/T 7713.2—2022）[S/OL].[2023-08-09]. http://c.gb688.cn/bzgk/gb/showGb?type=online&hcno=0B963916637B8F34B295FCF4A51A1BE5.

③ 吕素珍.现实与超越——大学教师理想角色形象研究[D].武汉：华中师范大学，2008.

④ 胡金平.学术与政治之间：大学教师社会角色的历史分析[D].南京：南京师范大学，2005.

⑤ 白勤.高校教师学术不端行为治理研究[D].重庆：西南大学，2011.

二、结构

这里从常见结构、写作要求与常见问题三个方面来谈论文结构。

(一)常见结构

学位论文的常见结构有总分、递进与并列三种。

1. 总分结构

采用总分结构的学位论文,总论在前、分论在后(也可将其理解为总分总关系,最后的"结束语""结语"等是对全文的总结),如:

<u>新时代背景下思想政治教育的政治社会化功能研究</u>

绪论

一、思想政治教育政治社会化功能的历史考察

二、新时代背景下思想政治教育对政治文化的传承与创新功能

三、新时代背景下思想政治教育对政治价值的建构功能

四、新时代背景下思想政治教育对政治系统的稳定功能

结语

上例中,第一章是总论,第二、第三、第四章是分论。

2. 递进结构

包括时间、空间与逻辑上的递进关系三种。

时间上的递进关系,指时间上的由远到近。如研究我国大学形态,要从最早的北洋大学堂谈起。基本规则是时间早的在前,时间晚的在后。如果先后次序错乱,就属于逻辑混乱、层次不清。

空间上的递进关系,指地域空间、抽象空间上的由外到内。如国内外文献述评要先国外、后国内。再如研究某个教育政策,先从该政策外部入手,探讨其产生背景、政策依据、价值取向、功能定位等,然后进入该政策内部,分析其构成要素、政策效果等。基本规则是先外后内,如果外部问题没有分析完就进入内部问题的讨论,而后又转到外部问题上,也属于逻辑混乱、层次不清。

逻辑上的递进关系,指从抽象到具体。如探讨教育惩戒权问题,先从它的定义说起,界定清楚其内涵外延,明确其边界,然后再分析它在实践中的具体问题。

学位论文中常见的递进关系是按照问题分析的逻辑顺序来安排论文结构,即按照是什么、为什么、怎么样(提出问题、分析问题、解决问题)的顺序来写。如下例:

中华民族共同体意识在小学德育中的融入研究

绪论

一、中华民族共同体意识融入小学德育的背景

二、中华民族共同体意识融入小学德育的必要性

三、中华民族共同体意识融入小学德育的可行性

四、中华民族共同体意识融入小学德育的路径

结语

3. 并列结构

学位论文总体上是并列结构的情况较少见，并列结构常见于各章之间或某章的各节之间。总体上的并列结构常见于期刊论文，如下例所示。

1378—1417 年西方教会大分裂对欧洲大学的影响[①]

一、大学组织由教皇庇护的泛欧洲机构成为归属各个国家的学术组织

二、大学特权的来源由教皇教会转向世俗当局

三、大学数量由平稳缓慢地增加变为大量骤然地出现

四、大学从超国家的文化传播中心转向培养专业精英的国家机构

上例围绕"影响"，从"大学组织性质、大学特权来源、大学数量、大学功能定位"四个方面展开分析。

（二）结构要求

对学位论文结构的要求是完整、合理、扣题。

1. 完整

结构完整指论文要有导论、本论、结论三部分。

（1）导论。也称绪论、引论等，是对研究问题、相关研究状况、研究思路与方法等的交待。它虽然是论文主体的一部分，但其实是研究尚未展开、未进入正题之前的准备，相当于小论文（期刊论文）的引言。开题报告经过修改即成为导论，包括问题提出、研究意义、文献述评、核心概念界定、研究思路与方法、创新之处等。

导论的重要性不亚于摘要，多数人翻阅学位论文的习惯是先看题目，然后浏览摘要与导论。如果说摘要对于论文的作用相当于一个房间的"窗户"，导论对于论文的作用就相当于一个庭院的"大门"。"大门"设计装修得如何，直接决定了人们对这个院落的第一印象，决定了是否会产生进去看一下的愿望，因此对导论

[①] 杜海燕. 1378—1417 年西方教会大分裂对欧洲大学的影响[J]. 高等教育研究，2016，37（04）：87-92.

部分也应当给予足够重视。

（2）本论。这是问题研究部分，是研究成果的集中表述，也是最能显示作者学术水平与论文质量的部分，包括问题描述、原因分析和对策探讨。本论的写作要求如下。

①观点突出、论证充分、具有说服力。学位论文是议论文，要提出论点并进行论证。材料与论点要统一，不能出现材料不能支撑论点的情况。

②逻辑严密、层次清晰。详见下文"合理"部分。

③语言精练、用词准确。详见第六章第一节"语言规范"。

（3）结论。更常见的表述是结语或结束语，这不是问题研究的结论，不是结论章或对策章，是对全文即问题研究全过程的概括与总结。通常包括研究结论、创新之处、缺陷与不足、未来展望等。硕士论文结论部分篇幅不长，一般一页到一页半，因篇幅短，一般不将其作为一章予以编号。

2. 合理

结构合理指逻辑严密、层次清晰。

（1）逻辑严密。指论文要围绕一个问题，按照是什么（问题）、为什么（原因）、怎么办（对策）的顺序安排，不能像写作文那样倒叙或插叙，问题、原因、对策之间要相呼应，要有逻辑关系。然而，不少论文的三部分之间却缺乏联系，有点像：张三脸上长痘了（问题）、最近吃火锅太多（原因）、需要加强身体锻炼（对策）。这是个很搞笑的例子，意在说明三者之间没有逻辑关系的情况。那么，什么叫有逻辑联系？如图 5-9 所示（仅举例，别细抠医学专业问题），笔者用此例说明：①原因要针对问题。问题的产生可能有很多原因，要找到直接的、针对性的原因。同样是发烧，不同的人可能有不同的病因。教育类的学位论文中，较常见的情况是不管研究什么问题都从学生、学校、家庭、社会四个方面找原因。②对策要针对原因。同样的问题要根据原因的不同采取不同的对策，不能来个发烧病人都让人家回去喝姜汤发汗。同理，不是什么问题都需要从个人、学校、家庭、社会四个方面找原因和提对策。

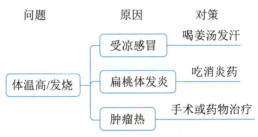

图 5-9　问题、原因、对策之间的关系举例

（2）层次清晰。指论文不同部分之间的关系要理顺，按照总分、并列、递进或混合结构来安排全文。硕士论文内容丰富、篇幅较长、层次较多，很多同学处理不好各章之间的关系、章内各节之间的关系，可能会出现整体结构不合逻辑、同级标题不在同一层次等问题。

3. 扣题

全文要紧扣题目来写，通过各章标题上"反复出现"论文题目中的"关键词语"来体现。各节要紧扣章标题来写，通过节标题上"反复出现"章标题中的"关键词语"来体现。

（三）结构问题

与结构要求相对应，结构常见问题有不完整、不合理、不扣题。

1. 不完整

表现之一是缺结语，如下例所示。很多同学以为对策提完论文就算写完了，或把对策章理解为论文的结束。前文指出，结语不是问题的结论（或对策），是对全文的总结，是论文结构的一部分。

新时代初中生信息安全意识及提升路径研究

绪论

一、新时代初中生信息安全意识的现状

二、新时代初中生信息安全意识的影响因素

三、新时代初中生信息安全意识的提升路径

表现之二是本论部分结构不完整，如下例所示。没有明确规定本论不能只有两章，但极少见本论只有两章的情况。一般来说，不管是什么样的逻辑关系，本论至少要有三章。

批判性思维训练融入高中历史教学中的问题与对策

绪论

一、批判性思维训练融入高中历史教学中的问题

二、批判性思维训练融入高中历史教学中问题的对策

结语

上例中的论文结构可以这样设计，这被称为"八股式"结构：

批判性思维训练融入高中历史教学中的问题与对策

绪论

一、批判性思维训练融入高中历史教学中的问题

二、批判性思维训练融入高中历史教学中问题的原因

三、批判性思维训练融入高中历史教学中问题的对策

结语

也可以这样设计，增加理论分析与经验借鉴，使本论部分内容更丰富：

批判性思维训练融入高中历史教学中的问题与对策

绪论

一、批判性思维训练与高中历史教学设计的理论分析

二、批判性思维训练融入高中历史教学中的问题

三、批判性思维训练融入高中历史教学中问题的原因

四、批判性思维训练融入高中历史教学的国内外经验

五、批判性思维训练融入高中历史教学中问题的对策

结语

2. 不合理

（1）问题、原因、对策之间的联系不紧密。这种情况比较普遍，大部分论文都是问题、原因、对策式的结构安排，但对策没有针对原因、原因没有针对问题，对策与问题之间没有紧密联系，也就是"药不对症"。如：

问题：小学英语课堂教学低效

原因：教师专业素养偏低、多媒体运用不当

对策：构建尊师爱生的平等师生关系、加强教师教学培训

你一看就会笑，这也离题太远了吧，其实很常见。

下例是问题、原因、对策式的递进结构，乍一看没毛病，但细看就会发现，第一部分的问题可能不止一个，可到了第二部分，问题就只剩一个"能力不足"了，把其他问题都丢了。

城乡接合部初中学生自主学习能力及其提高策略研究

绪论

一、城乡接合部初中学生自主学习能力方面的问题

二、城乡接合部初中学生自主学习能力不足的原因

三、城乡接合部初中学生自主学习能力的提高策略

结语

（2）问题、原因、对策不在同一层面。这种情况也不少见，如下例所示，原因、对策在一级标题上，而问题在三级标题上，这也属于结构不合理。

×××××研究

绪论

一、……现状调查

（一）调查设计

（二）调查结果

  1.……（描述问题表现）

二、……的原因（分析问题原因）

三、……的对策（探究问题对策）

结语

如下例所示，问题、原因、对策一般出现在章标题上。

×××××研究

绪论

一、……的问题（描述问题表现）

二、……的原因（分析问题原因）

三、……的对策（探究问题对策）

结语

3. 不扣题

不扣题的表现有：章标题没有紧扣论文题目，节标题没有紧扣章标题。下例中的章标题就没有紧扣论文题目，[①] 一、二、四章的内容是题目无法涵盖的。

新时代大学生思政课学习意愿影响因素研究

绪论

一、大学生思政课的含义及其发展现状

二、思政课对大学生成长的重要性

三、新时代大学生思政课学习意愿的影响因素

四、新时代大学生思政课学习意愿的提高策略

结语

上面这个题目，如采用规范分析法，可以写成并列式，全文从几个不同的方面分析影响因素。如采用实证分析法，可以写成递进式，常见的结构是：相关文献回顾与研究假设、研究设计、研究结果、讨论与结论。

下例中的节标题没有紧扣章标题。章标题是"党内制度执行力建设"，节标题上却是"党内制度执行力"；章标题中的"现状"无法涵盖节标题中的"原因"。

第三章 新时代党内制度执行力建设的现状

一、新时代党内制度执行力不强的表现形式

二、新时代党内制度执行力不强的原因

---

① 该例中第三部分的标题跟论文题目一样，这叫逻辑混乱。任何下级标题都不能与上级标题一样，表述不同，意思一样也不行。

三、引言与过渡段

（一）引言

引言指章标题之下的引言段，相当于每章的开场白，以简短的文字简要交待相关内容。这里分别介绍章引言、节引言、引言与摘要的不同。

1. 绪论章的引言

绪论章的引言部分需要交待研究背景、研究问题、写作构想等，可以分成三个层次来写。第一层，引入研究对象（1句）。第二层，简要介绍研究对象及其问题（2~3句）。第三层，交代写作构想，有的还简要指出研究意义（1~2句）。一般1~2个自然段，300~500字，如下例：

中小学教师教育惩戒权的实现机制研究
绪　　论

教育惩戒权指……，它是教师的重要职业权利之一（引入并介绍研究对象）。虽然相关法律与政策就中小学教师教育惩戒权作出了规定，但还存在边界不清晰、操作性不强、相关保障措施不到位等问题，其结果是教育惩戒权仍然停留在理论层面而无法实现。学界对中小学教师教育惩戒权实现的研究集中于……（简要交待相关研究情况），其不足之处是……（指出所存在的问题）。鉴于此，本研究以A理论为研究视角，借用B学科的C模型，尝试构建中小学教师教育惩戒权的实现机制（简要交待写作构想）。这将有助于解答……理论困惑，也将有助于解决……实践难题（研究意义）。

2. 其他章的引言

其他各章的引言通常也是一个自然段，引出本章主题并简要交代其内容即可，起导读作用。写法参见下例。①

写法一：开门见山式。

第三章　学术不端相关因素的多维度实证研究

本章聚焦于学术不端的相关因素。先分别探讨环境因素、制度因素、个人因素对学术不端的影响，然后将这些因素整合为外部、内部两大方面，分析其对学术不端的影响及其相对重要性。

写法二：提问式。

第四章　学术不端原因的多层面剖析

任何事物都不会凭空出现，学术不端亦如此。那么，究竟是什么为它提供了

---

① 这些例子来自张英丽. 河南省应用研究重大项目结项报告《学术不端及其防治研究》（2022年）.

条件？是什么使它具有诱惑力？又是什么促使本应最道德的学者失德？本章尝试从学术环境、制度规范、行为主体等层面对上述问题做出回答。

写法三：承上启下式。

第五章　学术不端的防治策略探究

学术不端的原因是复杂的。变化的学术环境是外在诱因、异化的学术制度是外部压力、缺漏的学术规范是内在诱因、弱化的学术职业是内在根源。学术不端的防治也需从这些方面入手，通过优化学术环境、完善学术制度与规范、强化学术职业的自我管理等，以达到规范从业者的职业行为、减少学术不端行为的目的。

3. 各节的引言

各节的引言通常也是一个自然段，引出本节主题并简要交待其内容即可，也是起导读作用。写法参见下例。

第一节　学术不端的含义

学术不端是学界长期关注的研究主题之一。不同学者使用的术语不同（科研不端、学术失范、学术腐败、学术越轨、科研越轨等），即便采用同一术语的学者对其含义的认识也不尽相同，其结果是各说各话，看似热闹的学术讨论其实是在打空拳。由此，清晰界定学术不端的内涵与外延就成为本研究的首要任务。①

不建议出现下例中的情况，即章标题、节标题之下无引言段，节标题紧挨着章标题，节中一级标题紧挨着节标题。

第 × 章　×××××
第一节　×××××

一、×××××

4. 引言与摘要的不同

（1）功能不同。摘要是对论文内容的高度概括，让读者快速了解全文。引言是开场白，对各章节内容起导读作用。

（2）特点不同。摘要尽管简短，但具有独立性，可以单独成篇，它包含有与整篇论文同等量的重要信息，也就是不阅读全文就能获得的必要信息。引言不具有独立性，是后文的前奏，不能单独成篇。

（3）内容不同。摘要是论文梗概，简明、确切地交待论文的重要内容（目的、方法、结果或结论）。引言是各章节内容的概括。

---

① 张英丽. 河南省应用研究重大项目结项报告《学术不端及其防治研究》（2022 年）.

（二）过渡段

文中上下级标题之间要有过渡段，不要出现上下级标题挨在一起的情况。如下例所示。

三、中学生道德品质的现状调查
（一）道德认知
1. 对道德规范的认知

要在标题与标题之间添加过渡段，可长可短，长的三五百字，短的一句话就可以。如下例所示。

三、大学教师不同工作领域的职业规范
根据大学教师的工作职责，分别从教学、研究与服务三个方面分析不同工作领域的职业规范。
（一）教学领域的职业规范
根据大学教师教学工作的实际情况，从课前准备、课堂讲授、课后交流三方面分析教学领域的职业规范。
1. 课前准备的职业规范

再如下例中的过渡段：

一、部分从业者的职业道德认知存在偏差
职业道德认知是从业者对职业相关道德规范与职业道德实践的认识。关于职业道德认知，笔者在调查中设计了三个方面的问题，一是对职业道德规范的了解，二是对失范行为的认知，三是对职业道德失范状况的认知。
（一）部分从业者对职业道德规范不甚了解

四、现状与问题

这里先谈谈对两者关系的不同认识，再谈现状、问题是什么与怎么写。

（一）对两者关系的不同认识

以笔者多年的论文指导与评阅经验来看，现状与问题是什么关系，不是所有人都拎得清楚的。

有人认为现状就是问题，所以才会出现下例这样的论文。

×××的现状与对策
绪论
一、……现状

二、……原因

三、……对策

结语

有人认为现状与问题不是一回事，所以才会出现下例这样的论文。

×××的现状、问题与对策

绪论

一、……现状

二、……问题

三、……原因

四、……对策

结语

上述两种情况都有毛病。就第一种情况来说，毛病在于对策是针对问题的，没有问题何谈对策？现状中可能有问题，也可能没有问题。如果没有问题，也就谈不上探讨对策。如《小学语文课堂教学中的问题与对策》，尽管这不是一个很好的题目，但至少让我们看出来是要研究问题、探究问题的解决办法的。或者你得让读者看到"问题"，如《小学语文课堂教学低效及其对策》，这里的问题是"课堂教学低效"，要通过研究来解决这个问题。

就第二种情况来说，常见毛病是现状部分与问题部分重复。作者心里是有问题的，在描述现状的时候心里一直装着问题，这就导致了一种很尴尬的局面：现状部分说的是问题，问题部分说的还是问题，两部分大同小异。如果论文采用了问卷调查法的话，那就现状部分用表，问题部分用图，数据都一样，说法也差不多。

（二）现状、问题是什么

现状不同于问题，现状是客观存在的，问题是主观认知的。从范围上看，现状包括问题，问题是现状的一部分。从写法上看，现状描述是客观的、无评判的；问题分析是主观的、有评判的。如下例所示。

现状：他穿的衣服破了好几个洞，每顿饭都是一个馒头、一杯白开水。

问题：他的生活很艰难。

不少论文在现状部分写的其实是问题，类似于"张三的生存现状：衣不蔽体、食不果腹"。这也说得过去，因为现状包括问题，现实状况就是这样（此处的现状就是问题，或者说问题就是现状），但麻烦的是接下来该分析原因、提出对策了，原因是针对问题而言的，不是针对现状的，出现"现状、原因、对策"式的结构是让人很困惑的。尽管读者也明白，现状部分说的其实就是问题，但至少在文字表述上，与原因对应的是问题，不是现状。

（三）现状、问题怎么写

现状部分要客观描述，不加评价，没有判断。问题部分则要有评价与判断，要出现断言。

现状的写法应为：6岁男童小刚身高58厘米。只是描述，没有评价，没有判断，不出现断言。

问题的写法则是：小刚的身高严重不达标（段首句）。6岁男童的正常身高在104~132厘米之间（依据或参照系），6岁男童小刚的身高为58厘米（个体情况）。可见，小刚的身高严重不达标（结论）。这里就不能仅描述了，得有评价与判断，得出现断言。

此外须注意，评价与判断得有依据，不能想当然，不能自己说是什么就是什么。

五、结语

这里从结语是什么与怎么写、结语与摘要的不同两个方面来介绍。

（一）结语是什么、怎么写

结语是学位论文最终的、总体的结论，不是问题的结论（或对策），不是各章内容的简单总结，篇幅通常在一页到一页半之间，包括以下三个方面的内容。

（1）研究结论是什么。要明确指出你通过研究都得出了哪些结论，结论中要清楚地表明观点。

（2）创新之处有哪些，要明确简洁。如"提出了2030—2040年我国大学达到世界一流大学水平的三阶段理论"。不要含混不清，如"提出了保障城乡义务教育优质均衡发展的政策建议"。

（3）论文的不足之处或有待进一步研究的问题是什么。包括研究设计、资料收集、研究方法等方面所存在的不足，或认为需要研究而论文未涉及的问题。有待进一步研究的问题、未来研究建议可以写，也可以不写。

写作模式如下（供参考）。

结　语

概述研究问题、研究意义、研究路径（300~500字）。本研究得出如下结论：

结论1：小学教师由新手到熟手的成长要经历……阶段（明确的结论）。（略展开论述）。

结论2：……

本研究的创新之处有：

第一，提出了小学教师专业成长的三阶段理论（创新点）。（略展开论述）。

第二，……

本研究还存在以下不足：

一是未将资深教师的专业发展纳入研究。……（略展开论述）。

二是……

举一个完整的例子：

中小学教师教育惩戒权的实现机制研究

教育惩戒是教师采用一定方式对违规违纪学生进行训导以使其引以为戒、认识与改正错误的教育行为，是教师管理学生、实现教育目的的重要手段之一，也是教师的一项重要职业权利。尽管相关法律法规明确赋予教师教育惩戒权，但由于各种原因，教育惩戒权难以落实到实践中，这不仅在一定程度上影响到了育人效果，而且影响到了教师的职业吸引力（研究意义）。（研究背景）鉴于此，选择中小学教师教育惩戒权的实现机制作为研究主题（暗示了研究问题），采用文献分析、比较研究、问卷调查、访谈等方法，构建了教育惩戒权实现机制的分析框架，回顾了我国教育惩戒权实现的历史，调研了我国教育惩戒权实现的现状，比较分析了美国与新加坡教育惩戒权的实现机制。在总结国外经验、立足我国实情的基础上提出了中小学教师教育惩戒权的实现机制（研究方法、思路、内容），……（概述实现机制，回应论文引言部分提出的问题：教育惩戒权如何实现）。

经由以上研究，得出如下结论：

第一，教育惩戒权的实现机制包括A、B、C、D，……（描述各要素的作用及其相互关系，说清楚该机制的构成及其运作）。

第二，当下我国中小学教师教育惩戒权实现中的最大难题是……

第三，影响教育惩戒权实现的重要因素是……

第四，教育惩戒权实现中的核心要素是……，关键环节是……

本研究的创新之处有：

第一，创造性地构建了教育惩戒权的实现机制，并将其用于国内外教育惩戒权实现的分析。（略展开论述）。

第二，采用三角互证法探究教育惩戒权实现的困境。（略展开论述）。

本研究还存在以下不足：

第一，对教育惩戒权实现机制各要素之间关系的分析还不够深入。（略展开论述）。

第二，更多关注教育系统内相关因素对教育惩戒权实现的影响，未考虑到系统外因素。……（略展开论述）。

第三，调查范围仅限于一个市区，样本代表性不够强。（略展开论述）。

建议未来研究从以下几个方面进行探索：

第一，本研究关注到职业文化对教育惩戒权实现的影响但未作深入分析，未来研究可进行深入探讨。

第二，本研究只关注教育惩戒权的实现，而未关注到实现中的监管与救济问题，未来研究可在这些方面进行探索。

笔者对该主题没有研究，别细抠内容，主要看写作思路。

（二）结语与摘要的不同

前面介绍了摘要写作，此处谈了结语写作，很明显两者是不同的，但不少论文的摘要与结语却写得大同小异。鉴于此，很有必要谈谈两者有何不同。

1. 内容不同

摘要有研究目的、研究方法、研究结果（结论）三个基本要素，这种写法期刊论文最为常见。学位论文的摘要通常包括研究问题、研究目标、研究路径（思路、方法、内容等）与研究结论。结语是对全文的总结，包括研究结论、创新之处、研究不足，有的还写了有待进一步研究的问题或对未来的研究展望。

2. 功能不同

摘要相当于论文的简介，侧重于介绍，可独立成文。也就是看完摘要，读者就能够对全文有大致的了解。结语是对全文的总结，侧重于反思，要提炼研究结论、创新与不足等，比摘要的内容更多也更详细。

3. 写作要求不同

摘要部分不能出现图、表、公式、符号等，不能进行自我评价。结语部分可以适当出现图、表、公式等（自然科学类的论文里有，人文社科类的论文里很少出现），允许进行自我评价（创新之处、研究价值）。

4. 写作对象不同

摘要是写给尚未阅读全文的人看的，以供其了解论文的大致内容。结语是写给读过论文的人看的，以让其了解论文的重要内容与学术贡献。

当然，两者出现的位置也不一样，摘要出现在全文（更准确地说，是目录的）前面，结语则放在全文最后。篇幅也不一样，摘要通常人半页或一页，结语则在一页半到两页之间。

笔者以为，两者最大的不同在于是否有反思。摘要是没有反思的，仅从若干方面对论文进行介绍；结语是有反思的，创新、不足、展望就是对全文进行反思的结果。

六、附录

附录不是论文的必备部分，必要时才添加，如进行了问卷调查与访谈，需要将调查问卷和访谈提纲放在附录部分。有同学的论文采用了问卷调查法，调查问卷是借用他人的，提交检测时就很纠结要不要把问卷附后，担心附上后论文的复制率会变高。如果遇到这种情况，要了解清楚所在学校的论文检测、评阅流程。若论文检测后还可以修改，再次提交后送专家评阅，检测版可以不附问卷，送专家评阅的版本附问卷；若论文检测版即专家评阅版，检测通过后直接送专家评阅，则检测版必须附问卷，否则评阅专家会质疑是否真的做了问卷调查。

七、致谢

（一）致谢写作模式

致谢没有明确的写作要求，但有规律可循，写作模式如下。

首先，抒发感慨（一个或两个自然段，一个自然段常见，也有写得很长的）。回顾3年的研究生学习，往事浮上心头，有万般感慨，往往以"时光匆匆""时间如白驹过隙"等起头，引出各种感慨。

其次，感谢导师（一个自然段）。研究生3年，跟导师接触最多，与导师建立了深厚的师生情谊，对导师所给予的学术与做人方面的引领、示范与指导心怀感激，在此处正式表达这种感激之情。

再次，感谢对论文写作提供了实质性帮助的其他老师（一个自然段）。如参加开题、预答辩的老师，对论文提出了建设性意见与建议的其他老师等。

从次，感谢对论文写作提供了帮助的同门、同学、朋友等（一个自然段）。

最后，感谢家人在读研期间的关心与支持（一个自然段）。

（二）致谢注意事项

（1）致谢对象应限于在学术上对论文的完成有较重要帮助的团体与人士，不要罗列任课教师名单、同门名单、班级同学名单与宿舍同学名单。

（2）要实事求是、言辞恳切、表达真情。既不要把致谢写得很格式化，换一下学校名、老师名、学生名等可通用；也不要把致谢写成导师赞美诗，让导师看完之后很困惑你感谢的究竟是不是他（她）。

（3）致谢里提及的所有老师都不应直呼其名。不是"我还要感谢张三、李四、王五等老师"，是"我还要感谢张三教授、李四教授、王五博士"。学位、职称就高不就低，如不了解，名字后至少写上"老师"二字。

（4）不要在致谢里感谢男女朋友。这在日后可能会有变化，而论文是要在数据库里长久保存的。

（5）靠右写上落款，即姓名与成文日期。

常规致谢（非常规致谢除外）如图 5-10 所示：[①]

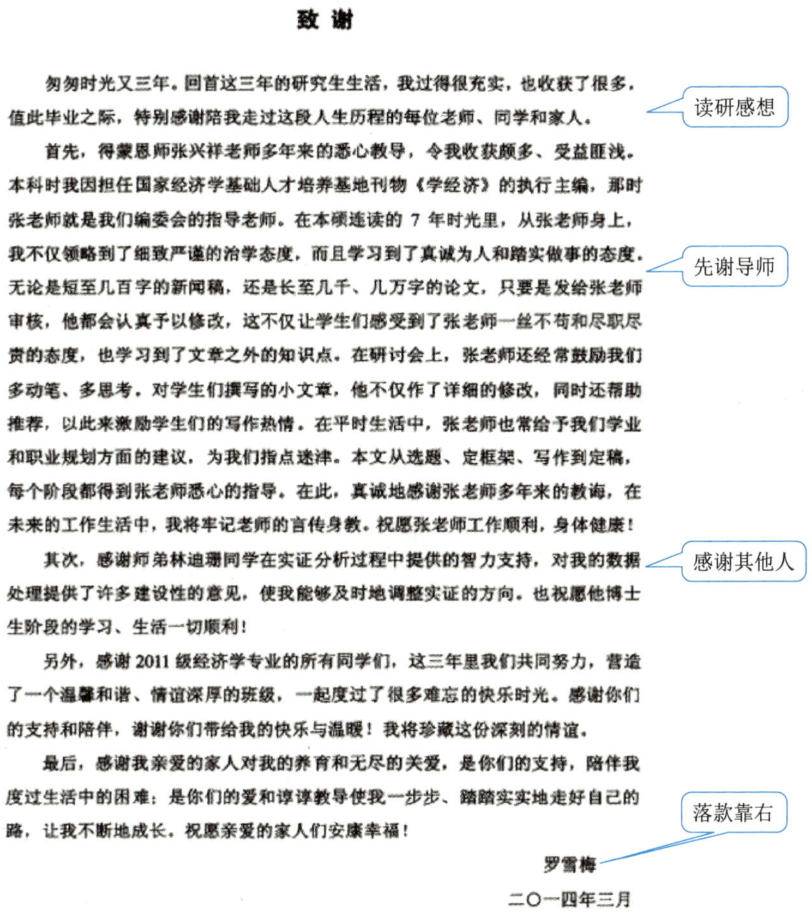

致 谢

匆匆时光又三年。回首这三年的研究生生活，我过得很充实，也收获了很多，值此毕业之际，特别感谢陪我走过这段人生历程的每位老师、同学和家人。————读研感想

首先，得蒙恩师张兴祥老师多年来的悉心教导，令我收获颇多、受益匪浅。本科时我因担任国家经济学基础人才培养基地刊物《学经济》的执行主编，那时张老师就是我们编委会的指导老师。在本硕连读的 7 年时光里，从张老师身上，我不仅领略到了细致严谨的治学态度，而且学习到了真诚为人和踏实做事的态度。无论是短至几百字的新闻稿，还是长至几千、几万字的论文，只要是发给张老师审核，他都会认真予以修改，这不仅让学生们感受到了张老师一丝不苟和尽职尽责的态度，也学习到了文章之外的知识点。在研讨会上，张老师还经常鼓励我们多动笔、多思考。对学生们撰写的小文章，他不仅作了详细的修改，同时还帮助推荐，以此来激励学生们的写作热情。在平时生活中，张老师也常给予我们学业和职业规划方面的建议，为我们指点迷津。本文从选题、定框架、写作到定稿，每个阶段都得到张老师悉心的指导。在此，真诚地感谢张老师多年来的教诲，在未来的工作生活中，我将牢记老师的言传身教。祝愿张老师工作顺利，身体健康！————先谢导师

其次，感谢师弟林迪珊同学在实证分析过程中提供的智力支持，对我的数据处理提供了许多建设性的意见，使我能够及时地调整实证的方向。也祝愿他博士生阶段的学习、生活一切顺利！————感谢其他人

另外，感谢 2011 级经济学专业的所有同学们，这三年里我们共同努力，营造了一个温馨和谐、情谊深厚的班级，一起度过了很多难忘的快乐时光。感谢你们的支持和陪伴，谢谢你们带给我的快乐与温暖！我将珍藏这份深刻的情谊。

最后，感谢我亲爱的家人对我的养育和无尽的关爱，是你们的支持，陪伴我度过生活中的困难；是你们的爱和谆谆教导使我一步步、踏踏实实地走好自己的路，让我不断地成长。祝愿亲爱的家人们安康幸福！

罗雪梅
二〇一四年三月

————落款靠右

图 5-10 学位论文的致谢示例

---

① 罗雪梅. 教育人力资本、健康人力资本与我国经济增长的关系研究 [D]. 厦门：厦门大学，2014：45.

第三节　学位论文的理论

每个人都希望自己的论文里有理论，这能提升论文的理论水平；但又有些害怕自己的论文里有理论，因为极有可能出现理论与论文"两张皮"的问题。那么，理论是什么、学位论文是否必须有理论、怎样运用理论，这是本节要解决的问题。

一、理论是什么

本书认为，可以把理论理解为一个或一系列论断，它能够解释现象，所能解释的现象越多，该理论的解释力就越强。

如自然选择理论，它认为在生存竞争过程中生物的某个（些）遗传特征会具有优势或劣势，进而导致生存机会与繁殖能力的差异，最终使这个（些）特征被保存或淘汰。该理论由三个论断构成：生存竞争过程中生物的某个（些）遗传特征会具有优势或劣势；这种优势或劣势会导致生存机会与繁殖能力的差异；生存机会与繁殖能力的差异最终使这个（些）特征被保存或淘汰。例如，可以用自然选择理论来解释不同时期英国蛾子颜色的变化。在工业革命之前大部分地区的蛾子都是浅色的，是优势蛾群。工业革命后由于浓烟、粉尘污染等导致树枝变黑，浅色蛾子就很显眼而容易被天敌捕食，而一种数量很少、基因突变的黑色蛾子因与树丛颜色接近而不容易被天敌发现。随着污染加重，树丛颜色继续变深，黑色蛾子的突变基因迅速传播开，并很快取代了浅色蛾子而成为优势蛾群。后来，随着污染治理与环境改善，人们发现浅色蛾子迅速增多。① 该理论能够解释几乎所有生物的生存与淘汰现象，因而具有很强的解释力，理论模型如图5-11所示。

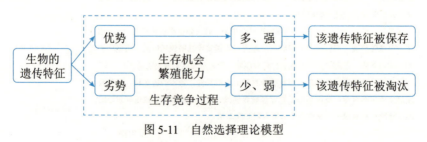

图5-11　自然选择理论模型

---

① 英国污染减轻 变黑达尔文蛾子再变白 [EB/OL]．[2021-06-25]．https://www.antpedia.com/news/76/n-43876.html．

二、学位论文是否必须有理论

就学位论文是不是必须有理论这个问题，学界有两种截然相反的观点。

一种观点认为，必须得有，不然怎么体现论文的理论水平、理论深度？没有理论怎么去研究与解决问题？持这种观点的学者认为，"不能用无知去研究未知。在研究中，理论十分重要，科学研究就是要运用已有的理论、知识去解决未知的问题，从而发现规律和新的知识。"①

另一种观点几乎是针锋相对的，持这种观点的学者认为：

问题研究要以已有思想、理论和方法为基础，这是不言而喻的。但是，这不等于说任何问题的研究都必须有个具体的"某人某理论"为支撑。有些学者，甚至是一些科研成果颇丰、教学颇有经验的研究生导师，经常要求学生在开题报告里要有个专门部分明确写出"理论支撑"。我觉得这种做法和主张是十分值得商榷的。我们做研究的目的，是为了解决问题，而不是为了某种理论或者方法的运用；是为了解决问题，而不是为了固守一个理论视角、找出个对问题的"视角形象"。研究要以问题为中心，而不是理论中心、学科中心、方法中心。②

笔者的看法是研究以问题为中心，不以理论为中心。学位论文亦如此，若能找到恰当的理论来解释或解决研究问题当然好，如果找不到或根本就没有相关的理论也没关系。

三、学位论文怎样运用理论

要说清楚学位论文怎样运用理论，先得了解理论都具有哪些功能。北京师范大学的朱旭东教授认为，理论具有两种功能：建构性功能（找到一个或一些概念，提出自己的理论）、解释性功能（运用现有理论来解释或解决研究问题）。学位论文可以建构自己的理论，也可以运用现有理论来分析、解决问题。③笔者赞同朱教授的看法。那么，学位论文中理论的建构功能、解释功能是怎么一回事？

---

① 刘献君.教育研究方法高级讲座[M].武汉：华中科技大学出版社，2010：8.
② 孙振东.怎样写教育学学位论文开题报告[EB/OL].[2019-07-12].
http://epc.swu.edu.cn/s/epc/jyxzx201812/20181226/3620546.html.
③ 2020年春季，朱旭东教授在河南师范大学教育学部一次讲座的提问环节中谈到了理论的两种功能。

就论文运用理论来解释、解决问题来说（解释性功能），以《紧急突发事件中受难者的救助困境》为例予以说明。论文结构如下：

绪论（提出问题）

紧急突发事件中受难者救助相关研究述评，引出旁观者无人救助这一困境。

一、旁观者无人救助是紧急突发事件中受难者的救助困境（分析问题）

用"旁观者效应"来解释救助困境（责任扩散、多元无知、旁观者介入模型）

二、×是导致紧急突发事件中受难者救助困境的主要原因（分析问题）

三、×是破解紧急突发事件中受难者救助困境的路径选择（解决问题）

结语

在这篇论文中，用"旁观者效应"[①]来解释紧急突发事件中的受难者救助困境。这一理论在论文研究中发挥了解释性功能，用它来解释为什么说旁观者无人救助才是紧急突发事件中受难者的救助困境。

就论文建构了理论来说（建构性功能），以《论紧急突发事件中的旁观者无人救助》为例予以说明。论文结构如下：

绪论（提出问题）

由紧急突发事件中旁观者无人救助的案例提出问题：是偶发的还是普遍存在的？如普遍存在，该如何解释？

一、紧急突发事件中旁观者无人救助具有普遍性（分析问题）

一方面，通过对去、现在、中外的大量案例来论证其普遍性。另一方面，通过选择不同对象进行实验研究来论证其普遍性。

二、旁观者效应导致了紧急突发事件中的旁观者无人救助（分析问题）

通过详细分析无人救助的相关因素及其相互影响等，构建旁观者效应这一理论。

三、×是紧急突发事件中旁观者无人救助的应对策略（解决问题）

结语

在这篇论文中，通过研究提出了"旁观者效应"（假定是这篇论文第一次提出"旁观者效应"），也就是这篇论文建构了一个理论"旁观者效应"，用它来解释紧急突发事件中旁观者无人救助这一具有普遍性的问题。

---

① 社会心理学中的一个理论：在紧急突发事件中，无论是旁观者提供帮助的可能性，还是提供帮助的及时性，都随着在场人数的增多而迅速递减，也称"旁观者介入紧急事态的社会抑制"。

四、学位论文理论部分常见问题及建议

（一）常见问题

1. 理论偏多

如某篇以新时代大学生就业为主题的学位论文所运用的理论有：工作分层模式理论、工作竞争模式理论、工作搜寻模式理论、工资竞争模式理论、反周期就业模式理论、人力资本理论、筛选假设理论、求职竞争理论、生产技术变化理论、改造工作理论。一篇学位论文居然能用到10个理论！其实基本没有用到，而只是"列"或"摆"了这么多的理论。那么，多少个理论才算合适？应该说，所有理论对问题来说是合适的，所有理论都要在论文中有所体现，要用得上，需要几个是几个。

2. 理论与研究"两张皮"

理论与研究"两张皮"指理论与论文之间没有关系，没有用理论去解释或解决问题。

这种情况在学术型论文里比较常见，倒不是因为学术型研究生的水平有问题，是因为学术型硕士论文基本都有（更准确地说是列了）理论。可能是导师要求，也可能是学生考虑到自己是学术型研究生，学位论文里没有理论似乎说不过去。专业学位硕士论文因明确要求研究实践问题，对理论不那么关注，论文中较少有理论。于是，"两张皮"现象在学术型论文里就比较常见了。

3. 概念混淆

即混淆了"论文的理论基础"与"论文中某个问题的理论基础"。"论文的理论基础"指论文用于解释或解决研究问题（大问题）的理论。"论文中某个问题的理论基础"指论文中某个小问题或某一方面的理论。如《"二孩政策"对适龄夫妇生育意愿的影响研究》，"论文的理论基础"指你要找到一（几）个理论来解释这个"影响"，即关于政策对人们行为意愿影响的理论，这才是论文的理论基础。"论文中某个问题的理论基础"指"二孩政策"的理论基础与"生育意愿"的理论基础。

（二）建议

1. 确保所选择的是理论

理论是能够解释现象的一个或一组论断，有核心观点。如马斯洛需求层次理论，其核心观点可以概述为：人的需求分为生理、安全、社交、尊重与自我实现

五个层次，可归为匮乏性需求与发展性需求两种类型。从顺序来看，一般先满足低级需求，再满足较高级的需求。个体在某一时期可能具有多种需求，但会有一种需求占支配地位。该理论有明确论断、有核心观点。有些论文中的理论就很难说有明确论断、有核心观点了，如素质教育理论、教师专业发展理论。

2. 理论对问题而言合适

即所选择的理论能够解释或解决研究的问题。如要解释学生的考试作弊行为，相关理论有社会学习理论、理性选择理论、亚文化理论等，要选择最合适的、最能解释研究中考试作弊行为的那个理论。

3. 能说清理论在论文中如何用

即你能说清楚如何运用所选择的理论去解释、解决问题，而不是将理论摆在那里装点门面。大部分学位论文都列有"理论基础""理论依据"等，也仅仅是在绪论部分列出而已，后面的研究与前面所列的理论没有半点关系，理论在论文中根本没有体现。

第四节　学位论文的研究方法

方法的重要性不言而喻，"事半功倍""事倍功半"很好地诠释了方法的重要性。这里从是什么、怎么选、怎么写及常见问题等方面来谈学位论文的研究方法。

一、方法是什么

"方法是主体依据对客体发展规律的认识为自己规定的活动方式和行为准则，是人们实现特定活动目的的手段或途径，是主体接近、把握以致改造客体的工具。方法是从已知领域过渡到未知领域的桥梁。"[①] 方法对于做事的重要性无需多言，方法对了，事半功倍；方法不对，事倍功半。

研究方法有三个层次。第一个层次是方法论，它是人们认识世界、改造世界的根本方法，如唯物辩证法。第二个层次是具体方法，是实现特定目的的手段与途径，如实验法、观察法。第三个层次是解决具体问题的技术，如X光衍射技术。学位论文的研究方法多在第二个层次，即达成研究目标所采用的手段与途径。

---

① 刘献君. 教育研究方法高级讲座[M]. 武汉：华中科技大学出版社，2010：12.

二、方法怎么选

"问题决定方法，方法影响结论。研究方法为研究问题服务，不同的研究问题使用不同的研究方法，同一问题也可采用不同的方法。"[①] 举个日常生活中的例子，厨房的刀有多种，不同的刀有不同的用途，要根据所处理的食材来选用不同的刀。切菜用切菜刀，切肉用切肉刀，削皮用刨皮刀。即便是处理肉类，也需根据所处理部位的不同来使用不同的刀如分割刀、剁骨刀等。学术研究也是一样，要根据研究问题来选用合适的研究方法。如果研究问题是"防性侵教育应不应该进校园"，恰当的研究方法是归纳、演绎。如果研究问题是"人们对防性侵教育进校园持何种态度"，恰当的研究方法是问卷调查与访谈调查。如果研究问题是"老人对养老机构所提供服务的满意度如何"，恰当的研究方法是访谈调查，问卷调查就不大合适，因为老人可能识字不多、看不清字等。如确有必要进行问卷调查，最好由调查员将问题与答案读给老人，他们做出选择后由调查员代为填写。

学位论文要用到不止一个方法。如上例中的"人们对防性侵教育进校园持何种态度"，如想了解过去人们的态度，这可能要从现有研究成果中找，要用到文献研究法；如要了解现在人们的态度，要用到问卷调查法、访谈法。

学位论文的研究方法通常不会太多，建议 3~5 个为宜，方法太多有为了列方法而列方法的嫌疑，也不见得每一种方法都能在研究中有所体现。

三、方法怎么写

（一）常见的写法

很多同学不知道研究方法部分该怎么写，我们见到的多数论文的写法如下例所示：

1.5.2 问卷调查法

问卷调查法是采用书面形式间接收集研究材料的一种方法。研究者通过发放问卷调查表，请调查者填写问题的意见与建议，从而间接获得相关研究材料。一方面，采用定性问卷调查的方法，设置 10 道开放式问题，调研线上学习者的初始学习动机、逗留动机、持续参与动机，运用扎根理论方法对结果进行编码分析。另一方面，采用定量问卷调查的实证研究方法，遵循实证研究范式，从

---

① 王善迈. 教育经济实证研究与规范研究的案例 [J]. 清华大学教育研究, 2016, 37 (01): 4.

相关文献与前期调研中提炼问题，寻找理论支撑，构建研究模型，提出研究假设，通过调研数据对研究模型进行验证或修正。

上例这种写法存在的问题有三个。

（1）研究方法不用解释。学位论文的读者群体是导师、评阅专家、答辩专家，不用担心专家不知道此研究方法是什么方法。

（2）如果解释，也要正确、严谨地解释。一方面，问卷调查法是调查者运用统一设计的问卷向被调查者了解情况或征询意见的方法，是"直接"从被调查者那里获取研究资料，不是"间接"获取的。另一方面，问卷中的问题有封闭式、开放式，但问卷没有"定性问卷调查"与"定量问卷调查"之说。按问题形式，可把问卷分为结构型问卷、非结构型问卷、综合型问卷。

（3）写得有些乱。在问卷调查法之下又出现了"采用定量问卷调查的实证研究方法，遵循实证研究范式"，没有"定量问卷调查的实证研究方法"这种说法。

（二）本书建议的写法

如上所述，问题决定方法，研究方法是根据所要解决的问题"选择"的，不是"列"的。建议分三个层次写：首先，指出需要解决的问题；其次，说明所选择的方法；最后，简要交待如何运用该方法。

上例的"问卷调查法"建议写法如下：研究中需要了解 MOOC 学习者的学习参与情况及其相关因素（这既是选择问卷调查法的依据，也是调查的目标），需要用到问卷调查法（根据问题选择方法）。问卷设计包括学习者的基本情况、MOOC 学习参与情况、学习动机、学习体验、学习满意度、对所学课程的评价等方面，采用方便加随机的取样方法，以 × 省四个规模较大的 MOOC 学习社区的学习者为调查对象，通过问卷星平台进行调查（说明方法如何运用）。

举一个完整的例子，如某篇关于学术不端的论文用到文献研究法、调查研究法、案例研究法，规范的写法如下所示。

1. 文献研究法

论文需要厘清研究生学术不端行为的含义，需要了解研究生学术不端行为在学位论文中的具体表现，为此要用到文献研究法。一方面，收集并梳理国内外相关文献，在现有研究基础上清晰界定研究生学术不端行为的含义。另一方面，收集并分析 50 份左右研究生学位论文，重点分析其中所存在的学术不端行为。

2. 调查研究法

论文需要了解研究生学术不端行为的现实状况，为此要用到问卷调查法与访谈法。一方面，采用方便加随机的取样方法，对 × 市 3 所普通高校的硕士研究生进行问卷调查（问卷见附件1），调查通过问卷星平台进行。问卷设计包括个人基本情况，对研究生学术不端行为普遍性的估测，对身边同学学术不端行为的估测，对研究生学术不端行为相关因素及治理策略的看法等。另一方面，对×市3所普通高校研究生学院学位办工作人员、部分研究生导师与研究生进行访谈（访谈提纲见附件2），了解他们对研究生学术不端行为现状、成因及其治理的看法。

3. 案例研究法

论文需要深入了解研究生学术不端行为的发生与治理，为此要用到案例研究法。根据研究生学术不端行为的典型表现，选取近5年关注度较高的几个典型案例进行深入剖析，分析其如何产生、如何被披露出来、各方如何反应、所采取措施及其成效，以探究学术不端行为的发生机制与治理策略。

四、方法写作的常见问题及建议

（一）常见问题

研究方法写作的常见问题有表述不规范、只解释而不说明如何用、方法与论文"两张皮"等。

1. 表述不规范

不规范的表述有文献资料法、定性分析法、个案访谈法、一般和典型相结合的方法、教育建模法、个案调查法、定量问卷法等。各学科都有各自规范的、常用的研究方法，如人类学中的深描，历史学中的文献分析，哲学中的归纳演绎，数学中的模糊数学分析法等；也有不少方法是很多学科都用的，如观察法、调查法、实验法等。不管是采用本学科的经典方法，还是借用其他学科的研究方法，表述都要规范。

2. 只解释而不说明如何用

就笔者所见到的学位论文来说，较常见的做法是只解释研究方法是什么，而不说明这些方法如何运用。为什么说这么写是有问题的？大家要弄明白学位论文是写给谁看的，读者群体是谁，它既不是写给普通大众做科普的，也不是写给期刊编辑来发表的，是写给导师、评审专家看的。大家不要担心导师、评审专家不知道什么是问卷调查法、访谈法，不用给他们进行科普，重要的是说清楚怎么用。

3. 方法与论文"两张皮"

即研究方法在论文中没有体现。如《家风对初中生价值观的影响研究》中，研究方法部分指出采用了比较研究法、问卷调查法、访谈法，除能够从文中的几个表看出进行了问卷调查外，看不出论文是如何运用访谈法与比较研究法的。再如《新时代中小学生勤俭节约精神比较研究》中，比较研究是主要方法，但论文仅分别描述小学、初中与高中学生勤俭节约精神的现状，并没有进行比较。

（二）建议

1. 了解所选方法

要知道所选择的研究方法是什么（不用在论文里详细解释，自己知道就行）、该怎么用。如不少同学在研究方法部分写了"实证研究法"，那你就得知道实证研究法是个什么样的方法、该如何规范使用。其实很多同学是说不清的。

2. 知道如何规范使用

既要知道所选择的研究方法该如何规范使用，又要能够说清楚其在论文里是如何用的。还以实证研究法为例，如要能够以你的论文为例来给大家介绍该方法的使用。其实很多同学也是说不清的，只是说我做问卷调查了，有数据呀，这不就是用了实证研究法嘛。

第五节　学位论文的资料

这里从要求与常见问题两方面来谈学位论文的资料。

一、对资料的要求

华中科技大学刘献君教授在谈到论文资料时常说的一句话是"有多少资料做多少事情"，意指学位论文要建立在充足、翔实的资料基础之上。此外，也要注意资料的时效性，即资料要新，还要规范标注。

（一）充足、翔实、新

理论上来说需要穷尽与论文主题相关的所有资料，实际上往往做不到，但至少要保证论文有充足的资料。"充足"的参考标准是学术型论文需要60~80篇（部）、专业学位论文需要40~60篇（部），这是笔者在考察了大量优秀硕士论文的参考文献数量之后的发现。

翔实一方面指文中所引用内容要真实、准确。无论是直接引用还是间接引用，一定要保证所引用内容与文献原意一致，不能有意或无意曲解文献的原意。另一方面指页下所标注文献信息要真实、准确，读者翻到你所标注的页码，一定要能够找到文中所引用的那段话（直接引用），或与那段话意思一样的话（间接引用）。不建议转引，因为通常在没有见到原文的情况下无法确认所见到的引文内容与文献信息是否真实、准确。

不同学科对"新"的理解与标准不一样，笔者建议文献以最近10年的为主，近3~5年的占60%~80%，经典文献不受时间限制。

（二）规范标注资料出处

页下注、文后参考文献的格式要规范。页下注中的著作、学位论文、期刊论文需要标注具体页码，文后参考文献表中的著作、学位论文不标注页码，期刊论文标注起止页码。

与引文有关的指南有两个，一个是《高校人文社会科学学术规范指南》，其中的"学术引用规则"有：

引用应尊重原意，不可断章取义；

引用应以论证自己观点的必要性为限；

引注观点应尽可能追溯到相关论说的原创者；

引用未发表作品应征得作者同意并保障作者权益；

引用未成文的口语实录应将整理稿交作者审核并征得同意；

学生采用导师未写成著作的思想应集中阐释并明确说明；

引用应伴以明显的标识，以避免读者误会；

凡引用均须标明真实出处，提供与引文相关的准确信息。[①]

另一个是《高等学校科学技术学术规范指南》，其中的"引文规范"是：

引用他人作品应当指明作者姓名、作品名称、作品来源；当事人另有约定或者由于作品使用方式的特性无法指明的除外。学术论文中所使用的他人研究成果，包括观点、结论、数据、公式、表格、图件、程序等必须在正文中标明并在注释或文后参考文献中注明文献出处；引文原则上应使用原始文献和第一手资料，凡转引他人成果，应注明转引出处；不得将未查阅过的文献转抄入自己的引文目录或参考文献目录中，不得为增加引证率而将自己（或他人）与本论题不相干的文献列入引文目录。

在引用文献前应仔细阅读文献内容，了解清楚文献作者的研究方法、研究结

---

① 教育部社会科学委员会学风建设委员会.高校人文社会科学学术规范指南[Z].北京：高等教育出版社，2009：23-26.

果和结论以及这些结果结论与自己研究工作的关系，保证引用准确。引用时应尊重文献的原意，不可断章取义。直接引用需使用引号，间接引用应使用自己的语言来表述引文中的相关内容并加以标注。如直接引用超过一定篇幅，可采用改变排版方式等办法更为清晰地加以区分。

引用他人成果应适度，引用成果不应构成本人研究成果的主要部分或核心内容。不论以何种方式将别人成果作为自己研究成果的组成部分均将构成抄袭或剽窃。①

就引用的"量"而言，《图书期刊版权保护试行条例实施细则》第十五条规定：

"适当引用"指作者在一部作品中引用他人作品的片断。引用非诗词类作品不得超过两千五百字或被引用作品的十分之一……凡引用一人或多人的作品，所引用的总量不得超过本人创作作品总量的十分之一，但专题评论文章和古体诗词除外。②

《高等学校科学技术学术规范指南》中规定，"建议在自然科学和工程技术学术论著中，引用部分一般不超过本人作品的 1/5"。③

就引用的"质"而言，《高等学校科学技术学术规范指南》规定：

（1）作者利用另一部作品中所反映的主题、题材、观点、思想等再进行新的发展，是新作品区别于原作品的标志，而且原作品的思想、观点不占新作品的主要部分或实质部分，这在法律上是允许的。（2）对他人已发表作品所表述的研究背景、客观事实、统计数字等可以自由利用，但要注明出处，并且即使如此也不能大段照搬他人表述的文字。（3）著作权法保护独创作品，但并不要求其是首创作品，作品虽然类似，但如果系作者完全独立创作的，则不能认为是剽窃。④

此外，建议大家研读《学术出版规范　期刊学术不端行为界定》（CY/T 174—2019）④中的"论文作者学术不端行为类型"，里面详细说明了与引用有关的学术不端行为。（CY 是"出版印刷"的汉语拼音首字母，T 是"推荐"的汉语拼音首字母，CY/T 指出版印刷行业的推荐标准）

---

① 教育部科学技术委员会学风建设委员会．高等学校科学技术学术规范指南［Z］．2版．北京：中国人民大学出版社，2017：14-15．
② 文化部关于颁发《图书、期刊版权保护试行条例实施细则》和《图书约稿合同》《图书出版合同》的通知［EB/OL］．［2021-08-26］．https：//law.lawtime.cn/d565700570794.html．
③④ 教育部科学技术委员会学风建设委员会．高等学校科学技术学术规范指南［Z］．2版．北京：中国人民大学出版社，2017：44．
④ 《学术出版规范 期刊学术不端行为界定》（CY/T 174—2019）［S/OL］．［2021-08-28］．https：//www.nppa.gov.cn/nppa/contents/805/102815.shtml．

二、资料常见问题

这里从页下注与文后参考文献表两个方面来谈学位论文资料的常见问题。

就页下注来说，常见问题有三个。（1）格式不规范。页下注格式见第六章第四节"文献格式规范"。（2）转引却标注原始出处。（3）除绪论章之外无页下注。这种情况在非全日制专硕论文中比较常见。绪论章有文献述评，页下注标注了相关文献的信息，但从论文第二章开始再无引用、无页下注。这种情况不正常、也不符合学术规范。因为研究是建立在现有研究的基础之上的（别人都做了什么，你做的是什么，你做的与别人做的是什么关系），要与现有研究进行对话（你是接着"说"，提出"新说"，还是反驳"旧说"），需要引用相关研究。

文后参考文献表的常见问题，参见第三章第三节"八、参考文献的常见问题"。

本章小结

本章主题是学位论文写作，包括学位论文的简介、学位论文各部分写作、学位论文中的理论、方法与资料等。

学位论文是作者提交的用于其获得学位的文献，包括前置、主体、附录与后记（致谢）等部分。

摘要是对论文内容不加注释与评论的简短陈述，作用在于让读者尽快了解全文。关键词是最能体现论文特点与创新的单词或术语，3~5个为宜。论文结构有总分、递进与并列三种，要完整、合理、扣题。引言相当于每章开场白，绪论章引言从引入对象、简要介绍对象及其问题、交待写作构想等三个层次写；其他各章引言可采用开门见山式、提问式、承上启下式等写法。现状是客观事实，只描述而不评价；问题是主观认识，需要进行评价。结语是对全文的总结，包括结论、创新、不足或展望。

理论是一个或一系列论断，所能解释的现象越多，其解释力就越强。学位论文运用理论来解释或解决问题，也可以提出或建构新理论。

方法是实现特定活动目的的手段或途径，方法要根据问题来选择，先指出需要解决的问题，然后说明所选择的方法，最后简要交待如何运用该方法，方法3~5个为宜。

资料要充足、翔实、新，标注格式要规范。

第六章 学位论文的规范、修改与检阅

本章学习目标

◆ 了解学位论文的语言、标题、图表规范

◆ 了解学位论文的文献标注与引文规范

◆ 知道从哪些方面入手修改学位论文

◆ 了解学位论文的检测、评阅、抽检程序及要求

本章思维导图（图6-1）

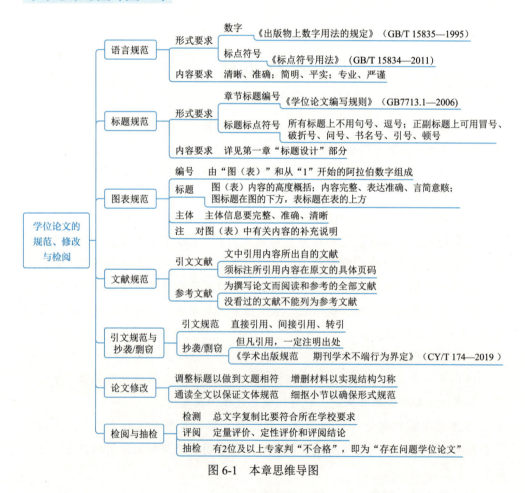

图 6-1 本章思维导图

前面从内容上谈了学位论文写作，本章先从形式上谈谈学位论文的规范，然后谈谈论文修改，最后介绍学位论文的检测、评阅与抽检。

第一节 语言规范

语言规范是学位论文规范很重要的一个方面，这里从相关标准、具体要求、不规范的表现三个方面进行介绍。

一、相关标准

与语言规范相关的标准包括通用规范、汉字规范与拼音规范等。

就通用规范而言，有1996年6月1日起实施的《出版物上数字用法的规定》（GB/T 15835—1995），[1] 规定了汉字数字与阿拉伯数字的用法。2012年6月1日起实施的《标点符号用法》（GB/T 15834—2011），[2] 规定了现代汉语标点符号的用法。

就汉字规范而言，2013年6月5日国务院发布的《通用规范汉字表》明确了规范汉字的标准。表中收字8 105个，其中常用字3 500个，出版印刷、辞书编纂与信息处理等一般用字6 500个，人名、地名、科技术语与中小学语文教材文言文用字中未纳入前两者的较通用字1 605个。[3]

就拼音规范而言，1958年，全国人民代表大会第五次会议通过的《汉语拼音方案》是"国家通用语言文字的拼写和注音工具"。[4] "20世纪70年代后期和80年代初期，《汉语拼音方案》先后成为拼写中国地名的国际标准与拼写中国人名、地名和中文文献的国际标准，后来又有了用于指导拼写的《汉语拼音正词法基本规则》"。[5]《汉语拼音正词法基本规则》（GB/T 16159—1996）于1996年1月，由

---

[1] 《出版物上数字用法的规定》（GB/T 15835—1995）［S/OL］．［2021-08-28］．http://www.moe.gov.cn/ewebeditor/uploadfile/2015/01/13/20150113091154536.pdf.

[2] 《标点符号用法》（GB/T 15834—2011）［S/OL］．［2021-08-28］．http://www.moe.gov.cn/jyb_sjzl/ziliao/A19/201001/t20100115_75611.html.

[3] 国务院关于公布《通用规范汉字表》的通知 国发〔2013〕23号［EB/OL］．［2021-08-28］．http://www.gov.cn/govweb/zwgk/2013-08/19/content_2469793.htm.

[4] 《中华人民共和国国家通用语言文字法》［Z/OL］．［2021-08-28］．http://www.gov.cn/ziliao/flfg/2005-08/31/content_27920.htm.

[5] 袁中瑞．《汉语拼音方案》是最佳方案［N］．光明日报，2018-05-13（12版）．

国家技术监督局发布，7月1日起实施，规定了用《汉语拼音方案》拼写现代汉语的统一规范，包括分词连写法、外来语拼写法、人名地名拼写法、成语拼写法、移行规则等，同时规定了一些变通规则以适应特殊需要。新版《汉语拼音正词法基本规则》已于2012年10月1日起实施，代替并废止原标准。①2011年10月31日，由国家质量监督局、国家标准委发布，2012年2月1日起实施的《中国人名汉语拼音字母拼写规则》（GB/T 28039—2011），规定了使用汉语拼音字母拼写中国人名的规则，包括汉语人名、少数民族人名的拼写规则，同时给出了一些特殊场合的变通处理办法。②

上述标准中的很多内容在大家之前所接受的教育中曾学习过，但这并不意味着都能保证规范使用。在论文写作过程中，如有涉及但又拿不准其规范用法时可以查阅上述文件。

二、具体要求

这里从形式与内容两方面谈学位论文的语言规范。

（一）形式要求及问题

从形式上看，学位论文的语言规范主要指数字规范与标点符号规范。

1. 数字规范及常见问题

就数字规范而言，可参考《出版物上数字用法的规定》（GB/T 15835—1995）（以下简称《规定》）。数字规范及使用中的常见问题如下。

（1）关于汉字数字与阿拉伯数字的使用。《规定》中使用数字的情况包括：用于计量与编号，如"5米""101国道"；有些已定型的词语含有阿拉伯数字，如"5G手机"；公历世纪、年代、年、月、日和时、分、秒要使用阿拉伯数字，如"2023年1月10日"。采用汉字数字的情况包括：干支纪年、农历月日、历史朝代纪年及其他传统上采用汉字形式的非公历纪年等，如"正月初五"；数字连用表示概数，如"三四十个"；汉语中长期使用已经稳定下来的包含汉字数字形式的词语，如"一方面"。

常见问题是该使用阿拉伯数字时却使用了汉字，如"二十世纪八十年代"，应

---

① 《汉语拼音正词法基本规则》（GB/T 16159—2012）［S/OL］.［2021-08-28］. http://www.moe.gov.cn/jyb_sjzl/ziliao/A19/201001/t20100115_75607.html.

② 《中国人名汉语拼音字母拼写规则》（GB/T 28039—2011）［S/OL］.［2021-08-28］. http://www.moe.gov.cn/jyb_sjzl/ziliao/A19/201001/t20100115_75609.html.

为"20世纪80年代";该使用汉字时又使用了阿拉伯数字,如"丙寅年10月15日",应为"丙寅年十月十五日"。

(2)关于整数与小数的写法。《规定》指出:可以采用千分撇、千分空两种分节方法。千分撇分节法指整数部分每三位一组,以","分节,小数部分不分节,四位以内整数可以不分节。如"16,823""3.1415926"。千分空分节法指从小数点起,向左与向右每三位数字一组,组间空四分之一个汉字(二分之一个阿拉伯数字)的位置,四位以内的整数可以不加千分空。如"2 748 456""3.141 592 65"。纯小数必须写出小数点前定位的"0",如"0.46"。

常见问题是分节不规范,如"2748456""3.14159265";纯小数格式不规范,如".46"。

(3)关于概数的写法。《规定》指出:如果相邻两个数字并列连用表示概数,必须用汉字,且中间不能用顿号隔开。如"三四米"。

常见问题是格式不规范。如"3、4米""三、四米"。

2. 标点符号规范

就标点符号规范而言,可参考《标点符号用法》(GB/T 15834—2011)。之前大家学习的是1995年版的《标点符号用法》,它已被2011年版取代。新版《标点符号用法》变化很大。如顿号使用,老版规定"句子内部并列词语之间的停顿,用顿号",句子内部并列成分之间的停顿也用顿号,如:"日"、"月"构成"明"字。我国四大名著是《三国演义》、《水浒传》、《西游记》、《红楼梦》。新版规定"标有引号的并列成分之间、标有书名号的并列成分之间通常不用顿号,但若有其他成分插在并列的引号之间或并列的书名号之间,宜用顿号"。按照新标准,上例中顿号的规范用法是:"日""月"构成"明"字。我国四大名著是《三国演义》《水浒传》《西游记》《红楼梦》。如果书名号之间插有作者,则为:我国四大名著是《三国演义》(作者罗贯中)、《水浒传》(作者施耐庵)、《西游记》(作者吴承恩)、《红楼梦》(作者曹雪芹、高鹗)。

此外,错别字常见情况有两种。第一种情况是以错为对。如不落巢(应为"窠")臼、食不裹(应为"果")腹、渡(应为"度")假村、针贬(应为"砭")。这种情况不算常见,较常见的是第二种情况,即电脑打字所导致的错别字。不管使用哪种输入法,电脑打字最常遇到的问题就是错别字。笔者也多次遇到过这种情况,有次写的材料里的"教育挂历"让领导都懵了。第一次打了全拼,后来只打首字母,结果就成了"教育挂历"(应为"教育管理")。定稿时一定要多次核对、尽量减少错别字。学位论文中的错别字不仅是错别字问题,它还反映了作者的学术态度。出现几个或一些错别字大家都能理解,但错别字太多,就很让人怀疑作者的学术态度有问题，并且会影响对论文的评价。

（二）内容要求及问题

从内容上看，学位论文的语言规范有清晰、准确；简明、平实；专业、严谨。

1. 清晰、准确

作为研究成果的载体，学位论文的语言要清晰、准确，遣词造句要恰当，表达意思要准确，要把想表达的意思准确地传递给读者。

有三点需要注意：（1）数量表述要准确。尽量避免使用"可能""大约""也许""大概""差不多"等不确定的词语。（2）谨慎使用形容词或副词。尽量避免使用"非常重要""极其重要"等词语。（3）避免歧义。语言不能似是而非，同一句话不能让读者有多种理解。

常见问题是表达不清晰、不准确。如"约三成的被调查者赞同……"中的"约三成"就不够清晰准确。再如"本研究具有显著的价值和意义"中的"显著"不妥，学位论文中一般不作自我评价，假如需要表明并强调其重要性，使用"一定"更妥一些。

2. 简明、平实

简明指语言要简洁、明确，少用长句、复合句，避免废话连篇。学位论文是对研究问题、相关事实与材料等的描述，是对科学分析的陈述、推理与讨论，语言要简洁、明确，方便读者阅读与理解。尽量不用修饰语，常用陈述句而少用疑问句、反问句等。例如："笔者发扬了不屈不挠、坚韧不拔、永不言败的精神，失败了就寻找原因，改进实验设计再次实验，再失败了就再找原因，改进实验设计再次实验，经过几十个几乎是不分昼夜的连续奋战，共计进行了数百次的实验，终于弄清楚了……"，可以简明地表述为"实验结果表明……"。

平实指语言要朴实无华，不要故弄玄虚、追求辞藻华丽，把晦涩难懂当成有水平。

学位论文里的常见问题是使用一些可能作者自己都不知道什么意思的晦涩词语，写出来一些作者自己都解释不清楚的难懂句子。笔者推测这可能是模仿的结果，因为学界有一种不好的风气和认识，那就是越是让人看不懂的论文似乎水平就越高。陈四益先生曾就此举例：①

一群蚂蚁停在一根枯枝上，枯枝在湍急的河流里漂行。如果蚂蚁各自逃生，有可能跌入河水而丧生；如果它们抱成一团，树枝或许会在某个河湾搁浅，这群

---

① 陈四益. 学术的水准［EB/OL］.［2020-9-20］. https://www.sohu.com/a/68394197_108102?qq-pf-to=pcqq.c2c.

蚂蚁就会因此而得救。

如此平实的语言大家都能看懂，但这么写会让人认为没学问、学术水平不高，于是出现了这样的写法：

枯枝上的蚂蚁，如果不能从更为宏观的全部自然情境把握自身的行为，不能摆脱经验层面的认识原则，不能顾及各种动态与静态的综合效应，仅仅凭借观念史中原子化个人主义主张行动，从广义后果论观察，它们就会步入误区。在原子化个人主义的支配性语境中，蚂蚁群体的集体无意识将使自身解救活动趋于低效甚至完全失败。

或这样的写法：

如果枯枝上的蚂蚁能凭借某种集中化手段，以聚集的组织模式为活动框架，达成一种互惠的构成方式和因果关系，而不陷入已被充分形式化的既有分析框架，从而对现有情境作出新的创制与解释，使自身的行动建立在更深层次的原则上，消除个体与群体二元对立的固有语境，那么，借助其肢体语言建立的集体意识，可以实现新的规范层面的积极义务与消极义务的统一。在这样一些群体行为的解构下，集体主义作为普世话语进入观念史，进而得到狭义后果论意义上的集体的获救。

这样写，就显得学问很大、水平很高了。如果其间再夹杂几个外语词汇，那学问就更大、水平就更高了。但实际是故弄玄虚，弄巧成拙。

3. 专业、严谨

专业指要说"行话"，也就是行内人的语言。每个学科（专业）都有自己的专业语言，如"权利、义务"等是法学专业语言，"成本、效益"等是经济学专业语言，"阶层、流动"等是社会学专业语言。学位论文要使用专业语言，要体现出学科（专业）知识背景，要让读者能看出来是哪个学科（专业）的论文，不要使用生活语言。如当别人问起我们的体检结果时，我们一般这样回答："该查的都查了，没有什么问题"（生活语言），而体检报告上写的则是：未发现明显异常，本结果只对本次样本负责（专业语言）。

专业语言不同于生活语言。但专业语言与生活语言之间并不存在不可逾越的界限，而会相互转换。一方面，生活语言会转换为专业语言，如生活语言中的"谱"（菜谱、家谱、棋谱等），在不同专业如光学中有"光谱"，音乐学中有"乐谱"。另一方面，专业语言也会转换为生活语言，如"速度"是表示物体运动快慢的物理量，在日常生活中被用于表示任何事物变化的快慢，如"吃饭的速度""体重下降的速度"。

严谨指不要把话说死。如某次答辩中，有位学生的论文题目是《高校青年教师学术失范研究》，作者在文献评析部分指出"关于高校青年教师学术失范的研究非常少，可以说几乎没有"。文中的"非常少""几乎没有"就有点儿把话说死了。不是说不能这么写，而是要确保是真的"非常少""几乎没有"，文献工作要做到家，当几乎穷尽所有文献之后发现果真如此，才可以这么说，否则就叫把话说死。碰巧笔者这些年关注这一主题而且自己也在做这方面的研究，发现此类文献不是"非常少""几乎没有"，是作者的文献工作没有做到家，甚至可以说文献工作做得太差。假如你在做了大量的文献工作之后（自认为穷尽了能够找到的所有文献），真的发现关于某个话题的研究非常少，没有专题研究，只有个别文献中略有涉及，比较严谨的表述是"就笔者视野所及，关于×××的研究非常少，未见专题研究"。

学位论文语言的常见问题是不专业、不严谨。如学位论文里出现"文献资料法"的表述，就很不专业。

（三）语言不规范的其他表现

1. 句与句之间关系混乱

句子与句子之间的关系有总分、并列、递进、因果、转折、承接等，不能东一榔头西一棒子。如"伴随着'一带一路'的发展，沿线国家的联系日益密切，早已实现了互联互通，建设人类命运共同体的步伐加快。对于高校马克思主义理论社团的发展来说，为何不能出现跨学校、跨地区的理论社团联合活动的局面呢？"前一句说东，后一句说西。再如"随着社会的发展和教育理念的转化，学科越来越多元化，父母对孩子学习成绩的影响也越来越重要，越来越受到社会广泛的关注。在父母参与孩子教育的实践中，父母对家庭作业的参与是父母参与孩子教育实践的一个重要组成部分。""社会发展和教育理念的转化""学科多元化""父母对孩子成绩的影响"这三者之间有关系吗？

2. 关联词使用不当

如"由于我国教育基础薄弱，以及很多地方经济不是很发达，人民生活基础比较差，所以不是每个学生都有机会受到高等教育，很多学生只能完成中学基础教育，甚至初中基础教育就踏上工作岗位，因此初中教育在我国起到一个十分关键的作用。"

3. 不符合语法

如"关于研究生学术规范素养的相关研究"，"关于"和"相关"重复。如"统编教材的创新编排掀起了重视阅读策略的实践焦点"，"实践焦点"这种搭配与用法不规范，用"掀起"来修饰"焦点"不妥。作者想表达的意思可能是"教材的创新编排引发对阅读策略单元教学实践策略的关注"。

其他的问题还有：

口语化。如"俗话说，生活处处有语文""该同学一直干数学课代表""在蹲点儿学校进行了问卷调查"。

不客观。使用主观性强、感情色彩浓的词语。如"我感觉""我认为""这样的人根本不配当老师"等。

啰唆、句子成分不完整、表述前后不一等。

第二节 标题规范

这里从形式与内容两方面谈学位论文的标题规范。

一、形式要求

（一）章节标题编号规范

相关的国家标准有《学位论文编写规则》（GB/T 7713.1—2006）（以下简称《规则》）、《科技文献的章节编号方法》（CY/T 35—2001）（以下简称《方法》）。

《规则》规定学位论文的主体部分可根据需要划分成不同的章、节，章、节标题编号如表 6-1 所示，编号与标题之间要空 1 个字的间隙。

表 6-1 《学位论文编写规则》的章节标题编号

级　别	形　式	位　置
一级	1	顶格
二级	1.1	
三级	1.1.1	
四级	1.1.1.1	

《方法》规定科技文献一般根据内容分成章节进行论述，章节编号采用阿拉伯数字。第一层次为"章"，从 1 开始连续编号，章下可分出连续的第 2 层次的"节"，其下可以进一步细分为第 3 级、第 4 级层次的"节"。章节划分层次一般不超过四级。章节编号前面不加"第"字，其后不加"章""节"字。科技文献如有前言、引言、绪论或其他类似章节时，应以"0"作为该层次的编号（见表 6-2）。

表 6-2 《科技文献的章节编号方法》的章节标题编号

级 别	形 式	位 置
一级	0（绪论）	居中或顶格
	1[①]	
二级	1.1	居中或顶格
三级	1.1.1	顶格
四级	1.1.1.1	缩进 2 个字符

自然科学领域的学位论文多采用表 6-1、表 6-2 中的章节编号，人文社科领域的学位论文有采用这两个表中的编号的，也有采用表 6-3 中任意一种的。

表 6-3 人文社科领域学位论文的章节标题编号

级 别	第 一 种		第 二 种	
	形 式	位 置	形 式	位 置
一级	一、	缩进 2 个字符	第一章	居中
二级	（一）	缩进 2 个字符	第一节	居中
三级	1.	缩进 2 个字符	一、	缩进 2 个字符
四级	（1）	缩进 2 个字符	（一）	缩进 2 个字符

如所在学校对学位论文章节标题编号有要求，按照学校要求来；如无要求，参考《规则》与《方法》中的规定。

（二）章节标题标点符号规范

就章节标题的标点符号规范而言，《标点符号用法》（GB/T 15834—2011）里没有详细说明，仅在附录部分指出文章标题的末尾通常不用标点符号，但有时根据需要可用问号、叹号或省略号。笔者查阅了相关文献与多篇优秀学位论文，就学位论文标题上标点符号的使用总结如下。

1. 所有标题上不用句号、逗号

句号用于句子末尾，表示一句话说完了，而标题是对全文或其下隶属内容的高度概括，没有使用句号的必要。逗号表示句子内部的一般性停顿，而标题是短语，中间也不需要停顿，通常不使用逗号。

综上，所有标题上不用句号、逗号，正副标题可根据情况使用冒号、破折号、问号、顿号、引号、书名号等。

[①] 如果绪论章编号为"0"，那么正文第一章编号为"1"。如果绪论章编号为"1"，那么正文第一章的编号为"2"。

2. 正副标题上可用冒号、破折号、问号、顿号、引号、书名号

一般来说，如果正标题较短而副标题较长，正副标题放一行，两者之间用冒号连接，如：

博弈与谅解：移风易俗视域下的红白理事会研究①

民族社会化与主观幸福感：民族认同与国家认同的链式中介作用②

如果正标题较长而副标题较短，或正副标题都比较长，正副标题放两行，两者之间用破折号连接，如：

中华优秀传统文化融入初中思想品德课教学的行动研究
——以×市某中学为例

初中生践行社会主义核心价值观实效性研究
——以合肥市第五十中学西校为例③

如果正标题是问题式标题且带有问号，正副标题之间只能用破折号连接，如：

何人为"育"？
——贵州绕家人的民族志④

城乡背景给高校毕业生带来了什么？
——基于就业差异的实证研究⑤

书名号适用于论文题目中有作品名称时，如《司登得〈汉英合璧相连字汇〉研究》。⑥

引号适用于论文题目中有特殊或专有词语时，如《高校思政课落实"立德树人"根本任务的路径研究》。

顿号适用于题目中涉及两个及以上具有并列关系的事物时，如《碱金属离子电池正极材料的合成、表征与改性研究》。⑦

3. 标题编号后的标点符号

常见的标题编号后标点符号使用不规范的情况如表 6-4 所示。

---

① 戴莹莹.博弈与谅解：移风易俗视域下的红白理事会研究[D].沈阳：辽宁大学，2018.
② 祖娜.民族社会化与主观幸福感：民族认同与国家认同的链式中介作用[D].呼和浩特：内蒙古师范大学，2021.
③ 章童.初中生践行社会主义核心价值观实效性研究——以合肥市第五十中学西校为例[D].重庆：西南大学，2021.
④ 段云兰.何人为"育"？——贵州绕家人的民族志[D].厦门：厦门大学，2019.
⑤ 张恺.城乡背景给高校毕业生带来了什么？——基于就业差异的实证研究[M].广州：广东高等教育出版社：2020.（2016年的博士论文）
⑥ 冯俊毓.司登得《汉英合璧相连字汇》研究[D].北京：北京大学，2021.
⑦ 邵铁垒.碱金属离子电池正极材料的合成、表征与改性研究[D].北京：北京大学，2019.

表 6-4　标题上标点符号的不规范用法

1、	（一）、	（1）、	①、	第一：	第一、
2、	（二）、	（2）、	②、	第二：	第二、
3、	（三）、	（3）、	③、	第三：	第三、

规范的用法如表 6-5 所示。

表 6-5　标题上标点符号的规范用法

1.	（一）	（1）	①	第一，
2.	（二）	（2）	②	第二，
3.	（三）	（3）	③	第三，

二、内容要求

详见第一章第三节"标题设计"部分。

第三节　图表规范

这里从编号、标题、主体信息等方面来谈图表规范。

一、编号

图（表）的编号也叫图（表）号，由"图（表）"和从"1"开始的阿拉伯数字组成，与图（表）标题之间通常空出一个字符的位置。

如果图（表）比较多，可以分章编号，如第三章有 7 个图，编号分别是图 3-1……图 3-7，有 5 个表，编号分别是表 3-1……表 3-5。若全文只有一个图（表），其序号仍为"图（表）1"。

二、标题

图应有图标题，也称图题；表应有表标题，也称表题。图（表）标题即图（表）的名称，是对图（表）内容的高度概括。

图（表）标题要内容完整、表意准确、言简意赅，让读者通过标题能够了解到该图或表所描述的主要对象与核心内容。如"图 3-1 环境因素对学术职业伦理失范影响的理论模型""表 3-1 内部、外部因素与失范意图的相关分析"。

图（表）标题不宜太长，通常控制在 20 字之内。图标题在图的下方，表标题在表的上方。标题与图（表）之间不需要空行，特殊要求除外。

三、主体

图（表）均应具有自明性。即图（表）的主体信息要完整、准确、清晰，要让读者不阅读文字，仅通过图（表）本身就能够理解其所要表达的意思。

表建议采用国际通行的三线表，即顶线、底线、栏目线，也不一定只有三条线，必要时可加辅助线（见表 6-6）。要对每一列与每一行的数据进行准确描述，涉及有小数点的数，小数点后保留几位要符合规定（一般保留两位，也可保留一位）。

表 6-6　全国普通高校招生数、在校生数（2000—2005）（万人）

年份	招生数	在校生数
2000	220.6	556.1
2001	268.7	719.1
2002	320.5	903.4
2003	382.2	1 108.6
2004	447.3	1 333.5
2005	504.5	1 561.8

数据来源：全国教育事业发展统计公报（2000—2005 年），http://www.moe.edu.cn/.

表要尽可能在同一个页面显示。如果表太长，一个页面放不下，需要跨页，不能像图 6-2。

要像图 6-3，设置"续表"，并添加续表表头。具体操作可在百度中搜索"跨页表格怎么设置续表""怎么添加续表表头"。

图要完整呈现横坐标内容（如年份）、纵坐标内容（如发文量）、描述对象（如学术不端发文量）、不同部分的数量与百分比等关键信息（见图 6-4）。

与文字和表相比，图更加直观。常用的图有思路图、流程图、结构图、饼图、折线图、柱状图等（见图 6-5）。

如果所用数据是自己调查的，图（表）的下方不用标注"来源"。如果数据是从统计年鉴或其他地方获得的，则需要标注"来源"（见表 6-6 下方的数据来源）。

表8　全国普通高校招生数、在校生数（1997—2021）（万人）

年份	招生数	在校生数
1997		
1998		
1999		
2000		
2001		
2002		
2003		

2004		
2005		
2006		
2007		

图 6-2　表跨页的不规范做法

表8　全国普通高校招生数、在校生数（1997—2021）（万人）

年份	招生数	在校生数
1997		
1998		
1999		
2000		
2001		
2002		
2003		

续表8

年份	招生数	在校生数
2004		
2005		

图 6-3　表跨页的规范做法

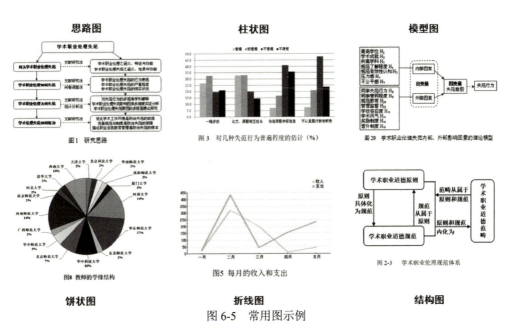

图 6-5 常用图示例

四、注

如果对图（表）中的有关内容需要进行补充说明，可在图（见图 6-6）或表（见表 6-7）的下方标"注"或"说明"。如果需要说明的内容有多项，可以编号，字号要比表的字号小，如正文是小四号字，图表标题、其中文字与数字等用五号字，"注"或"说明"用小五号字。

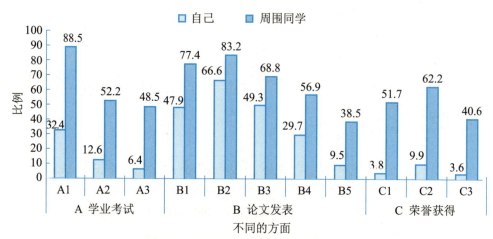

图 6-6　图注示例（被调查者自己和周围同学的不规范行为）

注：A1 考试作弊；A2 考试充当"枪手"；A3 网上购买考试答案；B1 论文作业抄袭；B2 粘贴文章应付作业；B3 引用观点不注明出处；B4 将未看过的文献列入参考文献；B5 论文发表中相互挂名；C1 在评优评先中使用不正当手段；C2 为好成绩跟老师打招呼；C3 为好成绩向老师行贿。

表 6-7　表注示例（外部因素与失范意图的相关分析）

	1	2	3	4	5	6	7	8
1 同事失范行为								
2 同事赞同程度	.306**							
3 规范教育	-.275**	-.172**						
4 管理监督	-.356**	-.305**	.239**					
5 学校容忍度	.377**	.409**	-.265**	-.458**				
6 学术风气	-.439**	-.332**	.277**	.422**	-.378**			
7 奖励制度	-.260**	-.226**	.059**	.261**	-.286**	.317**		
8 晋升制度	-.289**	-.198**	.183**	.248**	-.276**	.356**	.496**	
失范意图	.436**	.301**	-.317**	-.318**	.372**	-.343**	-.247**	-.281**

注：**$p<0.01$。

五、几点提醒

（一）同一组数据不要同时使用图（表）

同一组数据，不要同时使用图（表），可根据情况选择是以图还是以表的形式呈现。如某些年的招生数，不要先列一个表，再做一个图。

如果想通过数据说明这些年的研究生报考人数持续、快速增长，用折线图比较合适；如果想表明教师职业满意度的较大差异（非常不满意、比较不满意、一般、比较满意、非常满意），用柱状图比较合适；如果想说明教师的职称或年龄结构，用饼状图比较合适；如果想说明历年本科生招生规模、在校生规模、生师比的变化，用表比较合适（因为前两组数据非常大，通常以"万"为单位，最后一组数据是比例）。

（二）先文字后图（表）

一般的规则是先文字描述，再呈现图（表）。如图 6-7 所示。[①]
不要标题之下先呈现图（表），然后再进行文字描述。如图 6-8 所示。[②]

（三）图（表）不离相关文字太远

如果文字或段落较少，图（表）通常紧接着相关文字呈现，即放在相关文字或段落之后。如图 6-9 所示。[③]

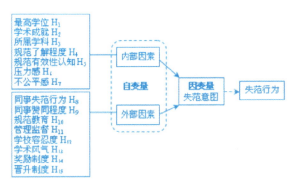

图 6-7　先文字描述、后呈现图示例

---

① 该例来自，张英丽，戎华刚. 学术职业伦理失范及其规制（2016 年国家社科基金结项报告）。
② 该例为笔者自编.
③ 张英丽，戎华刚. 2006—2020 年国内学术不端研究进展与文献述评[J]. 中国科技期刊研究，2021，32（7）：919.

2. 高校教师对具体工作领域规范的认知及其差异

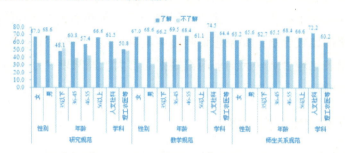

图 2　高校教师对具体工作领域规范认知的比较（%）

关于具体工作领域的相关规范，54.7%的教师表示了解有关研究的规范，更多的教师（68.0%）表示了解有关教学的规范，64.7%的教师了解师生关系方面的规范。

高校教师对具体工作领域规范认知差异如图 2 所示，尽管男性教师群体中表示了解研究规范的教师比例高于女性教师，不同年龄教师群体中了解研究规范的教师比例也有差异，最低是 35 岁以及下教师的

图 6-8　先呈现图、后文字描述示例

3.2 高下载论文：指向学术不端防治

下载情况既反映了论文的受关注程度，也能帮助我们了解学界所关注的研究热点。299 篇论文共被下载了 191373 次，篇均下载频次为 640.0 次，下载频次排名前 10 的论文涉及学术不端治理、检测以及影响因素等，下载频次最多的前 4 篇论文均与学术不端的预防和治理有关（表 2），这在一定程度上表明学术不端防治是学界所持续关注的另一个热点。

表 2　下载频次排名前 10 的学术不端研究论文

作者	论文题目	发表期刊	发表年份	下载频次/次
刘普	我国学术不端问题的现状与治理路径——基于媒体报道的 64 起学术不端典型案例的分析	中国科学基金	2018	4383
蒋寅	治理学术腐败和学术不端行为的思路与对策	社会科学论坛	2009	4300
徐海丽	学术不端行为及其预防措施	中国科技期刊研究	2015	3459
张昱浩等	国内外学术不端文献检测系统的比较研究	中国科技期刊研究	2011	2849
赵延东等	科技工作者如何看学术不端行为——问卷调查的结果	科研管理	2012	2718
常亚平等	高校学者学术不端行为影响因素的实证研究——基于个人因素的数据分析	科学学研究	2008	2708
陈银飞	道德推脱、旁观者沉默与学术不端	科学学研究	2013	2507
何跃等	学术腐败与学术不端的区别及其分意义	科技进步与对策	2008	2346
余三定等	学术不端与学术规范、学术管理对谈	学术界	2010	2336
李靖波等	学术不端：内涵、类别、根源与治理	科技与出版	2011	2217

图 6-9　文字在前、表在后示例

如果文字或段落较多，图（表）可放在文字或段落的中间。如图 6-10 所示。[①]

（四）图（表）要简洁美观

图（表）要简洁。不添加花哨背景，删除不必要的网格线。有同学做的表隔行加底色（见图 6-11 左），看起来不大舒服；有同学做的图加了背景色，还有复杂的网格线，看着让人眼晕（见图 6-11 右）。

---

① 该例来自本书第五章第一节。

三、写作步骤

硕士阶段学习时间一般3年，也有1年、1年半、2年的学制，其中差不多一半时间用于课程学习，一半时间用于论文写作。从时间管理的角度，建议大家入学后就考虑论文选题，论文写作的时间安排与每阶段需完成的工作建议如下（见图5-2）。

图5-2　学位论文写作步骤

（一）选择主题

建议第一、二个学期完成此项工作。一方面，要积极主动联系导师，了解导师的研究情况，如目前承担了什么课题、做了哪些研究、未来研究设想等，最好从导师所熟悉的研究领域找自己的兴趣点，这样方便导师提供更多指导。如果因学位类型、研究方向等限制，论文选题无法与导

图6-10　图夹在文字中间示例

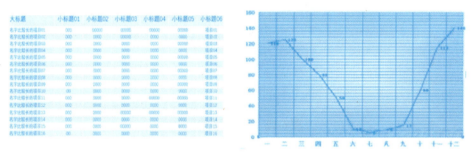

图6-11　不简洁的表（左）与图（右）

图（表）要美观。表的行列要根据内容调整，宽窄、高低适宜；图不能过大（不协调）或过小（看不清），其中的文字与数字等也要大小适中，排版整齐美观。

下例（见图6-12）中的表就不够美观：最上面一栏与最左列中的文字排版不整齐；表中文字与数字的字号均与正文一样采用小四号，表中各行的高度偏高，这使得表显得很大，很不美观。

精练最左列的文字表述、调整表中的字号、行高与列宽之后，该表就比之前美观很多，如图6-13所示。

此外，还要注意图（表）中的颜色尤其是图中的颜色要有区分度。如果论文最后是黑白打印，一些彩色可能难以很好地区分出来，如图6-14中各项颜色的区分度就不高。

总的来说，上述几种学术失范行为，被调查者认为在硕士研究生群体中，发生频率由高到低分别是"篡改数据"(3.14)、"伪造数据"(3.12)、"借助第三方代投论文"(3.12)、"一稿多投"(3.11)、"有意或无意漏注、错注"(3.09)、"杜撰参考文献"(3.05)、"互惠署名"(3.04)、"引用却不注明出处"(2.99)、"署名搭便车"(2.94)，这几种学术失范行为的标准差均大于1，代表被调查者对这几种学术失范行为的看法一致（见表2-7）。

表 2-7 硕士研究生学术失范行为排序

	均值	标准差	方差
不影响论文质量及其结论情况下，会善意润色或者掩盖极少量数据，以达到满意的效果	3.14	1.200	1.440
论文数据缺乏时，伪造数据	3.12	1.266	1.602
借助"第三方"机构代投论文	3.12	1.278	1.632
将同一篇论文同时投稿到多个杂志社	3.11	1.286	1.653
有意或无意漏注、错注的行为	3.09	1.180	1.393
为了增加参考文献的数量，将未阅读的文献列入参考文献中	3.05	1.227	1.505
为了评奖学金，互相在对方的论文上合著署名发表	3.04	1.227	1.506
引用自己的文章不标明出处	2.99	1.214	1.473
未经导师同意，在论文中署上导师的名字	2.94	1.269	1.610

图 6-12　不美观的表示例

行为的标准差均大于1，代表被调查者对这几种学术失范行为的看法一致（见表2-7）。

表 2-7 被调查者报告的学术失范行为

	均值	标准差	方差
不影响论文质量及结论情况下，善意润色或掩盖极少数据以达到满意效果	3.14	1.20	1.44
论文数据缺乏时，伪造数据	3.12	1.27	1.60
借助"第三方"机构代投论文	3.12	1.28	1.63
将同一篇论文同时投稿到多个杂志社	3.11	1.29	1.65
有意或无意漏注、错注的行为	3.09	1.18	1.39
将未阅读的文献列入参考文献中	3.05	1.23	1.51
互相挂名发表论文	3.04	1.23	1.51
引用自己的文章不标明出处	2.99	1.21	1.47
未经导师同意在论文中署其名	2.94	1.27	1.61

图 6-13　美观的表示例

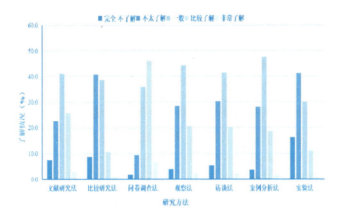

图 6-14　颜色区分度不高的柱状图

图 6-15 各项的颜色的区分度相对较高，即使黑白打印也能很好地区分开来。

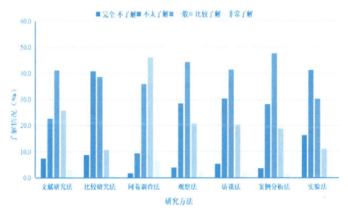

图 6-15　颜色区分度较高的柱状图

第四节　文献格式规范

学位论文中的文献包括文中引文文献与文后参考文献两类，对这两类文献的格式要求不一样。

一、引文文献

引文、注释是两个极容易混淆的术语，学界对两者及其关系有着不同的认识。

一种看法认为，引文仅指"引语"，也就是作者为了论证的需要，直接或间接地引自其他文献的句子或段落，而注释指对文中特定部分内容的解释或说明。

另一种看法认为，注释包括引文，注释分为引文注释与非引文注释两类。引文注释即标注文中引用内容所出自文献的详细信息，非引文注释包括标题注释（如期刊论文首页脚注中对所受资助情况等的说明）、作者注释（如期刊论文首页脚注中对作者相关情况的介绍）、释义性注释（如脚注中对文中某个术语的解释）。

第三种看法认为，注释包括"注"与"释"，"注"指引注或引证，是文中所引用文献的详细信息，告诉读者论文中所引用的观点、数据等出自谁的什么文献的哪个地方，其主要功能在于表明论文言之有据，更多起索引作用（见图6-16）。

能性就越小。赫希认为"人们相信他们应当遵守社会规则的程度有所不同，某人相信应当遵守规则的程度越小，他越有可能违背这些规则"①。

---
① 乔治·B·沃尔德 等. 理论犯罪学[M]. 5版. 北京：中国政法大学出版社，2005：231.

图6-16 "注"示例

"释"指解释，其作用在于说明某处文字的有关情况，包括对论文中讨论的某些论点补充其他的佐证文献，插入影响行文的引述，拓展文中论述的观点，对有关情况的说明等。下例中页下的就是"释"，对文中为什么以10为标准来判断是否存在多重共线性问题做出说明（见图6-17）。

R^2为0.314，F值是106.585，Sig.值为0.000，此线性回归模型具有一定解释力。为考察各自变量间是否存在线性相关关系，采用方差膨胀因子（Variance Inflation Factor，VIF）进行测度，从表4可以看出，各自变量的VIF都在2以内，远远小于10[1]，可以认为各自变量之间不存在较强的多重共线性问题。

---
[1] 按照统计学的要求，VIF值越大，则共线性问题越明显，一般以小于10为判断依据，如果VIF大于或等于10，说明自变量间存在严重的多重共线性。

图6-17 "释"示例

实践中对两者不做严格区分而统称注释，根据其出现的位置不同而有不同的叫法，出现在每一页的下面叫"脚注"或"页下注"。一般每页重新编号，即每页都从1开始编号；出现在每章结束（各章分别从1开始编号）或全文结束（全文从1开始编号）后叫"尾注"，这种情况比较少见。

这里对引文、注释不做严格区分，引文文献指文中引用内容所出自的文献，参考文献指文后参考文献表中的文献。与文后参考文献相比，引文文献格式的最大不同之处是需要标注具体页码，也就是要让读者知道论文中所引用内容在原文献中所处的具体位置。

引文文献的页码标注有三种情况。

（1）某一页，这种情况最常见。文中所引用的内容来自文献的某一页，读者翻到该文献的这一页，必须找到文中所引用的那句（段）话（直接引用），或能够表达文中所引用意思的那段话（间接引用）。

（2）跨页，这种情况不很常见。文中所引用的内容在原文中跨了2页（见图6-18）或更多页（见图6-19）。

> 心理学家班杜拉（Albert Bandura）提出了社会学习理论，认为人类的多数行为都是通过模仿榜样而习得，榜样对于模仿者来说越是重要和越受尊敬，其对模仿者的影响就越大。个体通过模仿来学习并改变自己的行为，模仿者会更多去模仿受到奖赏的行为而较少去模仿受惩罚的行为。他对侵犯行为的习得进行了大量研究，发现无论孩子还是成人，仅通过观察侵犯行为就能导致他们的敌意，例如他通过玩偶试验发现，观察到攻击行为的孩子有更大的可能性实施攻击行为，其发生概率比没有看过攻击行为的孩子高出许多倍，仅仅是观察攻击行为就降低了孩子的自我控制，让他们意识到攻击是可被接受的行为，同时也让他们学会了如何去攻击[①]。

---

① 戴维·迈尔斯. 社会心理学[M]. 8版. 北京：人民邮电出版社，2006：286-287.

图6-18　页下注（脚注）跨2页的情况

> 芝加哥大学的帕克（Robert E. Park）和伯吉斯（Ernest W. Burgess）运用生态学原理研究人类社会尤其是城市社会的越轨(犯罪)问题，对芝加哥进行了城市生态学的研究，将芝加哥划分为五个同心圆，核心是中心商业区（Ⅰ区），环绕市中心的过渡性地带（Ⅱ区）是商业和轻工业制造业的聚集地，第三个地区（Ⅲ区）是产业工人的居住地，再往外是高级公寓（Ⅳ区），最外面（Ⅴ区）已超出了城市的边界，是郊区、卫星城或城镇，被称为通勤区[①]。他们

---

① R·E·帕克, E·N·伯吉斯, R·D·麦肯齐. 城市社会学[M]. 北京：华夏出版社，1987：51-57.

图6-19　页下注（脚注）跨多页的情况

（3）不标页码或标起止页码。有时会在论文中提及某人的著作或学位论文，仅提及或概述主要内容，没有引用该著作或学位论文中的任何具体内容。这种情况下，脚注所列出的著作或学位论文不需要标注页码。有时也会在学位论文中提及或介绍某人的一篇期刊论文，同样没有引用其中具体内容。这种情况下，脚注需要标注该期刊论文的起止页码。

二、参考文献

我们对参考文献的一般理解是为写论文而阅读、参考的相关文献，包括文

中引用过的文献和没有引用的文献两类，而相关文件对参考文献却有着不同的解释。

国家教育委员会办公厅发布的《中国高等学校自然科学学报编排规范（修订版）》（教技厅［1998］1号）①规定：参考文献表中"列出的一般应限于作者直接阅读过的、最主要的、发表在正式出版物上的文献。私人通信和未公开发表的资料，一般不宜列入参考文献表，可紧跟在引用的内容之后注释或标注在当页的地脚"。这里的参考文献，指你看过（有的引用过、有的没有引用过）、与论文主题相关、公开发表或出版的文献。

由中国学术期刊（光盘版）编辑委员会修订，中华人民共和国国家质量监督检验检疫总局和中国国家标准化管理委员会批准发布的《中国学术期刊（光盘版）检索与评价数据规范》（CAJ—CD B/T 1—2006）（CAJ是清华同方的文件格式，CD是光盘的缩写，CAJ—CD是一种常用文献引用格式，由中国学术期刊数据库开发；B是"标准"的汉语拼音首字母，T是"推荐"的汉语拼音首字母，B/T指推荐性标准）②将参考文献解释为"作者撰写论著时所引用的已公开发表的文献书目"。③这里的参考文献，指文中引用过的文献，即将文中的引文文献放到文后作为参考文献。期刊论文通常这样处理，文后参考文献序号与文中引文序号一一对应。

国家标准《学位论文编写规则》（GB/T 7713.1—2006）（GB指国家标准，T指推荐，GB/T指推荐性国家标准）④规定"参考文献表是文中引用的有具体文字来源的文献集合""所有被引用文献均要列入参考文献表中"，"正文中未被引用但被阅读或具有补充信息的文献可集中列入附录中，其标题为'书目'"。这里的参考文献，指文中引用过的文献，看过但没有引用的文献列到"书目"里而不是"参考文献"里。

---

① 《中国高等学校自然科学学报编排规范（修订版）》（教技厅[1998]1号）[S/OL]. [2021-08-28]. https://www.jxvtc.edu.cn/__local/8/F4/BD/F5C287BE6E6DABB51EE529FCCAE_AAEF8BD0_2D000.pdf?e=.pdf.

② 《中国学术期刊（光盘版）检索与评价数据规范》（CAJ—CD B/T 1—2006）. [S/OL]. [2021-08-28]. https://xb.xxu.edu.cn/info/1079/1148.htm.

③ 这里要吐槽一下教育部科学技术委员会学风建设委员会组编的《高等学校科学技术学术规范指南（第二版）》，第31页第三自然段引用了《中国学术期刊（光盘版）检索与评价数据规范》（CAJ-CD B/T 1 — 2006）对参考文献的解释："'参考文献是作者写作论著时所参考的文献书目'。这里强调'参考'二字，即这些文献资料对作者写作该文起了参酌、参照的作用"，文中加了双引号，是直接引用，可笔者翻遍了《规范》，愣是找不到这句话？！

④ 《学位论文编写规则》（GB/T 7713.1—2006）[S/OL]. [2021-08-28]. https://grs.xatu.edu.cn/info/1044/1626.htm.

中华人民共和国国家质量监督检验检疫总局和中国国家标准化管理委员会发布的《信息与文献 参考文献著录规则》（GB/T 7714—2015）[①]将参考文献解释为对一个信息资源（如学术著作）或其中一部分（如著作中的某一章或某一节）进行准确（文献信息要准确）和详细著录（文献信息要全面）的数据，位于文末或文中的信息源。将其区分为阅读型参考文献与引文参考文献。前者指"为了撰写或编辑论著而阅读过的信息资源，或供读者进一步阅读的信息资源"（如你为了写学位论文而阅读的文献，通常称之为参考文献，放在文末）。后者指"著者为撰写或编辑论著而引用的信息资源"（如你学位论文中引用过的文献，通常称之为注释，放在每页页下）。

常见做法是将为撰写论文而阅读和引用的全部文献（包括文中引用过的和看过但没有引用过的）放在文后作为参考文献，包括著作、期刊论文、学位论文、报纸文章、网络资料、工具书等。

所有的参考文献一定是"看"过的，可以是研读、略读或浏览，总之要"看"过，没有"看"过的文献不能列为参考文献。

三、引文文献与参考文献的不同

（一）相关规范的规定

《中国学术期刊（光盘版）检索与评价数据规范》（CAJ-CD B/T 1－2006）在"14.8 参考文献与引文注释（即引文文献）的区别和关系"部分指出，"参考文献是作者撰写论著时所引用的已公开发表的文献书目，集中列表于文末；注释主要包括释义性注释和引文注释，一般排印在该页地脚或集中列于文末参考文献表之前"。[②]

根据这一解释，两者的区别有二：（1）放的地方不同。一种情况下，参考文献放在文末，引文注释（脚注）放在每页的下面。另一种情况下，参考文献放于文末，引文注释（尾注）放于文末参考文献之前。（2）公开发表与否不同。参考文献一定是公开发表的，引文注释包括公开发表的与未公开发表的如个人书信、档案、内部资料等。

---

① 《信息与文献 参考文献著录规则》（GB/T 7714—2015）[S/OL]. [2021-08-28]. http://xuebao.hpu.edu.cn/info/10440/85989.htm.

② 《中国学术期刊（光盘版）检索与评价数据规范》（CAJ—CD B/T 1—2006）[S/OL]. [2021-08-28]. https://xb.xxu.edu.cn/info/1079/1148.htm.

(二) 本书的看法

学位论文通常将所有看过的与论文主题相关的文献都作为参考文献,引文注释仅指文中所引用过的文献。可以从实质、形式、范围三个方面对这两者加以区分。

1. 实质不同

从实质上来说,它们与论文的关系不同。引文文献是学位论文引用过的文献,文献中的部分内容在论文里出现过(或直接引用、或间接引用)。参考文献是为了写论文而看的所有直接相关文献,有些文献引用过,有些没有(不一定都引用)。

2. 形式不同

从形式上来说,它们出现的位置不同、格式不同。

(1) 出现位置不同。引文文献通常放在文中,如果放在每页下面叫脚注或页下注。如图 6-20 所示:

> 第三,职业和人之间的关系是,人使得职业得以持续,职业使得人得以发展,二者互相依赖。[8]
>
> 　　关于学术职业的发展,李春萍从分工的视角关注学术职业的制度基础和现实推动,认为现代大学的建立和学术分工塑造了职业化的学者。[9]陈伟则从比较的视角研究西方学者群体到成熟的学术职业的演变过程,并提出成熟学术职业的七大
>
> ---
> [1] 何雪莲.波兰教师的生存状况[J].化工高等教育,2006,(2):62.
> [2] [美]菲利普•阿特巴赫 主编,施晓光 主译.失落的精神家园——发展中与中等收入国家大学教授职业透视[M].青岛:中国海洋大学出版社,2006.
> [3] [美]菲利普•阿特巴赫 主编,别敦荣 主译.变革中的学术职业—比较的视角[M].青岛:中国海洋大学出版社,2006.
> [4] 李春萍.分工视角中的学术职业[J].高等教育研究,2002,(6):21.
> [5] 郭丽君.学术职业的思考[J].学术界 2004,(6):148.
> [6] 陈 伟.西方学术专业比较研究—多学科视域中德、英、美大学教师的专业化运动(博士论文)[D].杭州:浙江大学,2003,202.
> [7] 李 悦.学术职业的解读—香学王的理想与现实[J].煤炭高等教育,2006,(3):35.
> [8] Hong Shen, (2006).Academic Profession in China: With a Focus on the Higher Education System. in *Reprots of Changing Academic Profession Project Workshop on Quality; Relevance, and Governance in the Changing Academia: International Perspectives* Hiroshima University Press.
> [9] 李春萍.分工视角中的学术职业[J].高等教育研究,2002,23(6):21-25.

图 6-20 学位论文的脚注(页下注)

注:文中注释格式不规范,规范格式参见《信息与文献 参考文献著录规则》(GB/T 7714—2015)

如果放在文中叫夹注。如下例所示:

> 当论及教授的人格影响时,有学者指出,"即使教授个人与学生的关系并不密切,他超凡的魅力也将是强有力的"(布鲁贝克,2002:145)。

如果放在每一章结尾或全文结束叫尾注。如图 6-21、图 6-22 所示:

参考文献一定是放在全文结束之后,一般不紧接正文,而要另起一页。

注释：
[1] 居民储蓄意愿强势不改 主要为"攒教育费"和买车. 人民日报(海外版), 2003.3.26
[2] 于弘文. 从2000年人口普查看我国人口状况的几个特点
[3] 2003年全国教育事业发展统计公报
[4] 威廉H.格林. 经济计量分析. 北京: 中国社会科学出版社, 454
[5] 2002：中国经济迎难而上. 新华社, 2001.12.3
[6] 钟伟. 中国怎样保持未来20年经济繁荣. 南方周末, 2002.8.29
[7] 中国社科院社会学所 2020年我国小康社会主要经济社会指标测算
http://www.in.ah.cn/analyses/expert/cn030036.htm
[8] 中国社科院社会学所 2020年我国小康社会主要经济社会指标测算
http://www.in.ah.cn/analyses/expert/cn030036.htm
[9] 贺丹. 中国未来人口发展趋势对劳动就业的影响
http://www.chinapop.gov.cn/rkzh/zgrk/rkysh/t20040326_2639.htm 中国人口网
[10] 赵英. 中国工业化：从一穷二白走向辉煌. 中国社会科学院报网发布时间, 2004.9.24

图 6-21 学位论文的尾注（每章后面）

注：文中注释格式不规范，规范格式参见《信息与文献 参考文献著录规则》(GB/T 7714—2015)

注　释

1. 孙肯兵等著，教育的公正与利益，华东师范大学出版社，2005年第1版，284页

2. 转引自邵瑞珍译：《最有意义的教育研究》，华东师范大学出版社，1986年，46页

3. 转引自金含芳译：《美国国家教育研究所的6个研究领域》，华东师大教育科学资料中心编：《当代国外教育研究》，华东师大出版社，1986年

4. 翁文艳著，《教育公平与学校选择制度》，北京师范大学出版社，2003年第一版，第一页

5. 转引自金含芳译：《美国国家教育研究所的6个研究领域》，华东师大教育科学资料中心编：《当代国外教育研究》，华东师大出版社，1986年

图 6-22 学位论文的尾注（全文结束）

注：文中注释格式不规范，规范格式参见《信息与文献 参考文献著录规则》(GB/T 7714—2015)

（2）格式不同。引文文献必须标注具体页码，或某一页，或跨几页，只是提及某著作或学位论文而没有引用时不标页码，只是提及某期刊论文而没有引用时标起止页码。参考文献中的著作、学位论文一定不标注页码，期刊论文标注起止页码，报纸文章、网络资料在页下注与文后参考文献中的格式一样。

3. 范围不同

从范围上来说，参考文献包括引文文献（见图6-23）。所有的引文文献一定是参考文献，但不是所有的参考文献都引用过。参考文献的数量（一篇硕士论文可能有八九十个）多于引文文献（一篇硕士论文可能有三四十个）。

图 6-23　参考文献和引文文献的关系

四、常用文献标注格式

学位论文的常用文献有著作、期刊论文、学位论文、网络资料等，下面分列不同的标注格式。

（一）著作

格式为：主要责任者.题名：其他题名信息［文献类型标识/文献载体标识］.其他责任者.版本项.出版地：出版者,出版年：引文页码［引用日期］.获取和访问路径.数字对象唯一标识符.

1. 国内学者著作

如果是页下注，须标注文中引文所出自的具体页码，格式如下：

徐志宏.思想理论教育教学论［M］.北京：高等教育出版社,2006：286-287.

（主要责任者　题名　文献类型标识　出版地　出版者　出版年　引文页码）

2. 国外学者译作

如果是文后参考文献，不需要标注页码，翻译者放到文献类型标识后面，格式如下：

米歇尔·鲍曼.道德的市场［M］.肖君,黄承业,译.北京：中国社会科学出版社,2003.

3. 电子书（书籍网络版）

电子书的格式（页下注）如下：

（二）连续出版物

连续出版物是一种载有年卷期号或年月日顺序号、计划无限期地连续出版发行的出版物，包括以各种载体形式（印刷或非印刷形式的）出版的期刊、报纸等。

连续出版物的标注格式为：主要责任者．题名：其他题名信息［文献类型标识/文献载体标识］．连续出版物题名：其他题名信息，年，卷（期）：页码［引用日期］．获取和访问路径．数字对象唯一标识符．[①]

1. 期刊论文

期刊论文区分不同情况，标注格式略有不同。

第一种情况：期刊有卷和期，需在年份后面、卷的前面加","。如下例所示：

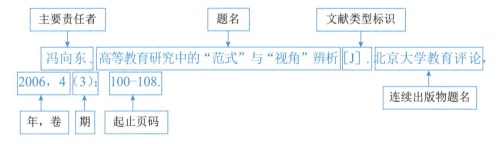

第二种情况：期刊只有期，没有卷，年份和期之间不加","。如下例所示：

李润洲．研究生学位论文写作的论证意识——一种教育学的视角［J］．学位与研究生教育，2018（3）：19-23．

第三种情况：电子期刊，需要注明访问日期（方括号里的日期），获取和访问路径（网址），数字对象唯一标识符。如下例所示：

---

① 数字对象唯一标识符，即 Digital Object Unique Identifier，简称 DOI，可以将其理解为文献的"身份证号码"。

武丽丽，华一新，张亚军，等．"北斗一号"监控管理网设计与实现［J/OL］．测绘科学，2008，33（5）：8-9［2009-10-25］．http://vip.calis.edu.cn/CSTJ/Sear.dll?OPAC_CreateDetail．DOI：10.3771/j.issn.1009-2307.2008.05.002．

（页码［引用日期］；文献类型标识；数字对象唯一标识符；获取和访问路径）

2. 报纸文章

纸质版报纸的格式如下例所示。其中的"2001-08-09（5）"，指 2001 年 8 月 9 日第 5 版。

杨玉圣．让圣殿坚守纯洁——学术腐败问题答问录［N］．中国教育报，2001-08-09（5）．

网络版报纸需要注明访问日期（方括号里的日期），获取和访问路径（网址），如下例所示。

黄进．为完善国际法贡献更多中国方案［N/OL］．人民日报，2021-01-17（09）．［2021-01-20］．http://paper.people.com.cn/rmrb/html/2022-01/17/nw.D110000renmrb_20220117_2-09.htm．

（三）学位论文

学位论文标注格式在国家标准里前后不统一。

第 3 页第 10 个文献（见图 6-24），从文献类型标识（D）看是学位论文，但后面又列有出版社。

[10] 杨保军．新闻道德论［D/OL］．北京：中国人民大学出版社，2010［2012-11-01］．http://apabi.lib.pku.edu.cn/usp/pku/pub.mvc?pid=book.detail&metsid=m.20101104-BPO-889-1023&cult=CN．

图 6-24　GB/T 7714—2015 中的学位论文著录格式（1）

第 18 页的格式（见图 6-25）与第 3 页不同（没有出版社），中文注明了获取和访问路径（网址），英文没有注明。

[1] 马欢．人类活动影响下海河流域典型区水循环变化分析［D/OL］．北京：清华大学，2011；27［2013-10-14］．http://www.cnki.net/kcms/detail/detail.aspx?dbcode=CDFD&QueryID=.0&CurRec=11&dbname=CDFLAST2013&filename=1012035905.nh&uid=WEEvREcwSlJHSldTTGJhYlJRaEhGUXFQWVB6SGZXeisxdmVhV3ZyZkpoUnozeDE1b0paM0NmMjZiQ3p4TUdmcw==．

[2] 吴云芳．面向中文信息处理的现代汉语并列结构研究［D/OL］．北京：北京大学，2003［2013-10-14］．http://thesis.lib.pku.edu.cn/dlib/List.asp?lang=gb&type=Reader&DocGroupID=4&DocID=6328．

[3] CALMS R B. Infrared spectroscopic studies on solid oxygen[D]. Berkeley: Univ. of California, 1965.

图 6-25　GB/T 7714—2015 中的学位论文著录格式（2）

本书建议标注格式如下：

崔茜. 欺骗的神经机制和测谎新指标初探［D］. 重庆：西南大学，2013.

需注意：学位论文在页下注部分或标注具体页码（引用相关内容时），或不标注页码（仅提及而未引用其任何内容时），在文后参考文献部分不标页码。

（四）网络资源

国家标准里的类型标识有："电子期刊［J/OL］.""会议论文网络版［C/OL］.""电子公告［EB］.""联机网络［OL］."。实践中大多不详细区分，通常用"［EB/OL］."。如果是电子期刊、会议论文网络版，还是建议采用其相应的标识。

标注格式如下：

王言虎."生活在树上"配不配满分？［EB/OL］.（2020-08-04）［2021-08-16］. https://m.gmw.cn/2020-08/04/content_1301425718.htm.

Commonwealth Libraries Bureau of Library Development. Pennsylvania Department of Education Office. Pennsylvania library laws［EB/OL］.［2013-03-24］. http://www.race.edu/yocum/pdf/PALibrary Laws.pdf.

圆括号里的时间（该资料出现在网络上的时间，不是所有文献都显示）根据情况，可有可无（有的话就列上），如列的话要注意后面不要小实点。方括号里的时间是你看到该资料的时间，必须有，后面要小实点。

第五节　引文规范与抄袭（剽窃）

学位论文需要引用相关研究成果，不了解引文规范有可能会导致无意的抄袭（剽窃）。

一、引文规范

引用指"在科学研究中，以抄录或转述的方式利用他人的著作，借用前人的学术成果，供自己的著作参证、注释或评论之用"。[①] 学位论文中的引用有以下三种情况。

---

① 教育部科学技术委员会学风建设委员会. 高等学校科学技术学术规范指南［Z］. 2版. 北京：中国人民大学出版社，2017：26.

（一）直接引用

直接引用即原文引用，一字不改地照搬原话。直接引用要注意三点：一是引文前后要加双引号；二是页下要标注引用内容所出自文献的详细信息，要具体到页码（见图6-26）；三是直接引用的量不能太多。相关文件中的说法是"应保持在合理限度内"，①但并未给出明确标准。

如果直接引用超出了一定篇幅，应当采用改变排版方式等办法进行标识。如另起一段、改换不同字体等。②这个"一定篇幅"具体指多少，没有找到明确的说法。笔者把握的标准是字数在八九十字以上或四行及以上，引文内容单独成段，比正文内容左右各缩进两个字符。排版操作见图6-27左（选中需要排版的段落，单击鼠标右键，选择"段落"），排版效果如图6-27右所示。

> 学术职业伦理对学生道德成长具有引领作用。大学教师既是"经师"更是"人师"，不仅向学生传授专业知识，更要引领学生的道德成长。对学生负责，是大学的主要使命，也是教师的主要学术责任。大学教师在知识传授和道德引领上作为"人生典范的功能是重要的，其重要性或许不亚于传播信息和引起好奇心的功能"①。潘懋元教授把大学教师的职业道德概括

---

① 唐纳德·肯尼迪. 学术责任[M]. 北京：新华出版社，2002：84.

图6-26 直接引用的格式

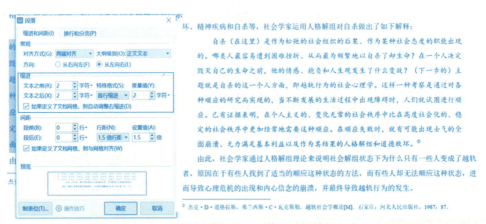

图6-27 直接引用超过一定篇幅时的排版方式

直接引用可能会遇到一个特殊情况，即原文中有错别字，怎么办？有人可能会毫不犹豫地说"改过来！"如果对原文有所改动，那还叫"原文引用"吗？不

---

① 教育部科学技术委员会学风建设委员会. 高等学校科学技术学术规范指南[Z]. 2版. 北京：中国人民大学出版社，2017：27.
② 教育部科学技术委员会学风建设委员会. 高等学校科学技术学术规范指南[Z]. 2版. 北京：中国人民大学出版社，2017：15.

改,很多人担心读者会以为是自己在引用时搞错了。笔者的建议是改并加括号进行说明,如原文是:现代教育挂历理论倾向于……,显然"教育挂历"应为"教育管理"。引用时可以这样处理:现代教育挂历(应为"教育管理",笔者注)理论倾向于……,这样读者就明白了,是原文中有错别字。

基于行文的需要如保持文风一致,更重要的是考虑到对复制率的要求,学位论文中的直接引用不宜过多,建议更多采用间接引用。那么,什么情况下直接引用,这个没有明确的原则或标准。基于个人经验,以下几种情况适合直接引用:(1)该观点是学术权威提出的;(2)原文表述非常好、很简练;(3)你想让读者知道原文是怎么说的;(4)你对原文有质疑,或要对其进行批驳。

除以上情况之外,建议采用间接引用的形式,尤其当原文较长、不适合全部放进论文中时,可用简练的语言概述原文的意思,但一定要规范标注出处。

(二)间接引用

间接引用也称"意引",指用自己的语言转述他人的观点或理论,如图6-28所示。

> 同种内也存在为生存而进行的欺骗行为。生活在北美洲的黑头鸥的巢通常聚在一起,巢之间的距离较近,刚出壳的小黑头鸥毫无防卫能力,很容易被邻居吞食。黑头鸥常常等到邻居转身或者离开时,就扑上去将其巢中的雏鸥一口吞下。此类情况在黑头鸥的孵化期是相当普遍的,吃了邻居雏鸟的黑头鸥既不必离开巢穴费神捕鱼而又吃了一顿营养丰富的大餐,又能时时刻刻照顾自己的巢而不使其失去保护①。报警鸣叫是很多鸟类中的一只(哨兵鸟)发出有捕食者逼近的警告信号,这类警告可能会使聚集在一起的鸟群四散飞逃,可是这种报警鸣叫

① 理查德·道金斯.自私的基因[M].北京:中信出版社,2012:6.

图6-28 间接引用的格式

间接引用不是对原文改头换面、调换语序或替换几个同义词,而是在不改变原文意思的基础上,用自己的语言重新表述。间接引用也需要注明详细出处,尽管语言是你自己重新组织的,但思想、观点、看法是别人的,对注明出处的要求与直接引用相同。

(三)转引

相信不少同学曾遇到这样的情况:看了A的论文,A引用了B一句话,你也引用了B这句话,但你并没有见到B的论文,这种情况叫转引。一般不建议使用,如想引用,建议找到B的论文即原文,核实相关信息,确保其准确无误后,

标注原始出处即 B 的论文。

但也有两种特殊情况可能需要转引。一是原文不可得。如年代较为久远的英文文献。二是原文看不了。如原文是德文、法文等，找到了也看不懂。而所要引用的内容特别重要、不可替换（其实这种情况很少），这种情况下可将原始出处（这句话所出自的文献）放在前面，将见到这句话的文献（你在哪儿看到这句话的）信息放在后面，中间加上"转引自"，如下例所示。

Gardner，W. M. ，K. B. Melvin. A Scale for Measuring Attitude Toward Cheating ［J］. Bulletin of the Psychosomatic Society，1988（26）：429-432. 转引自，Deborah F. Crown，M. Shane Spiller. Learning from the Literature on Collegiate Cheating：A Reviews of Empirical Research ［J］. Jouenal of Business Ethics，1998，17（6）：689.

再如：

罗伯特·O. 布拉德，唐纳德·M. 沃尔夫 . 夫妻：婚姻生命的动力 ［M］. 伊利诺斯，格伦科：自由出版社，1960：20. 转引自，J. 罗斯·埃什尔曼 . 家庭导论 ［M］. 潘云康，张文宏，马志军等，译 . 北京：中国社会科学出版社，1991：448.

这样读者就知道你并未见到原文，而是在 Deborah 和埃什尔曼等的文中看到了这些内容（其原始出处是 Gardner 和布拉德等的论文与著作）并将其引用到自己的论文里。

二、抄袭（剽窃）

与引文相关、也很重要的事情是要弄清楚它与抄袭（剽窃）的区别。有些情况下抄袭（剽窃）可能不是有意为之。文献阅读过程中，原文中的有些说法、有些观点会留存于记忆中，论文写作时将其放入文中而不自知。或记录文献时只摘录了观点而没有注明出处，写作时将观点放入文中也没有标注出处。也有同学很坚定地认为，用自己的语言概述他人的观点不是引用，不需要注明出处，因为是自己重新组织的语言。按照学术规范，这些都属于抄袭（剽窃）。那么，什么是抄袭（剽窃）？

在美国，《芝加哥手册》是学界人士熟知的学术写作指南。《手册》规定："凡使用他人原话在 3 个连续词以上，都要使用直接引号，否则即使注明出处，仍视为抄袭""无论直接还是间接引用，凡从他人作品中得来的材料和观点，都必须注明出处，否则即为抄袭。"[①]

[①] 彭冰 . 学术规范应有通用标准 ［N/OL］. 中国青年报，［2021-09-16］. http：//zqb.cyol.com/content/2009-03/02/content_2560401.htm.

在我国,《高等学校科学技术学术规范指南》指出,

抄袭指将他人作品的全部或部分以或多或少改变形式或内容的方式当作自己的作品发表,剽窃指未经他人同意或授权,将他人的语言文字、图表公式或研究观点,经过编辑、拼凑、修改后加入自己的论文、著作、项目申请书、项目结题报告、专利文件、数据文件、计算机程序代码等材料中,并当作自己的成果而不加引用地公开发表。①

两者没有本质区别,仅在方式与程度上有所不同。抄袭是"不恰当地引用他人作品以自己的名义发表";剽窃是"通过删节、补充等隐蔽手段将他人作品改头换面发表,且没有改变原有作品的实质性内容,或是窃取他人的创作(学术)思想或未发表成果作为自己的作品发表。抄袭是公开的照搬照抄,而剽窃却是偷偷地、暗地里的。"② 此外,需要注意的是也不能"自己照抄或部分袭用自己已发表文章中的表述,而未列入参考文献",③ 这叫"自我抄袭"。

《学术出版规范 期刊学术不端行为界定》(CY/T 174—2019)④ 将剽窃界定为"采用不当手段,窃取他人的观点、数据、图像、研究方法、文字表述等并以自己名义发表的行为"。所列举的剽窃类型包括观点剽窃、数据剽窃、图片和音视频剽窃、研究(实验)方法剽窃、文字表述剽窃、整体剽窃、他人未发表成果剽窃等。其中有些是很多同学之前做过、也自认为没有问题的做法。如"对他人的论点、观点、结论等删减部分内容后不加引注地使用;对他人的论点、观点、结论等进行拆分或重组后不加引注地使用;对他人的论点、观点、结论等增加一些内容后不加引注地使用",这叫"观点剽窃"。再如"成段使用他人已发表文献中的文字表述,虽然进行了引注,但对所使用文字不加引号,或者不改变字体,或者不使用特定的排列方式显示""不加引注、不改变其本意地转述他人已发表文献中的文字表述,包括概括、删减他人已发表文献中的文字,或者改变他人已发表文献中的文字表述的句式,或者用类似词语对他人已发表文献中的文字表述进行同义替换",这叫"文字表述剽窃"。

笔者的看法是但凡引用他人成果,就一定要标注出处。建议大家研读相关文件或规范中的规定与要求,遇到具体情况拿不准该怎么做时就去请教导师。

---

① 教育部科学技术委员会学风建设委员会. 高等学校科学技术学术规范指南 [Z]. 2版. 北京:高等教育出版社,2017:41-42.

② 教育部科学技术委员会学风建设委员会. 高等学校科学技术学术规范指南 [Z]. 2版. 北京:高等教育出版社,2017:42.

③ 教育部科学技术委员会学风建设委员会. 高等学校科学技术学术规范指南 [Z]. 2版. 北京:高等教育出版社,2017:43.

④ 《学术出版规范 期刊学术不端行为界定》(CY/T 174—2019)[S/OL].[2021-08-28]. https://www.nppa.gov.cn/nppa/contents/805/102815.shtml.

第六节　学位论文的修改

论文修改建议从"大"（宏观）到"小"（微观），可考虑如下几个方面。

一、调整标题以做到文题相符

（一）论文题目能够统领全文

不能出现题目中应有的内容论文里未提及的情况。如下例所示，论文内容缺失题目中的"提升路径"。

少数民族大学生国家认同的影响因素与提升路径研究

绪论
二、少数民族大学生国家认同的现状
三、不同少数民族大学生国家认同的比较
四、少数民族大学生国家认同的影响因素
结语

也不能出现题目涵盖不了论文里某些内容的情况。如下例，论文题目涵盖不了第四章。

新建本科院校大学生社团规范化管理研究

绪论
二、高校大学生社团规范化管理的理论分析
三、新建本科院校大学生社团管理不规范的表现及原因
四、中美高校大学生社团规范化管理的比较
五、新建本科院校大学生社团规范化管理的策略
结语

（二）章节标题能够统领其下标题

章标题要能统领节标题、节标题要能统领其下面的小标题。章标题不能统领节标题的情况如下例所示：

三、×××的教育精准扶贫政策体系
（一）×××的教育精准扶贫政策文件
（二）×××教育精准扶贫政策的指导思想

（三）×××教育精准扶贫政策的目标

上例中章标题"政策体系"与下面的"政策文件、指导思想、目标"不相符。政策体系指不同政策单元之间和同一政策内部的不同要素之间的关联性而形成的系统，如果从纵向来分析我国的教育政策体系，那就按照教育总政策、基本教育政策、一般教育政策、个别（具体）教育政策及其之间的关系来分析。上例分析的是教育精准扶贫政策体系，既可以做纵向分析（总体政策、基本政策、具体政策及其关系），也可以做横向分析（人、财、物不同方面的扶持政策及其关系）。上例中的章标题无法涵盖第二、第三节的内容。

节标题不能统领其下面小标题的情况如下例所示，节标题无法涵盖"目标"。

（一）中华传统文化在中小学思想政治教育中的融入途径

1. 中学传统文化教育的目标

2. 中华传统文化建课程

3. 中华传统文化进活动

4. 中华传统文化入校园

节标题与其下面小标题相符的情况如下例所示。上级标题涉及科技、教育、兴国、人才四个方面，下面四个小标题紧扣上级标题分别展开论述。

五、实施科教兴国战略、强化现代化建设人才支撑

（一）办好人民满意的教育

（二）完善科技创新体系

（三）加快实施创新驱动发展战略

（四）深入实施人才强国战略①

二、增删材料以实现结构匀称

结构匀称指论文各部分的比例协调，各章的篇幅、章内各节的篇幅大致均衡。匀称的结构既符合美学标准，也锻炼、考验、展现了作者的分析论证水平与文字驾驭能力。论文要用丰富翔实的论据逻辑严谨地对论点进行论证，各部分篇幅根据需要安排，有话多讲，无话少说，把要分析的分析透彻，要论证的论证清楚即可，似乎不必追求布局结构的匀称。其实不然，学位论文的诸多规范性要求之一就是结构匀称，如果出现糖葫芦式的结构，即个别章的篇幅长达十几页二十几页，个别章的篇幅则短到三四页甚至一两页，专家就会在评阅意

---

① 习近平. 高举中国特色社会主义伟大旗帜 为全面建设社会主义现代化国家而团结奋斗——在中国共产党第二十次全国代表大会上的报告[R]. 北京：人民出版社，2022：33-36.

见里写上一条"结构不匀称"。

实现结构匀称需要在论文修改过程中基于论证需要灵活处理材料，篇幅长的部分适当删除代表性、说服力相对弱的材料，篇幅短的部分则要根据情况增加材料。

三、通读全文以保证文体规范

用词要严谨、准确、规范。要使用学科（专业）术语，不要使用生活语言如"俗话说，处处留心皆学问"。不要出现不严谨的用法，如"笔者约谈了几位校长"。约谈是有独特含义、特定用法的词，不要随意使用。不要出现不规范的用法，如"文献资料法"，规范的表述是"文献分析法"或"文献研究法"。再如"该教师非常热爱学生，甚至达到了溺爱的程度"。"溺爱"是贬义词，用在此处不妥，可改为"该教师非常关心爱护学生，甚至达到了热爱的程度"。

语言要简练、有条理、客观中立，不能啰唆。如"通过对有效问卷进行整理和分析，笔者发现从整体上看有不到三成的被调查者对所调查学校辍学问题持较为积极乐观的态度，认为完全不严重和不太严重；同时也有不到三成的被调查者认为所调查学校辍学问题一般，持有中立态度；但多数被调查者认为所调查学校辍学问题比较严重，占比38.83%；甚至有大约10%的被调查者认为所调查学校辍学问题非常严重"（这段话除了啰唆外，还存在表意不清的问题）。不能东一榔头西一棒子，如"自20世纪90年代以来，教师职业幸福感研究持续受到学界关注。随着国家对教育关注度的提高，群众对教育的重视程度和要求也越来越高。目前关于小学教师职业幸福感的研究取得了较为丰硕的成果，但在新时代的背景下研究小学教师职业幸福感的新特征仍然十分必要"。第二句与第一句没有关系，第三句与第二句没有关系。不能使用带有个人色彩、主观性强的词语，如"我觉得……""我感觉……""抽样方法太随意了"等。

使用第三人称，需要使用第一人称时用"笔者"，不用"我"。

四、细抠小节以确保形式规范

细节能成就一件作品，也能毁坏一项成果。学位论文也是如此，不管你的观点多么新颖独特，论证多么严谨有力，如果标题编号乱作一团，错字别字连篇，断行掉行处处可见……哪个读者还有耐心去读呢，还有可能发现你新颖的观点、严谨的论证吗？鉴于此，论文修改后期要注意抠细节以保证形式规范。

此外，标题编号、标点符号、文献格式、图表与排版等都要规范。

总之，论文的内容与形式都很重要。内容展示水平，形式体现态度。

第七节　学位论文检测、评阅与抽检

论文修改定稿后要提交学校进行电子检测（也称查重），检测通过后进入评阅环节，毕业一年内会进行论文抽检。

一、论文检测

不同学校的检测次数、对结果的要求不太一样。就检测次数而言，答辩前的检测通常是一次（有的学校提供二次检测机会），有的学校会在答辩结束后进行抽检。如果抽检结果不合格，会根据具体情况做出缓授学位决定或启动调查认定程序。

（一）检测结果与相应后果

就检测结果（见表 6-8）而言，一般要求与相应后果如下。

表 6-8　论文检测结果与相应后果

检测结果（总文字复制比 X）	相应后果
X < 20%；同时主要章节 < 30%	合格
20% < X < 35%	加送一份双盲评审
X ≥ 35%	本次不接受学位申请
X ≥ 50%	启动调查认定程序

（1）总文字复制比（在排除自引率，即引述作者自己发表的文章所占比例之后，下同）应低于 20%（有学校的要求 10% 或 15%），同时学位论文主要章节（笔者的理解是绪论章除外都是主要章节，因绪论章的文献叙述部分篇幅较大，该章的复制率可能会略高）的文字复制比例应低于 30%，否则即视为检测结果不合格。全日制研究生学位论文检测复制比超过 20% 但低于 35% 者，加送一份双盲评审。

（2）首次检测文字复制比例为 35% 及以上者（有学校的要求 30%），本次不接受其学位申请（可能要推迟半年，修改后重新检测）。

（3）首次检测文字复制比例达 50% 及以上者，即认为涉嫌学位论文作假，会启动调查认定程序，根据情况作出相应处理。

（二）检测报告单

论文检测报告单见图 6-29。检测结果中有 4 个比较重要的指标：总文字复制比、去除引用文献复制比、去除本人已发表文献复制比、单篇最大复制比。

文本复制检测报告单(全文标明引文)

№:ADBD2020R_2020040816520820200408172802308937522980　　检测时间:2020-04-08 17:28:02

检测文献:

作者:

检测范围:
中国学术期刊网络出版总库
中国博士学位论文全文数据库/中国优秀硕士学位论文全文数据库
中国重要会议论文全文数据库
中国重要报纸全文数据库
中国专利全文数据库
图书资源
优先出版文献库
学术论文联合比对库
互联网资源(包含贴吧等论坛资源)
英文数据库(涵盖期刊、博硕、会议的英文数据以及德国Springer、英国Taylor&Francis 期刊数据库等)
港澳台学术文献库
互联网文档资源
源代码库
CNKI大成编客-原创作品库
个人比对库

时间范围: 1900-01-01至2020-04-08

检测结果

去除本人已发表文献复制比：16.3%　　跨语言检测结果：-

去除引用文献复制比：2.9%　　总文字复制比：16.3%

单篇最大文字复制比：8.7%（正向行为支持对自闭症儿童攻击性行为干预的个案研究）

重复字数：	[9320]	总段落数：	[7]
总字数：	[57304]	疑似段落数：	[5]
单篇最大重复字数：	[4966]	前部重合字数：	[2739]
疑似段落最大重合字数：	[2571]	后部重合字数：	[6581]
疑似段落最小重合字数：	[555]		

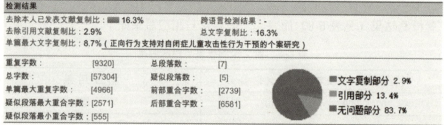

图 6-29　文本复制检测报告单

1. 总文字复制比

指所检测论文中与数据库重复字数占该论文总字数的比例。上例论文总字数为 57 304，与数据库里重复的字数为 9 320，重复字数包括引用部分（与库里重复、注明出处的文字，标识为绿色）与文字复制部分（与库里重复、未注明出处的文字，标识为红色）（见图 6-30），总文字复制比为 9 320÷57 304=16.3%。

1.4.1 理论意义本研究以正向行为支持理论为基础干预自闭症儿童集体课堂干扰行为，将丰富国内特殊教育领域应用正向行为支持理论的研究。通过在真实的集体教学情境中应用正向行为支持理论，探索总结在制定与实施正向行为支持计划中的有效策略，为以后一线教师干预课堂干扰行为提供一些参考。

1.4.2 实践意义借鉴国内外运用正向行为支持干预行为问题的相关研究经验，评估课堂干扰目标行为功能，依据目标行为功能制定和实施正向行为支持计划，干预减少个案的课堂干扰行为。根据实践过程中的具体情况采用适当的干预方法和策略，解决自闭症儿童干扰集体课堂的问题，增加其正向行为。

图 6-30　文本检测结果

2. 去除引用文献复制比

指与数据库重复而未注明出处的字数（此部分字体标识为红色）占所检测论文总字数的比例。上例的该指标是 2.9%，约 792 个字与数据库里某些文献一样，但作者并未标注出处。

3. 去除本人已发表文献复制比

指总复制字数减去与本文已发表文献重复的字数后占所检测文献总字数的比例。有些同学会将学位论文中的一部分如文献述评整理成小论文发表。如果学位论文检测时小论文已发表且被知网收录，那么检测时学位论文的相应部分就与小论文重复。去除本人已发表文献复制比是把这个复制比去掉之后的复制比。如一篇总字数为 3.8 万字的学位论文，文献述评部分有 4 000 字，已整理成小论文发表且被知网收录，这 4 000 字占 3.8 万字的 10.5%。假定论文的总文字复制比是 15.4%，那么去除本人已发表文献复制比就是 15.4%–10.5%=4.9%。按照相关规定，论文首次检测时应看这个指标，不应看总文字复制比，但实践中往往只看总文字复制比。这里提醒大家学位论文里的内容最好不要提前发表，至少学位论文检测时已发表内容不要出现在知网的数据库里。

4. 单篇最大复制比

指所检测文献与数据库中某一篇文献重复字数占所检测文献总字数的比例。上例该指标是 8.7%，指该论文（在不同的地方）引用了某篇文献（《正向行为支持对自闭症儿童攻击性行为干预的个案研究》）共计 4 966 字，占论文总字数（57 034）的比例是 8.7%。该指标对论文检测结果基本没有影响，但也需注意不要从一篇文献中引用太多内容。

二、论文评阅

一般情况下，全日制硕士研究生（包括学术型与全日制专硕）的学位论文呈送至少 2 位专家评阅，一份内审（所在学科老师相互评阅），一份外审（送校外专家评阅，有的学校抽取一定比例盲审，有的学校全部盲审）。

论文评阅包括分项目的定量评价、定性评价与评阅结论三部分。定量评价分为选题与综述、理论基础与专业知识、科学研究能力、科学态度与写作水平四个方面，满分 100 分。定性评价结合上述评价要素对论文内容进行评价，需要指出论文的不足并提出修改意见（见图 6-31）。

×××大学学术型硕士学位论文评阅书

研究生姓名		专业			
论文题目					
评价项目	评 价 要 素			分项满分	分项得分
选题与综述	①选题的前沿性、理论意义或实用价值，研究方向明确。 ②文献阅读量、综合分析能力，了解本领域国内外学术动态的程度。			20	
理论基础与专业知识	基础理论的系统性、宽广度，本专业及相关专业知识的扎实程度。			25	
科学研究能力	①研究方法恰当，分析问题和解决问题的能力，理论、方法或工程技术方面的创新性或新见解。 ②论文研究难度及工作量，能否体现作者独立从事科学研究工作的能力。			35	
科学态度与写作水平	①科学态度严谨，引用成果有说明，论据充分、可靠。 ②逻辑严密、表达清楚、文笔流畅、书写格式及图表规范。 ③英文摘要语句通顺、语法正确，能准确概括论文的内容。			20	
总 分					
对该篇论文的评价：（请您结合评价要素对论文进行评价，指出论文的主要不足之处并提出修改意见。论文中如有剽窃他人成果等问题，请指出。）					

图 6-31　学术型硕士学位论文评阅书

笔者对某篇论文的定性评价意见如下：

论文选择"师范生培养"作为研究主题，选题具有一定的实践价值。论文从教师准入的角度，采用问卷与访谈等方法了解高师院校师范生培养的现状，分析其中所存在的问题及原因，据此提出相应对策。论文研究方法选择恰当，结构安排合理，写作比较规范，达到了硕士学位论文要求，同意修改后如期答辩。

修改建议：

1. 从表述的规范性、准确性及符合语法的角度，再斟酌"选题缘由"部分的标题设计。如"师范生从教专属性优势"是否为规范的表述，"本人经历及研究方向与论文研究内容契合"是否准确、规范。

2. 再考虑"高师院校"是否为核心概念，是否需要界定。

3. 在所有的二级、三级标题之间加上过渡段。另外，再考虑标题表述的准确性、规范性，如"2.3 逻辑理路"是何意？教师准入对师范生培养的"内涵性约束"是何意？第三章的节标题与章标题保持一致，或都用现状"扫描"，或都用现状"调查"。

4. 再斟酌个别语言的准确性与规范性。如"对于推进研究开展具有基础性意义""师范生培养之理论架构"。

5. 再考虑将"职前培养"纳入"教师准入"是否妥当。

6. 个别地方有文题不符之嫌。如"3.2.2 关于高师院校培养目标的调查"，其下内容是师范生对培养目标的了解、认同情况，以及对所存在问题的看法，内容与标题不相符。再如"3.2.3 关于高师院校课程设置的调查",其下内容是师范生对课程设置的看法,内容与标题不相符。

7. 再考虑第五章的二、三级标题设计。一是与论文其他章节的二、三级标题形式不一致,二是此类标题更常见于政策文件或工作总结。

评阅结论有 4 个(见图 6-32)。前两个结论意味着作者能够参加答辩。第三个结论不同学校的处理方式不一样,有的学校会给二次送审机会,如果通过能够参加答辩;有的学校则直接推迟半年答辩。第四个结论意味着需要推迟半年左右,论文修改重新送审通过后才能参加答辩。

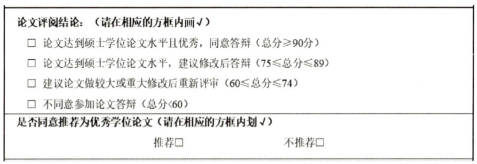

图 6-32 学术型学位论文评阅结论

非全日制硕士研究生的学位论文送至少 3 位专家评阅,一份内审,2 份外审(各学校情况不同,可能全部盲审,也可能一份非盲审、一份盲审)。

与学术型相同,论文评阅也包括分项目的定量评价、定性评价、评阅结论三部分。区别有两点:(1)理论基础与知识技能的分值不一样。学术型是 25 分,专业型是 20 分。(2)第三个项目的内容与分值均不同。学术型是科学研究能力(35 分),专业型是创新性与应用性(40 分)。这体现出了学术型与专业型学位类型、培养目标的不同。定性评价内容两者相同(见图 6-33)。

评阅结论两者也一样(见图 6-34)。

大家一定要弄清楚所在学校的论文检测与评阅流程及要求。有的学校是先检测,检测通过后重新提交电子版或纸质版进行评阅。这意味着检测通过后论文可能还会修改,检测版与送审版可能是两个版本。有学校的检测电子版就是送审稿,这意味着论文检测版即送审版,不存在两个版本。这提醒大家检测版要完整,如有同学借用了他人的问卷,担心复制率高而检测时不附问卷。那么,专家审阅时就会质疑论文是否实施了问卷调查。因为文中虽有调查情况介绍与数据,文后却没有附调查问卷。

×××大学专业型硕士学位论文评阅书

研究生姓名		专业			
论文题目					
评价项目	评 价 要 素			分项满分	分项得分
选题与综述	①论文选题的理论意义或实用价值。 ②对本学科领域前沿知识以及本专业理论与技术的了解程度,对文献资料和事实材料(如案例背景)的掌握及综述能力。			20	
理论基础与知识技能	①论文能否综合运用基础理论、科学方法、专业知识和技术手段。 ②研究方向和技术路线是否明确,论点是否清晰,推理是否严密,结论是否正确。			20	
创新性与应用性	①论文在理论上或方法上能否运用新视角、新工具进行探索研究,研究的结果是否具有新颖性或独到性。 ②论文成果是否具有较好的社会效益或应用前景。			40	
科学态度与写作水平	①论文的实证资料是否丰富、可靠,参考文献是否在文中充分体现。 ②论文结构是否完整、严谨,文字表达是否准确流畅,注释、图表是否规范、统一。			20	
总 分					
对该篇论文的评价:(请您结合评价要素对论文进行评价,指出论文的主要不足之处并提出修改意见。论文中如有剽窃他人成果等问题,请指出。)					

图 6-33 专业型硕士学位论文评阅书

论文评阅结论:(请在相应的方框内画√)
  □ 论文达到硕士学位论文水平且优秀,同意答辩(总分≥90分)
  □ 论文达到硕士学位论文水平,建议修改后答辩(75≤总分≤89)
  □ 建议论文做较大或重大修改后重新评审(60≤总分≤74)
  □ 不同意参加论文答辩(总分<60)
是否同意推荐为优秀学位论文(请在相应的方框内划√)
      推荐□   不推荐□

图 6-34 专业型学位论文评阅结论

三、论文抽检

关于抽检频次、比例与评阅专家人数等,《博士硕士学位论文抽检办法》规定:

学位论文抽检每年进行一次,抽检范围为上一学年度授予硕士学位的论文,硕士学位论文的抽检比例为5%左右，论文抽取方式由各省级学位委员会和中国人民解放军学位委员会自行确定。

每篇抽检的学位论文送3位同行专家进行评议，专家按照不同学位类型的要求对论文提出评议意见。

3位专家中有2位以上（含2位）专家评议意见为"不合格"的学位论文，将认定为"存在问题学位论文"。

3位专家中有1位专家评议意见为"不合格"的学位论文，将再送2位同行专家进行复评。2位复评专家中有1位以上（含1位）专家评议意见为"不合格"的学位论文，将认定为"存在问题学位论文"。[①]

硕士学位论文抽检由各省学位办组织，学术型学位与专业学位的论文评议要素不同，不同省份的专家评价表略有不同（与论文评阅书的内容差不多）。

关于抽检论文的专家评议意见使用，《博士硕士学位论文抽检办法》第十条规定：

（一）学位论文抽检专家评议意见以适当方式公开。

（二）对连续2年均有"存在问题学位论文"，且比例较高或篇数较多的学位授予单位，进行质量约谈。

（三）在学位授权点合格评估中，将学位论文抽检结果作为重要指标，对"存在问题学位论文"比例较高或篇数较多的学位授权点，依据有关程序，责令限期整改。经整改仍无法达到要求者，视为不能保证所授学位的学术水平，将撤销学位授权。

（四）学位授予单位应将学位论文抽检专家评议意见，作为本单位导师招生资格确定、研究生教育资源配置的重要依据。[②]

虽然上述处理办法都是针对学校的，但学校会对"存在问题学位论文"做出相应处理，如撤销硕士学位、注销学位证书。

本章小结

本章主题是学位论文规范，包括语言、图表与引文等的规范。

语言在形式上要符合数字、标点符号等使用规范，在内容上要做到清晰准确、

---

① 国务院学位委员会 教育部关于印发《博士硕士学位论文抽检办法》的通知学位〔2014〕5号[EB/OL].[2021-08-28]. http://www.moe.gov.cn/srcsite/A22/s7065/201402/t20140212_165556.html.
② 国务院学位委员会 教育部关于印发《博士硕士学位论文抽检办法》的通知学位〔2014〕5号[EB/OL].[2021-08-28]. http://www.moe.gov.cn/srcsite/A22/s7065/201402/t20140212_165556.html.

简明平实、专业严谨，不规范的表现有逻辑混乱、关联词使用不当与口语化等。

标题在形式上要注意编号与标点符号使用。编号参考《学位论文编写规则》（GB/T 7713.1—2006），标题上不用句号与逗号，可根据情况使用问号、冒号、破折号、书名号、引号与顿号等。

图（表）都要有编号。标题应能反映图（表）主要内容、表意准确、言简意赅，主体信息要完整、准确、清晰，要简洁美观、大小合适。

引文文献或在每页下面（页下注或脚注），或在每章后面（尾注）、全文结束后（尾注），要标注详细信息。文后参考文献表中的著作、学位论文不标注页码，期刊论文标注起止页码。

直接引用需要加引号，如果内容较多需要通过改变字体与排版方式予以标识，间接引用不需要加引号，两者对文献出处的标注要求相同。

凡引用他人成果都要标注详细出处，拿不准具体做法时可参考《高等学校科学技术学术规范指南》（第二版）与《学术出版规范 期刊学术不端行为界定》（CY/T 174—2019）或请教导师。

论文修改从宏观到微观可考虑：调整标题以做到文题相符、增删材料以实现结构匀称、通读全文以保证文体规范、细抠小节以确保形式规范。

论文检测的总体文字复制比要符合所在学校的要求。论文评阅包括定性评价与定量评价，评阅通过后方能答辩。论文抽检在毕业次年进行，3位专家中有2位及以上给出"不合格"意见，即被认定为"存在问题学位论文"。

第七章 实证类论文的写作

本章学习目标

◆ 知道实证研究是什么
◆ 知道实证类论文怎么写

本章思维导图（图7-1）

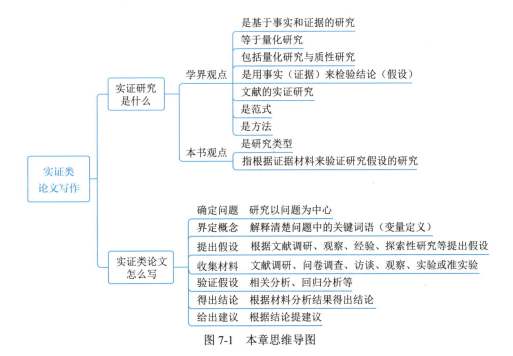

图 7-1　本章思维导图

近些年来，人文社科领域的实证研究逐渐增多，但学界对什么是实证研究、规范的实证研究该怎么做，却有着不同的看法。学位论文中的实证研究也逐渐增多，但不少同学也说不清实证研究是什么、该怎么做。本章就来谈谈这两个问题。

第一节　实证研究是什么

这里先介绍学界对实证研究的不同认识，然后谈谈笔者对它的理解。

一、学界对实证研究的不同认识

学界对什么是实证研究有以下 7 种看法。

(一) 实证研究是基于事实和证据的研究

有学者认为,实证研究是基于事实和证据的研究,指出:

实证研究即是基于事实和证据的研究。其基本特征如下:第一,客观,以确凿的事实和证据为基础,实事求是,不被个人的主观愿望或偏见所左右;第二,量化,努力获得对事物特征和变化的"度"的把握,而非笼统的、模糊的表述;第三,有定论,有确切的发现或结论,而非无休无止的争论;第四,可检验,通过专业化背景下建立起来的共同概念、共同规则,使用共同方法、共同工具,可以获得相同的结果。①

这种观点将实证研究看作研究类型,而非研究方法。根据这种观点,实证研究即基于事实和证据、有定论、可检验的量化研究,这样的解释更适用于自然科学领域而非人文社科领域。因为人文社科领域很多问题没有定论,很多研究发现的可重复性不强。

(二) 实证研究等于量化研究

有学者将实证研究等同于调查、统计等量化研究,指出:

本研究将高等教育研究方法分为八大类,即分析法、文献法、历史法、比较法、调查法、统计法、个案研究法和其他方法。在这八类方法中,调查法、统计法是以量化分析为主的实证研究方法,其他方法是以思辨为主的定性研究方法。②

持同样看法的学者认为:

目前我们所说的实证研究主要还是指量化研究或定量分析,即用数量关系揭示事物的根本特性,通过精确测定的数据和图表反映事物的现状和性质,从而使不确定的、模糊的事物变得相对确定和清晰。③

根据这种观点,实证研究就是量化研究。这种解释只看到了实证研究中的

---

① 袁振国.实证研究是教育学走向科学的必要途径 [J].华东师范大学学报(教育科学版),2017 (3):5.
② 钟秉林,赵应生,洪煜.我国高等教育研究的现状分析与未来展望——基于近三年教育类核心期刊论文量化分析的研究 [J].教育研究,2009 (7):14-15.
③ 加强教育实证研究 提高教育科研水平——"第二届全国教育实证研究专题论坛"及"全国教育实证研究联席会议"成果概要 [J].华东师范大学学报(教育科学版),2017 (3):24.

"实"，即事实、证据，没有注意到实证研究中的"证"，即验证或证明。

（三）实证研究包括量化研究和质性研究

持这种观点的学者也将实证研究看作一种研究类型，强调其论证方式是摆事实而非讲道理，认为：

实证研究的核心精神是用经验事实或经验证据说话，其基本特征是用"事实"而不是用"逻辑思辨"的方式论证。从研究者所采用的研究工具来看，实证研究包括：实验研究、调查研究、历史研究。从研究者对数据的敏感和倚重程度来看，实证研究可分为：质的研究、量的研究。①

持同样观点的学者用教育实证研究来"统称那些借助于量化或质性研究方法，对所关心的研究对象进行系统探究之后获得有证据支持的认识的教育研究。"②

（四）实证研究是用事实或证据来检验结论或假设

有学者既关注到实证研究中的"实"（事实证据），也注意到了其中的"证"（检验假设），指出"实证研究即基于事实证据，提出理论假设，进行实地观察，获得科学数据，得出正确结论，接受重复检验。"③

这种解释同样更适用于自然科学领域，不太适用于人文社会科学领域（其研究结论不一定具有可检验性）。

也有学者指出：

"实"主要指"事实和证据"，是一个名词；"证"主要指"证明或验证"，是一个动词。实证研究是指根据事实和证据来验证有关研究问题的假设的过程，旨在探求现象之本质和规律。④

相较于上一种理解，这种理解不仅适用于自然科学领域，也适用于人文社科领域。

（五）实证研究是范式

有学者将实证研究看作一种研究范式，指出：

---

① 刘良华. 教育研究方法（第2版）[M]. 上海：华东师范大学出版社，2014：12-13.
② 尹弘飚. 教育实证研究的一般路径：以教师情绪劳动研究为例 [J]. 华东师范大学学报（教育科学版），2017（3）：49.
③ 加强教育实证研究，提高教育科研水平——"第二届全国教育实证研究专题论坛"及"全国教育实证研究联席会议"成果概要 [J]. 华东师范大学学报（教育科学版），2017（3）：19.
④ 胡中锋，禹薇. 教育实证研究之深度反思 [J]. 华南师范大学学报（社会科学版），2020（5）：140-141.

研究范式是基于相应的方法论而形成的科学研究规范或模式，它指导着科学研究的具体研究方法。实证与思辨是教育研究的基本范式。实证研究是通过对研究对象进行观察、实验或调查，对收集到的数据或信息进行分析和解释，以事实为证据探讨事物本质属性或发展规律的研究方法。实证研究主要包括量化研究、质性研究以及混合研究等方法。①

这种解释同样强调实证研究的"实"而忽略了"证"。

（六）实证研究是方法

持这种看法的人并未对实证研究是一种什么样的方法做出解释，仅在研究方法部分指出运用了实证研究法。

（七）文献的实证研究

还有学者提出"文献的实证研究"的说法，认为"可以把文献综述理解为文献的实证研究。教育学的学术文献的计量分析、话语分析和词频分析等都可以视为实证研究"。②

这种理解同样是关注到了实证研究的"实"，而忽视了其中的"证"。

二、本书对实证研究的理解

（一）实证研究是研究类型

笔者认为，实证研究是研究类型，不是具体的研究方法，应从"实"（事实、证据）与"证"（验证假设）两个方面来理解它。

作为研究类型，实证研究指那些根据证据材料来验证研究假设的研究。以是否包含有价值判断，可将研究分为三种类型：实证研究、规范研究、混合研究（见图7-2）。

实证研究回答"是什么"的问题，没有价值判断。根据研究问题的不同，可采用文献法、问卷调查法、观察法、访谈法、实验或准实验等方法。如研究问题

---

① 姚计海．教育实证研究方法的范式问题与反思［J］．华东师范大学学报（教育科学版），2017（3）：64-65．
作者的解释让人颇为困惑：实证是研究范式，实证研究是研究方法，实证研究包括量化、质性和混合等研究方法，那么，实证研究究竟是研究范式、研究方法、还是某类研究方法的统称？
② 加强教育实证研究，提高教育科研水平——"第二届全国教育实证研究专题论坛"及"全国教育实证研究联席会议"成果概要［J］．华东师范大学学报（教育科学版），2017（3）：22．

是"中西方男性作家作品中所刻画的女性形象有什么不同？"假定我们选择了女性形象刻画的一个方面进行研究，提出这样的研究假设：与西方男性作家的作品相比，东方男性作家作品中所刻画的女性形象更具依附性。验证该研究假设主要（只能）采用文献法，研读原文及相关文献。如研究问题是"肿瘤患者家属所承受的经济压力、精神压力，哪个更大？"假定我们经过探索性研究（文献调研、初步访谈等），提出这样的研究假设：与经济压力相比，肿瘤患者家属承受了更大的精神压力，验证该研究假设可以采用文献法（现有研究就该问题的研究发现）、问卷调查（获取大量定量数据）、访谈法（获取更深层次的信息）。

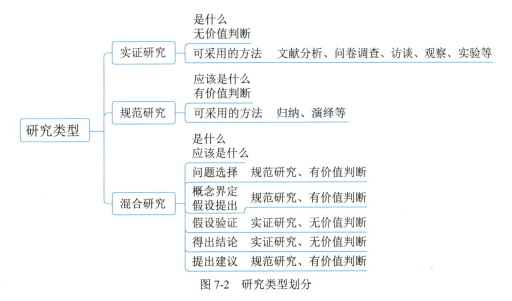

图 7-2 研究类型划分

规范研究回答"应该是什么"的问题，有价值判断，常用归纳、演绎等分析推理方法。如研究问题是"防性侵教育应不应该进校园"，结论无论是应该还是不应该都是一个价值判断，研究结论通常经由归纳、演绎而得出。

纯粹的实证研究（只回答"是什么"的问题）与纯粹的规范研究（只回答"应该是什么"的问题）并不多，更常见的是混合研究，既回答"是什么"的问题，也回答"应该是什么或应该怎么样"的问题。

（二）实证研究有五大步骤

第一步，选择研究问题。这一步属于规范研究，有价值判断。选择什么样的问题进行研究是需要进行价值判断的。

第二步，界定概念与提出假设。这一步属于规范研究，有价值判断，给概念下什么样的定义、提出什么样的研究假设也需要价值判断。

第三步，验证假设。这一步属于实证研究，无价值判断。根据收集到的证据材料，经由分析来验证假设，证实或证伪假设的结论是基于证据材料得出，不是出于主观判断。

第四步，得出结论。这一步属于实证研究，无价值判断。让事实说话，而不是凭个人好恶。

第五步，提出建议或启示。这一步属于规范研究，有价值判断。从哪个角度、站在何种立场、提出哪些建议或启示，这些都包含有价值判断。

第二节　实证类论文怎么写

实证研究是收集证据对研究假设进行验证的研究，从问题开始，以结论结束。自然科学领域有些实证类论文可能没有明确的研究结论，最后以对结果的讨论结束。人文社科领域的实证类论文往往不止于结论，而在结论的基础上提出对策、建议、启示等。这其实已不算是纯粹的实证研究，而属于混合研究了，但对策、建议等所占篇幅往往很小，大家通常仍将此类研究看作实证研究。

一、具体步骤

实证类论文按照确定问题、界定概念、提出假设、收集资料、分析资料、得出结论与提出建议的步骤进行。

（一）确定问题

研究以问题为中心。学位论文（也称大论文）也好，期刊论文（也称小论文）也罢，理论上都应该有明确的研究问题，实证研究亦如此，首先要确定研究什么问题。如《70后、90后女性家庭地位比较研究》的研究问题是"70后、90后女性家庭地位有何差异？女性家庭地位的影响因素有哪些？"《路西法效应：好人是如何变成恶魔的》的研究问题是"邪恶行为中的情境归因和人格归因，孰轻孰重？"假定我们选择的研究问题是"农村初中生英语成绩的影响因素是什么？"

（二）界定概念

核心概念在多数情况下是研究问题中的关键术语（也不仅限于此）。如《70后、90后女性家庭地位比较研究》研究问题中的关键术语是"女性家庭地位"，可将其界定为"女性在家庭中所处的位置，包括在其他家庭成员心目中的威望、生活自主权、家庭事务中的话语权与决策权、家庭财务权等"。《路西法效应》研究问题中的关键术语是"邪恶行为""情境""人格"（作者并未对这些概念进行清晰界定）。假如研究问题是"农村初中生英语成绩的影响因素是什么？"其中的关键术语是"英语成绩"，需要解释清楚它是什么，怎么计算。

（三）提出假设

根据文献调研、观察、经验、探索性研究等提出研究假设，也就是推测问题答案。每个研究假设都要有依据，或有文献依据，或基于经验观察，或应用或验证理论，或构建理论。

1. 有文献依据

即假设来自文献。如要研究"大学生诚信考试相关因素"，想弄清楚哪些因素跟大学生诚信考试相关。通过文献分析，发现学术规范认知、对待作弊的态度、同学行为、作弊惩罚等因素与诚信考试相关，就可以据此提出假设：诚信考试与对学术规范的了解呈正相关；诚信考试在对作弊持容忍态度的学生中比持反对态度的学生中更普遍；诚信考试与对同学作弊行为的估测呈负相关；诚信考试与惩罚严厉程度呈正相关。再如已有研究发现学生的学业成就受家庭背景的影响，你的研究也可以提出相同的研究假设，然后收集资料来验证该假设在你的研究中是否成立。

2. 基于经验或调研

即假设来自个人经验或前期调研。如你是一所城乡接合部初中的班主任，在班级管理过程中你发现学生会基于成绩（学习好的跟学习好的玩、学习差的跟学习差的玩）、家庭背景（来自农村的跟来自农村的玩、来自城市跟来自城市的玩、留守儿童自成一个小团体）等形成小团体，且小团体之间具有较强的封闭性或排外性，你就可以基于这种观察提出研究假设，然后收集资料如问卷调查、访谈学生等来验证研究假设。如老师想知道哪些因素与学习困难有关，根据经验和对学生的观察与了解，可提出这样的研究假设：已有基础、学习态度、学习方法、对任课老师的评价、家庭教育环境等是与学习困难有关的因素。再如想了解哪些因素影响人们的生育意愿，可以凭研究者的个人经验与初步调研结果，提出这样的研究假设：学历水平越高，生育意愿越低；与生活在中小城市的人相比，生活在大城市的人生育意愿更低；与受传统家庭观影响的人相比，不受其影响的人的生育意愿更低等。

3. 来自推测

一种是有理论依据的推测。如研究中小学生亲社会行为的家庭影响因素，可以根据家庭社会学中"家庭的重要功能是教育"的理论，提出"与来自不重视子女教育家庭的学生相比，来自重视子女教育家庭的学生会有更多的亲社会行为"的研究假设。再如威慑理论认为，提高被发现的可能性和加大惩罚力度能够有效减少某行为的发生率。可以据此提出推测性的研究假设：被发现的可能性越大，学生考试作弊的可能性就越小；学校对作弊的惩罚力度越大，学生考试作弊的可能性就越小。

另一种是没有理论依据的推测。如我国20世纪90年代的下岗职工再就业难，没有相关理论解释，也没有以往经验借鉴，可以提出这样的研究假设"下岗职工个人的再就业意识落后是主观原因；劳动力市场不健全是客观原因"。

4. 为了建构理论

即提出理论并通过研究进行验证。有些问题或现象现有的理论解释不了，研究者在研究进行之前给出带有猜测、推测性质的解释，这种猜测性、推测性的解释就是研究假设。假如经过研究，假设得以证实，理论就被建构出来。如社会心理学中的"旁观者效应"，研究者对旁观者越多、出手相助的人越少这种现象感到困惑，给出猜测性的解释（研究假设）：当有其他人在场时，人们不大可能去帮助他人，旁观的人越多，每个人出手相助的可能性越小，给予帮助前的延迟时间越长。并通过癫痫实验、房间充烟实验等进行验证，实验结果证实了假设，"旁观者效应"成立。

（四）收集资料

收集资料采用的方法有文献调研、问卷调查、访谈、观察、实验或准实验等。研究假设提出后，就需要通过多种途径、采用多种方法、收集不同资料（需要采用什么方法、收集什么样的资料取决于研究问题与研究假设）。《70后、90后女性家庭地位比较研究》主要采用文献法、问卷调查法、访谈法、统计分析法，收集和女性家庭地位相关的定性资料与定量资料。《路西法效应》采用了实验法（斯坦福监狱实验）、文献法（对现有相关研究的梳理分析）、案例法（阿布格莱布监狱虐囚事件）来收集资料。就学生英语成绩影响因素的研究来说，我们可以通过文献法（查阅相关研究材料）、问卷法、访谈法等来收集资料。

（五）验证假设

假设验证可以利用调查数据，也可以利用观察结果，还可以利用访谈内容等。如《70后、90后女性家庭地位比较研究》通过对问卷调查数据的统计分析和访谈结果的编码对两者的家庭地位总体情况及不同维度进行比较，进而验证研究假设。

《路西法效应》利用观察记录、文献分析、案例分析来验证恶行与情境有关、还是与人格有关。学生英语成绩的研究中,利用问卷调查数据与访谈结果来分析个人、非个人因素的影响及其大小。

(六)得出结论

《70后、90后女性家庭地位比较研究》通过数据分析与资料编码进行比较后发现,总体上看,"90后"女性家庭地位高于"70后",但在个人威望、家庭事务中的话语权与决策权方面,"70后"女性高于"90后",得出结论认为女性家庭地位是复杂的社会现象,受多种因素影响,体现出鲜明的代际特征。《路西法效应》通过实验研究、文献研究、案例研究探讨恶行与情境、人格的关系,得出结论认为恶劣系统创造恶劣情境,恶劣情境造成害群之马,害群之马出现恶劣行为。就学生英语成绩影响因素的研究来说,假定数据分析发现,与非个人因素相比,个人因素对农村初中生英语成绩的影响更大,访谈结果也支持该发现,就可以得出结论认为个人因素比非个人因素对农村初中生英语成绩的影响更大。

(七)给出建议

基于研究结论,《70后、90后女性家庭地位比较研究》提出的建议是:(1)女性自身要正确认识传统性别角色定位;(2)女性自身要加强自我发展以提高经济独立程度;(3)家庭成员要正确认识女性对家庭的贡献;(4)社会从法律、政策、制度方面要保障女性的权利与地位。《路西法效应》提出的建议是要抗拒情境的影响力,并给出了抗拒有害影响的具体步骤。[①] 关于学生英语成绩影响因素的研究中,我们可以根据哪些个人因素、如何影响英语成绩来提建议。

二、案例分析

下面以一篇期刊论文为例说明实证类论文的写作。

高校青年教师学术产出绩效影响因素的实证研究
——基于个性特征和机构因素的差异分析[②]

---

① 菲利普·津巴多.路西法效应:好人是如何变成恶魔的[M].孙佩妏,陈雅馨,译.北京:生活·读书·新知三联书店,2015:499-509.
② 谷志远.高校青年教师学术产出绩效影响因素的实证研究——基于个性特征和机构因素的差异分析[J].高教探索,2011(1):129-136.

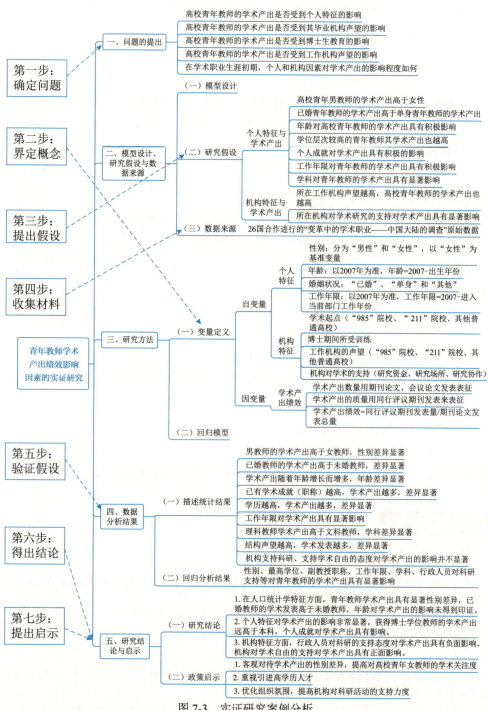

图 7-3 实证研究案例分析

第一步，确定研究问题。论文开篇提出研究问题"学术职业新入职成员是学术职业的生力军，其学术表现如何？受哪些因素的影响"，[①]并将其细化为5个问题：

（1）高校青年教师的学术产出是否受到个人特征的影响？
（2）高校青年教师的学术产出是否受到其毕业机构声望的影响？
（3）高校青年教师的学术产出是否受到博士生教育的影响？
（4）高校青年教师的学术产出是否受到工作机构声望的影响？
（5）在学术职业生涯初期，个人和机构因素对学术产出的影响程度如何？[②]

第二步，界定核心概念。论文的核心概念是"学术产出""学术产出绩效"。"学术产出"用"收录于学术专著或发表于学术期刊上的论文、为基金资助项目而写的研究报告、在学术会议上发表的论文等表征"，[③]"学术产出绩效"用"同行评议期刊发表量/期刊论文发表总量"来表征。[④]

第三步，提出研究假设。论文探讨个人因素、机构因素对高校青年教师学术产出绩效的影响，基于相关研究（研究假设从文献中来），提出9个研究假设：

假设1：高校青年男教师的学术产出高于女性；
假设2：已婚青年教师的学术产出高于单身青年教师的学术产出；
假设3：年龄对高校青年教师的学术产出具有积极影响；
假设4：学位层次较高的青年教师其学术产出也越高；
假设5：个人成就对学术产出具有积极的影响；
假设6：工作年限对青年教师的学术产出具有积极影响；
假设7：学科对青年教师的学术产出具有显著影响；
假设8：所在工作机构声望越高，高校青年教师的学术产出也越高；
假设9：所在机构对学术研究的支持对学术产出具有显著影响。[⑤]

第四步，收集相关资料。论文所使用的数据来自对全国13个省份、70所高校3 621名大学教师的问卷调查。

[①] 谷志远.高校青年教师学术产出绩效影响因素的实证研究——基于个性特征和机构因素的差异分析[J].高教探索，2011（1）：129.
[②] 谷志远.高校青年教师学术产出绩效影响因素的实证研究——基于个性特征和机构因素的差异分析[J].高教探索，2011（1）：130.
[③] 谷志远.高校青年教师学术产出绩效影响因素的实证研究——基于个性特征和机构因素的差异分析[J].高教探索，2011（1）：130.
[④] 谷志远.高校青年教师学术产出绩效影响因素的实证研究——基于个性特征和机构因素的差异分析[J].高教探索，2011（1）：131.
[⑤] 谷志远.高校青年教师学术产出绩效影响因素的实证研究——基于个性特征和机构因素的差异分析[J].高教探索，2011（1）：130-131.

第五步，验证研究假设。论文采用描述统计、回归分析来验证研究假设。描述统计结果表明：

男教师的学术产出高于女教师，性别差异显著。

已婚教师的学术产出高于未婚教师，差异显著。

学术产出随着年龄增长而增多，年龄差异显著。

已有学术成就（职称）越高，学术产出越多，差异显著。

学历越高，学术产出越多，差异显著。

工作年限对学术产出具有显著影响。

理科教师学术产出高于文科教师，学科差异显著。

机构声望越高，学术发表越多，差异显著。

机构支持科研、支持学术自由的态度对学术产出的影响并不显著。[①]

回归分析结果表明：性别、最高学位、副教授职称、工作年限、学科、行政人员对科研的支持等对青年教师的学术产出具有显著影响。[②]

除研究假设3、8之外，其他假设均得到支持。

第六步，得出结论。基于数据分析结果，论文得出三个结论：

（1）在人口统计学特征方面，青年教师学术产出具有显著性别差异，已婚教师的学术发表高于未婚教师，年龄对学术产出的影响未得到印证。

（2）个人特征对学术产出的影响非常显著。获得博士学位教师的学术产出远高于本科，个人成就对学术产出具有影响。

（3）机构特征方面，行政人员对科研的支持态度对学术产出具有负面影响，机构对学术自由的支持对学术产出具有正面影响。[③]

第七步，提出政策启示。基于研究结论，论文提出三个政策启示：

（1）客观对待学术产出的性别差异，提高对青年女教师的学术关注度。

（2）重视引进高学历人才。

（3）优化组织氛围，提高机构对科研活动的支持力度。[④]

该文是一个可供学习模仿的实证研究类论文范例，其值得学习之处如下。

---

① 谷志远.高校青年教师学术产出绩效影响因素的实证研究——基于个性特征和机构因素的差异分析［J］.高教探索，2011（1）：131-133.

② 谷志远.高校青年教师学术产出绩效影响因素的实证研究——基于个性特征和机构因素的差异分析［J］.高教探索，2011（1）：133-134.

③ 谷志远.高校青年教师学术产出绩效影响因素的实证研究——基于个性特征和机构因素的差异分析［J］.高教探索，2011（1）：134-135.

④ 谷志远.高校青年教师学术产出绩效影响因素的实证研究——基于个性特征和机构因素的差异分析［J］.高教探索，2011（1）：135-136.

（1）规范地按照确定问题、界定概念、提出假设、收集材料、验证假设、得出结论、提出启示的实证研究步骤展开研究。

（2）根据数据分析结果得出研究结论，根据研究结论提出政策启示（理应如此，但在不少实证研究中这三者是脱节的，或联系不够紧密）。

此外，该文还有一个地方值得学习，即差异显著与否的判定。不能因两组或多组数据有差距，就得出结论认为存在差异，而要根据情况做差异性分析（理应如此，但有不少研究仅仅根据两组或多组数据有差距，就得出它们之间存在显著差异的结论），要根据差异性分析的结果判断是否存在显著差异。如：

男教师在近三年内平均发表9篇学术论文，女教师则大约平均发表6篇文章。也就是说，男教师比女教师多发表3篇文章（很多研究会据此得出结论：男女教师的学术发表存在显著差异）。就性别差异的方差分析结果来看，F值为16.590，Sig.值为0.000，若取概率P值为0.05，Sig.值小于概率P值，则说明，从统计意义上来讲，男教师和女教师的学术发表的均值差异是显著的（判定差异是否显著需要根据数据类型，采用一定的方法如卡方检验、方差分析、T检验等进行差异性分析，根据差异性分析结果得出是否存在显著差异的结论）。[①]

本章小结

本章主题是实证研究，包括是什么、如何做。

学界对实证研究是什么看法不同，或认为它是基于事实和证据的研究，或将其等同于量化研究，或认为它包括量化研究和质性研究，或认为它指用事实或证据来检验结论或假设的研究，或认为它是研究范式，或认为它是研究方法。笔者认为，作为一种研究类型，实证研究指根据证据材料来验证研究假设的研究。

实证研究的具体步骤是：确定问题、界定概念、提出假设、收集资料、验证假设、得出结论、给出建议。

---

① 谷志远. 高校青年教师学术产出绩效影响因素的实证研究——基于个性特征和机构因素的差异分析［J］. 高教探索，2011（1）：131.

第八章 学位论文的写作类型、命题与论证

本章学习目标

◆ 了解学位论文的两种写作类型及其利弊
◆ 了解学位论文的核心命题及其重要性
◆ 能够识别论证并学会如何论证

本章思维导图（图8-1）

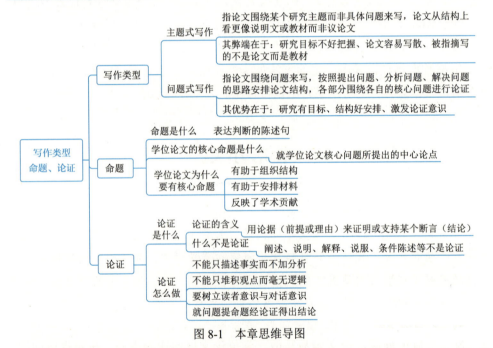

图 8-1　本章思维导图

前面谈了学位论文的选题、开题、研究方法及各部分的写作，本章着重谈学位论文的两种写作类型、学位论文的命题与论证。

第一节　学位论文的写作类型

根据是否有问题、是否围绕问题展开，笔者将学位论文的写作类型分为主题式写作、问题式写作两种。

一、主题式写作

（一）主题式写作是什么

主题式写作，指论文围绕某个研究主题而非具体问题来写，论文从结构上看更像说明文或教材而非议论文。如下例：

中小学教师职业道德规范研究

绪论

一、中小学教师职业道德规范的意义

二、中小学教师职业道德规范的修订

三、中小学教师职业道德规范的实施

四、中小学教师职业道德规范的评价

五、中小学教师职业道德规范的趋势

结语

上例没有明确的研究问题，围绕一个主题"中小学教师职业道德规范"从不同方面进行介绍，更多说明而不是议论。

（二）主题式写作弊端有哪些

类似上例这样的学位论文比较常见，这种写法的弊端如下。

1. 研究目标不好把握

没有明确的问题，研究目标不好把握。研究目标是研究想要达到的最终结果，是根据研究问题来设计的，与研究内容相呼应。也就是要根据研究问题来设计研究目标，根据研究目标来分解研究内容。如果没有研究问题，研究没有指向，那又如何来设计研究目标呢？

2. 论文容易写散

没有明确的问题，论文容易写散。学位论文以问题为中心，按照提出问题、分析问题、解决问题的思路来安排论文结构，用问题将各个部分串起来。如果没有问题，论文就好像没有了主心骨，各部分的关系就容易乱。

3. 会被指摘写的是教材

没有明确的问题，会被指摘写的不是论文而是教材。学位论文与教材的区别在于（见表8-1）。（1）从目的来看，学位论文要发现新知识，要为现有的知识大厦添砖加瓦。教材仅传递已有知识。（2）从内容来看，学位论文围绕一个问题展开，描述问题表现、剖析问题原因、探究问题对策。教材围绕一个学科展开，全面对该学科进行介绍如学科历史、内容体系等。(3)从体系来看，学位论文具有专门性，仅深入剖析一个问题。教材具有综合性，要从不同方面对某个学科进行全面介绍。(4)从文体来看，学位论文是议论文，重在"论"。教材是说明文，重在"说"。(5)从特点来看，学位论文强调创新，要与现有研究有不一样的地方，而且这种不一样要有价值，但不见得一定准确。教材追求准确，所涉及内容一般是目前有定论的知识。(6)从深度来看，学位论文要求有一定深度。教材内容则不那么深奥。

表 8-1 学位论文与教材的不同

	学位论文	教材
目的	发现知识	传递知识
内容	一个问题	一个学科
体系	专门性	综合性
文体	议论文	说明文
特点	创新	准确
深度	有深度	不深奥

说清楚了论文与教材的不同，主题式写作为什么容易写成教材而非论文就很清楚了。从结构上看，教材是典型的主题式写作，从不同的方面对某一主题进行介绍。如果论文没有问题而只有主题，往往也是从不同的方面对该主题展开说明，那就是教材。

二、问题式写作

(一)问题式写作是什么

问题式写作，指论文围绕问题来写，按照提出问题、分析问题、解决问题的思路安排结构，各部分围绕各自的核心问题进行论证。如在问题提出部分，你认为×是个问题，就需要论证它为什么是个问题。如问题是"初中生作业负担较重"，写论文时不能仅描述学生都有哪些作业，然后就得出结论认为作业负担重。类似于下例：

目前学生的书面作业量平均每天至少在 3 小时以上。笔者对某校初中二年级某一天书面作业的调查结果为：数学讲义一张 28 题，自然讲义一张 45 题，英语讲义一张 80 题，还有语文小作文一篇。毕业班的书面作业较之更多。可见，初中生作业负担较重。

上例的问题有三个：第一，这是一种说明式的写法，仅说明了初中生的日作业量情况，没有推理，没有论证；第二，这是一种比较主观、自说自话的写法，相当于"我说有问题就有问题"；第三，样本不具有代表性（某一天的作业量）。论证式的写法如下：

初中生作业负担较重。（论点）《关于进一步减轻义务教育阶段学生作业负担和校外培训负担的意见》规定：初中书面作业平均完成时间不超过 90 分钟[1]（此处为引文编号，页下需标注引文内容详细出处，以下同，笔者注）。①（证据1）但据新乡市教育局 2022 年 5 月对市区初中的抽样调查结果，学生日作业量至少需要 2 个小时[2]。②（证据2）有研究对 × 市某区初中的调查结果表明，学生书面作业量日均 2.6 小时[3]。③（证据3）笔者对某校初中二年级某一天书面作业情况的调查结果为：数学讲义一张共 28 题，自然讲义一张 45 题，英语讲义一张 80 题，还有语文小作文一篇，学生需要 2~2.5 小时完成。毕业班的书面作业更多。④（证据4）可见，初中生的书面作业量偏多，作业负担依然较重，离"双减"政策要求还有较大距离。⑤（结论）

论证式的写法中，①是判断学生作业负担轻重的参照系或标准；②是官方较大规模调查结果；③其他学者的调查结果；④是自己的调查结果；②、③、④是实际情况，是支持研究结论的证据，将其与参照系对比，研究结论⑤就出来了。这种写法中，结论是从材料中"长出来"的，而不是像第一种写法那样是"贴上去"的。

问题式写作类似于下例：

公海非油类污染全球治理困境及其突破

绪论

一、公海非油类污染全球治理困境综述（引出责任规避）

二、责任规避是公海非油类污染全球治理的困境

三、利益不明显相关是导致责任规避的主因

四、责任强化与条约谈判是突破责任规避的路径

结语

上例有明确的研究问题"公海非油类污染全球治理困境如何应对"，全文围绕这一核心问题展开分析。首先，提出问题。通过对现有研究的分析梳理引出治理困境，即各国对治理责任的规避。其次，论证问题。论证为何说责任规避是治理困境。再次，分析问题。论证为何说利益不明显相关是导致责任规避的主因。最后，解决问题。论证为何说各国责任强化与国家间的条约谈判是突破责任规避这一公海非油类污染全球治理困境的出路。

（二）问题式写作优势有哪些

1. 研究有目标

有明确问题，研究有目标。研究目标要根据研究问题来设计，即问题的解决要达到一个什么样的结果或效果。举个简单的例子，假如笔者提出这个学期要解决健康问题（没有明确问题），目标是什么？没法设计。假如是这个学期要解决体重超标问题（有明确问题），那目标就比较明确、就好设计了。

2. 结构好安排

有明确问题，结构好安排。学位论文以问题为中心，按照提出、分析、解决问题的思路安排结构，用问题将论文的各个部分串在一起。

3. 激发论证意识

有明确问题，激发论证意识。学位论文是议论文，议论文三要素是论点、论据、论证。

论点用来回答"是什么"的问题，是作者针对研究问题所提出的见解、主张或观点，是论证的中心。如《自杀论》中，作者的核心论点是自杀与种族、遗传、心理状态、自然条件等无太大关系，而与社会因素密切相关。

论据用来回答"为什么"的问题，它是支持、证实论点的依据。《自杀论》中作者所提供的论据是不同国家、不同时期、不同群体等的自杀率统计数据，用于证明论点。

论证用来解决"怎么做"的问题，是把各种证据材料按照一定的逻辑顺序组织起来，并做出合情合理、自圆其说的分析，从而揭示出论点与论据之间的关系。

如果没有问题，论点从哪儿来？如果没有论点，还需要论据吗？还需要论证吗？

第二节　学位论文的命题

命题指用符号、式子、语言表达的可以判断真假的陈述句，数学中的公理、定理、定义、公式、法则等都是命题。本节从命题是什么、学位论文的核心命题是什么、学位论文为什么要有核心命题等三个方面展开。

一、命题是什么

学界对命题是什么认识不一。有学者指出，"在现代意义上的逻辑学中，命题有两层含义：一是指有意义的陈述句的'内容'或'意义'"；二是指组成有意义陈述句的符号、标识或声音的图式"。① 有学者认为："命题这一术语指人们通常使用陈述句所断定的东西"②"命题是某种可真可假的论断的语言表达"。③ 也有学者认为："命题也叫判断，是对事物情况有所断定的一种思维形式"④"命题是一个有意义的短语"⑤"命题指必定有真假的语法正确的字符串"。⑥ 这里不深入探究这些定义的具体差异及其根源，将命题理解为表达判断的陈述句即可。

二、学位论文的核心命题是什么

一般而言，学位论文围绕一个问题展开研究，针对该问题所提出的中心论点就是论文的核心命题。

核心命题与研究结论可能重叠，如《自杀论》。核心命题与研究结论也可能不是一回事。如某研究的核心命题是：家庭因素是青少年心理健康问题的主要诱因，研究结论可以是：青少年心理问题的解决应从家庭干预入手；或者，引导青少年重新认识与妥善处理家庭问题；或者，教会青少年应对来自于家庭的负面影响。

三、学位论文为什么要有核心命题

与博士论文相比，硕士论文不强调要有核心命题，当然有了更好。之所以提倡学位论文要有核心命题，是基于如下三个方面的考虑。

（一）有助于组织论文结构

从问题的角度来看，学位论文要围绕问题，按照提出、分析、解决问题的思路安排结构。从命题的角度来看，学位论文要围绕核心命题，按照核心命题、分命题、次分命题的思路安排结构。这两者并不矛盾，因为核心命题是针对研究问题所提出的中心论点，分命题与次分命题相当于分论点、次分论点。

---

① 熊明辉. 逻辑学导论[M]. 2版. 上海：复旦大学出版社，2020：46.
② 欧文·M. 柯匹，卡尔·科恩. 逻辑学导论[M]. 13版. 张建军，潘天群，顿新国等，译. 北京：中国人民大学出版社，2014：8.
③ 丹尼斯·麦克伦尼. 简单的逻辑学[M]. 赵明燕，译. 太原：山西教育出版社，2011：65.
④ 周建武，武宏志. 批判性思维：逻辑原理与方法[M]. 北京：清华大学出版社，2015：76.
⑤ 张晶，王永. 命题研究的理论体系与功能实践[J]. 文艺争鸣，2022（6）：71.
⑥ 熊明辉. 逻辑学导论[M]. 2版. 上海：复旦大学出版社，2020：476.

（二）有助于安排相关材料

如果有核心命题，论文通常要围绕核心命题（一个论断）提出若干分命题（一组论断），对各分命题分别展开论证，并据此将不同的材料放在论文相应的地方。

（三）反映了论文的学术贡献

论文的创新有多种，如研究思路、方法、材料、观点等，核心观点（即核心命题）的创新是其中之一。或就某一研究问题提出前人没有提出的观点，或补充、修正前人的观点，这是很重要同时也很有难度的创新。如《本真生存与教育》，[①] 相较于之前的认为人性善、性恶、亦善亦恶的观点以及教育的目的在于促进人的发展的观点，作者提出的人性灵，人的灵性发展经由教育发展到至善状态时，人的生存就是本真生存，本真生存是教育的终极目的的核心观点，就是其就人性、教育与人的发展之间的关系进行研究后做出的学术贡献。

第三节　学位论文的论证

学位论文是议论文而非说明文，要采用论证式而非说明式的写法。那么，什么是论证、如何论证？本节内容围绕这些问题展开。

一、论证是什么

这里从论证的含义、什么不是论证两个方面来说明论证是什么。

（一）论证的含义

学界对论证是什么有着不同的看法。有学者认为，论证指用论据来支持观点，它"由一个或多个前提及一个结论组成，其中前提是作为论据或理由的陈述，用来说明为什么我们要接受某个结论，结论则是前提试图证明或支撑的陈述"。[②] 即，论证由多个陈述组成，其中的一个或多个陈述（即前提）旨在证明或支持另一个陈述（即结论）。如：小张，你该戒烟了③。你不知道抽烟对身体不好吗①？而且

[①] 朱新卓.本真生存与教育[D].武汉：华中科技大学，2006.
[②] 格雷戈里·巴沙姆，威廉·欧文，亨利·纳尔多内等.批判性思维[M].5版.舒静，译.北京：外语教学与研究出版社，2019：33.

你老婆怀孕了，吸二手烟对她和孩子都不好②。该论证中，用前提①和②来支持结论③，或者说，用前提①和②来证明③成立。

也有学者认为，论证"是为接受一个断言给出理由，它由前提和结论两部分组成。前提是为另一个断言提供理由的陈述，一个论证中可能含有多个前提。被前提支持或证明的断言是论证的结论"。① 如：

狗可以陪伴我，①遛狗可以锻炼身体，②我要养狗。③

养狗需要额外支出，①房东会提高房租，②我不能养狗。③

上例中，养狗、不养狗的结论③都是用前提①和②来支持的。或者说，都是用前提①和②来证明结论③成立。

还有学者指出，论证"指一个命题组：一个命题从其他命题推出，后者给前者之为真提供支持。一个论证的结论，就是以论证中的其他命题为根据所得出的那个命题，而这些其他命题，即被肯定（或假定）为接受结论的根据或理由的命题，则是该论证的前提"。② 前提是一个或多个支持性的命题，结论是被支持或证明的命题。

简言之，论证就是用论据（前提或理由）来证明或支持某个断言（观点、结论）。

（二）什么不是论证

论证是用论据（一个或多个前提或理由）来支持或证明断言（观点、结论）。辨别一个段落（语篇）是不是论证，要看是否有两个或两个以上的陈述，并且其中的一个陈述（结论）由另一个（些）陈述（前提）来支持或证明。如果满足这些条件，就是论证，而阐述、说明、解释、说服等不满足这两个条件，都不是论证。

1. 阐述不是论证

阐述即阐明陈述，其目的在于就某个主题进行叙述与提供信息。如：

在"东城"的中心地带，有一个叫作科纳维尔的贫民区，那里居住的几乎都是意大利移民和他们的后代。对于这个城市的其他人来说，这是一个神秘、危险和令人忧虑的地区。从高级的商业区大街步行到科纳维尔，仅仅需要几分钟的时间，但是商业区大街的居民走到这里来，却是从一个熟悉的环境进入了一个未知的世界。③

---

① 布鲁克·诺埃尔·摩尔，理查德·帕克. 批判性思维 [M]. 12版. 朱素梅，译. 北京：机械工业出版社，2020：11.

② 欧文·M. 柯匹，卡尔·科恩. 逻辑学导论 [M]. 13版. 张建军，潘天群，顿新国等，译. 北京：中国人民大学出版社，2014：9-10.

③ 威廉·福特·怀特. 街角社会：一个意大利人贫民区的社会结构 [M]. 黄育馥，译. 北京：商务印书馆，1994：6.

作者在这段话里只是阐述一些事实，目的在于提供关于科纳维尔的信息，不是列举理由来解释为什么一个（些）陈述能够支持另一个陈述。

关于论证的阐述比较容易与论证相混淆，如：

在霍布斯看来，政府是合法的。因为在政府统治下生活要比在自然状态中好。政府具有足够明显的优势，值得我们牺牲一部分自由来换取这些优势。鉴于此，理性的人们会同意达成社会契约，服从政府的法令和权力。①

这段话看起来很像论证，但并不是论证，是作者对另一个人（霍布斯）论证的阐述，作者没有表示赞同或反对也没有提供理由。

2. 说明不是论证

说明是对客观事物的描述或对抽象事理的阐释，常出现在教科书、说明书里面。说明性文字里没有观点，不需要论证。

例如：彩虹是气象中的一种光学现象，当太阳光照射到半空中的水滴，光线被折射及反射，在天空上形成拱形的七彩光谱，由外圈至内圈呈红、橙、黄、绿、蓝、靛、紫七种颜色。这段话仅告诉你彩虹是什么，没有任何观点。

再如爽身走珠液的使用说明：首先把需要涂抹的地方清洗干净并擦干（多涂抹于腋下）。接着，取出走珠液充分摇匀，同时保持涂抹部位清洁干爽。然后，均匀滚动于出汗位置，滚动面积覆盖出汗部位。最后，轻轻按摩，等待走珠液充分吸收即可。但如果是这样的：我推荐大家使用××爽身走珠液。（观点）首先，它含有……。其次，它可以……。第三，它能够……。最后，它有利于……。（理由）这就不是说明而是论证了。

3. 解释不是论证

解释指分析说明，它与论证在目的、侧重点、对理由（论据）的要求等方面均不相同。

（1）目的不同。解释的目的在于分析阐明，它试图表明为什么事实（事物）是这样（如何形成、如何制作、如何运作等），而不是证明事实的确就是这样。论证的目的在于论述并支持（证明）结论，论证由前提与结论构成，前提为结论提供理由，结论是被前提所支持或证明的断言。例如：

因为撞上冰山，所以泰坦尼克号沉没了。

因为无辜的人可能会被误杀，所以应该废除死刑。

这两句话在形式上是一样的，都是"因为……所以"句式，其区别在于第一

---

① Stephen Nathanson. Should We Consent to Be Governed? A Short Introduction to Political Philosophy (Belmont，CA: Wadsworth, 1992)，p.70. 转引自，格雷戈里·巴沙姆，威廉·欧文，亨利·纳尔多内等.批判性思维［M］.5版.舒静，译.北京：外语教学与研究出版社，2019：42.

句是解释，第二句是论证。在第一句里，作者并不是要论证泰坦尼克号沉没这件事儿，它的沉没是已知事实，作者的目的在于解释它为什么沉没了。在第二句里，作者提出应该废除死刑，给出的理由是无辜的人可能会被误杀，其论证结构如下：

任何情况下无辜的人都不应该被误杀。（大前提）

死刑会导致无辜的人可能被误杀。（小前提）

应该废除死刑。（结论）

（2）侧重点不同。解释的侧重点在于分析阐明事物为什么是这样，重点在于描述过程，不需要给出有力的证据来证明。论证的侧重点在于论述并证明为什么结论应该被接受，重点在于寻找证据，需要给出充分、有力、真实的证据来证明结论的可靠性。

（3）对理由（论据）的要求不同。在解释中，被解释的对象是事实，给出的理由可以是事实，也可以是推测或假想。在论证中，论点是观点，可以是客观存在的事实，也可以是构想出来的观点，论据只能是事实，而不能是推测或假想。例如：

小张认为义务教育经费应更多向贫困地区倾斜，因为他崇尚公平。

义务教育经费应更多向贫困地区倾斜，因为贫困地区与其他地区及全国平均水平相比存在较大差距。

第一句是解释，提供理由（小张崇尚公平）来阐明事实（小张认为义务教育经费应更多向贫困地区倾斜）为什么是这样。第二句是论证，提供证据（贫困地区的义务教育经费与其他地区及全国平均水平相比存在较大差距）来证明为什么观点（义务教育经费应该更多向贫困地区倾斜）应该被接受。解释的是事实，论证的是观点。事实是已知和客观存在的，而观点则是存疑的。

4. 说服不是论证

下面两句话：

你应该用×牌的洗发水，咱们宿舍其他人都在用，其他宿舍也有人在用，大家都觉得挺好的。

你应该用×牌的洗发水，它的修复、防脱效果都非常好，你的头发经常染、脱发也比较严重，这款洗发水很适合你。

第一句是说服；第二句是论证。

说服是用充分理由劝导他人以使对方信服。说服与论证的目的相同，都是让他人接受我们的观点；两者的过程与所使用的方法不同。论证需要推理，是理性思维，要依据知识、经过推理得出结论，追求结论的"真"。说服不一定需要推理，可能也依据知识，但更多时候凭借个人经验、好恶、情感等得出结论，不保证结论的"真"。有力的论证能够达到说服的效果，但说服本身不是论证。

说服有中心与外周两种路径。有时候，人们更关注信息内容的逻辑性、论据的强度和力度，会对相关内容进行分析整理，经过思考和推敲后决定是否接受某种观点，这被称为说服的中心路径。其他一些时候，人们并不关心这些，只是关注信息的表面特征，如这些信息是谁提供的，以什么样的方式提供等，此时人们不受论证逻辑的左右。如果信息看起来比较充足、由专家或其他具有吸引力的人提供，那么人们就会被说服，这被称为说服的外周路径。很多广告会同时采用这两种路径说服你购买他们的产品，如某洗发水的广告，既强调其主要成分（配方）的纯天然性、功效如何好，也会用目标群体喜欢的人（演员、网红等）说出类似于"×洗发水，你值得拥有"等广告词。对成分与功效的介绍，是中心路径的说服；具有吸引力的广告演员与广告词，是外周路径的说服。

5. 条件陈述不是论证

条件陈述指"如果……那么……"式的陈述。如"如果你现在洗车，那么车上会留下很多污渍""如果明天下雨，那么郊游就会取消""如果今天喝了太多的酒，那么明天你会感觉头痛"。条件陈述由前件、后件组成，"如果"后面的一（多）个陈述被称为前件，"那么"后面的一（多）个陈述被称为后件。

"如果……那么……"是条件陈述的标准形式，实践中，"那么"会经常被省略。条件陈述也有其他变体形式，如："如果你现在洗车，车上会留下污渍""万一明天下雨，郊游就会被取消""小明如果通过了综合测试，就可以顺利毕业"。

条件陈述不是论证。尽管它由前件、后件两个组成部分，但任何一部分都不能作为前提或结论。在"如果明天下雨，那么郊游就会取消"里，并不是说明天会下雨或郊游会取消，只是表明如果前一句话成立，第二句话也会成立，这里没有前提与结论，没有推理过程，也就没有论证。

不过，有些条件陈述里也包含有推理过程，如"如果甘肃的面积比内蒙古大，内蒙古的面积比青海大，那么甘肃的面积就比青海大"。这句话里有推理过程，看起来好像是经过推理得出了结论，是一个论证。可是它依然不是论证，这里说的只是如果前两句话成立，那么第三句话肯定也成立，并没有表明任何一句是真的。因此，这里没有提出任何前提或推理出任何结论，只是表达了一个观点：如果前两句陈述是真实的，后一句陈述才是真实的。后一句的确是通过推理得出的，但这并不意味着这就是论证。

条件陈述可以是论证的一部分，可以作为前提，如：如果你现在洗车，车上会留下污渍。（前提）你不该现在洗车。它也可以作为结论，如：天在下雨。如果你现在洗车，车上会留下污渍。（结论）

还有一些表达看起来像论证，但也不是论证。无根据断言不是论证，它只是言说者自己所相信的观点，只提供观点，没有理由与推理，因此不是论证。对事实的罗列不是论证，因为所罗列的事实中没有任何一个为其他提供理由，也就不构成论证。价值判断不是论证，它只是表达了个人的看法与感受。修辞不是论证，它只是达到更好表达效果的一种语言手段。总之，要判断一个表达是不是论证，需要看它里面是否有前提、结论，而且前提要能够支持或证明结论。

二、学位论文如何进行论证

就学位论文写作来说，要想把论文写成议论文而不是说明文，就需要进行论证，就不能只描述事实而不加以分析，不能只堆积观点而毫无逻辑，要树立读者意识与对话意识，要就研究问题提出核心命题，提供证据材料证明核心命题成立，进而得出研究结论，最终回答研究问题。

（一）不能只描述事实而不加分析

罗列事实看起来很像论证，但不构成论证。如下例：

公民个人信息被泄露较上一年度增多了至少 10 倍。越来越多的个人与机构能够通过多种途径轻易获得他人身份证号、手机号码、银行账号等信息。警方以多种形式、多种渠道提醒大家做好个人信息保护工作。

上面这几句话的主题相近，但没有一句话为其他任何一句提供理由，也没有得出任何结论，因而不是论证。论证式的写法如下：

过去一年个人信息失窃的案件增加了数倍，所以你比以往更容易成为信息失窃案的受害者。

上例中，第一个断言是理由，为第二个断言提供了支持，有前提，有结论，而且前提能支持结论，这就构成了一个论证。

学位论文中只罗列事实而不进行论证的情况比较常见。可能作者以为把事实摆出来就行了，事实不是很明显嘛，还用去分析论证？也可能作者根本就没有论证的意识。类似下例这样的写法在学位论文中很常见：

6 岁男童小明体重 45 千克，小明太胖了。

作者可能以为，6 岁的小男孩重 45 千克，那还不叫胖？还用再论证？其实，上例中的前半句只是罗列了一个事实，而后半句只是无根据断言，即没有理由支持的观点。论证式的写法如下：

6 岁男童小明体重 45 千克，而该年龄段男童的平均体重只有 20 千克，小明的体重是平均体重的 2.25 倍，小明太胖了。

上例的论证结构如下：

6 岁男童的平均体重为 20 千克。

6 岁男童小明的体重为 45 千克。

所以，6 岁男童小明的体重偏重。

再如下例：

教师批改作文不公正①。教师在批改学生的作文时会根据写作情况将其分为三类：优、良、差，然后作出相应的评价②。作文中的精彩之处就用波浪线在下面进行标注，错别字就画上圈圈③。对优秀作文的主要评语有书写认真、富有感情、中心突出、语句通顺、用词生动等；对一般作文的主要评语有选材较好、中心突出、语句通顺、继续努力等；对比较差的作文的主要评语有中心不明确、语句不通顺、书写不认真、错别字较多等④。

上例中，①句是结论，②到④句是对教师批改作文时具体做法的描述（罗列事实），②到④不能为①句提供支持或证明，因此也不构成一个论证。论证式的写法如下：

教师批改作文不公正①。教师在批改学生的作文时会根据写作情况将其分为三类：优、良、差，然后作出相应的评价②。作文中的精彩之处就用波浪线在下面进行标注，错别字就画上圈圈③。对优秀作文的主要评语有书写认真、富有感情、中心突出、语句通顺、用词生动等；对一般作文的主要评语有选材较好、中心突出、语句通顺、继续努力等；对比较差的作文的主要评语有中心不明确、语句不通顺、书写不认真、错别字较多等④。教师在作文批改中基本践行了同样情况同样对待的公正原则⑤。然而，教师还需要关心每一个学生的健康成长，作文评语中的差评尤其对于总是得到差评的同学来说，可能会对其身心造成不良影响⑥。基于罗尔斯的"合乎最少受惠者的最大利益"的公正原则，教师……（由此展开论述教师批改作文的不公正）⑦。

上例中，①是结论，②到⑦是理由，论证结构如图 8-2 所示。

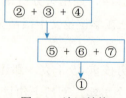

图 8-2　论证结构

（二）不能只堆积观点而毫无逻辑

只有观点而不提供理由是无根据断言，只有当观点是根据其他观点得出的，或观点能够证明其他观点（结论）时，这些观点才成为论证的一部分，才能构成论证。这就要求观点既要得到论证（是根据其他观点得出的），又要能够支持或证明结论。这里着重谈后一点，也就是观点要能够成为支持结论的理由。如：

教师道德行为的特征

①教师的道德行为是追问理由的；
②教师的道德行为是非功利的；
③教师的道德行为是自择的；
④教师的道德行为是理性的；
⑤教师的道德行为是受职业道德规范制约的；
⑥教师的道德行为是可以进行道德评价的；
⑦教师的道德行为是出自义务而承担的。

上例不是严格意义上的论证，因为作者并不是要证明一个观点，而仅仅围绕一个话题"教师道德行为的特征"展开论述，①到⑦是作者就该话题而提出的观点（文中就这些观点进行了论述），这里想指出的是观点①到⑦是服务于"教师道德行为的特征"这一话题的，理论上应该或并列、或递进，但是①、④有交叉，而③、⑤、⑦则又相矛盾。

那么，应该怎么来写？首先要想清楚从哪几个方面来论述"教师道德行为的特征"，如可以从目的、过程、原则、效果等方面入手，如此一来各观点之间不仅有了逻辑关系，也不会出现交叉甚至互相矛盾的情况。

（三）要树立读者意识与对话意识

大家从小接受的写作教学更强调"写什么"与"怎么写"的问题，而忽略了"为谁写"的问题，这导致学生们即使到了研究生阶段依然更关注前两者，而较少考虑后者。典型的表现就是没有读者意识的"自我中心式写作"，即我想怎么写就怎么写、我怎么想就怎么写、我怎么认为就怎么写。所谓读者意识与对话意识，就是写作中的对象意识与交流意识，写作时要考虑并尽可能满足读者的阅读需要与接受水平等。

先从一期《奇葩说》谈起，辩题是《情侣吵架该谁错谁道歉还是男生先道歉？》。詹青云的观点是男生应该先道歉，理由如下：

吵架时最重要的不是分出谁对谁错，而是打破僵局。在俩人吵得热火朝天、都认为自己理直气壮的时候，靠什么打破僵局？态度！态度要先软下来，情绪要服从于理智，男生比女生更能够做到。为什么呢？从生理结构上来说，男生分泌血清素的速度和密度都比女生快，血清素是一种帮助我们平复情绪的激素，所以男生更容易从情绪里走出来；从社会结构上来说，女生更依赖于家庭关系，更缺乏安全感，更容易沉溺于消极情绪。这个时候，能够更快地从情绪中脱身的男生的道歉，与其说是在认错，不如说是一种关怀。①

  这里不谈詹青云是如何论证的，笔者想指出的是詹青云是如何将很专业的"血清素"很通俗地解释给观（听）众的，"血清素是一种帮助我们平复情绪的激素"。语言非常接地气，很好地照顾到了观（听）众的理解力，这就叫观（听）众意识，放在论文里就是读者意识。没有观（听）众意识的解释是下面这样的：

  血清素即 5-羟色胺，是一种吲哚衍生物，简称 5-HT，化学式为 $C_{10}H_{12}N_2O$，分子量为 176.22。最早从血清中发现，故又称血清素。它广泛存在于哺乳动物组织中，特别在大脑皮层质及神经突触内含量很高。它也是一种抑制性神经递质，5-羟色胺水平较低的人群更容易发生抑郁、冲动、酗酒、自杀、攻击及暴力行为。女性大脑合成 5-羟色胺的速率仅是男性的一半，这可能有助于解释为何女性更容易罹患抑郁症。②

  上面的解释很专业，但对于作为非专业人士的听众（观众）来说，解释了等于没解释。因为如此解释还是不能让他们明白血清素究竟是什么，而解释的首要目的在于让特定的听众知道是怎么回事。

  再来谈谈文学作品，其创作目的是表达作者对事物的看法与感受，通常没有明确的读者群体（儿童文学作品除外）。作者当然希望自己的作品能够得到更多人的阅读，事实上，作者也无法控制自己作品的读者范围。那么这是不是就意味着写作时不需要考虑读者，不需要有读者意识？不是的，很多文学作品都有着非常明确的读者意识。如《山羊兹拉特》中：

  对皮匠勒文来说，这年更是个坏年头，他犹豫了好久，终于决定卖掉山羊兹拉特。这只山羊已经老了，挤不出多少奶了。镇上的屠夫费夫尔愿出八个银币买下这只山羊。

  "八个银币"到底值多少钱？不同国家、不同年代"八个银币"的购买力也不一样。那么，如何让读者明白它的价值有多大？作者接下来是这么写的：

  用这笔钱可以买光明节点的蜡烛、过节用的土豆和做薄煎饼用的脂油，还可以给孩子们买些礼物，给家里添些过节用的其他必需品。

---

① 奇葩说：情侣吵架，到底应该谁错谁道歉？还是男生先道歉？第 9 期 [Z/OL]. [2022-11-02]. https://www.bilibili.com/video/av459032671/.

② 笔者根据相关材料整理。

如此，读者就比较容易理解这八个银币的价值了。

与日常交流和文学作品相比，学术写作更强调客观、非人称与信息传递。但不可否认的是学术写作的目的也是跟读者（大多情况下是同行）进行交流，提出自己的观点并进行论证，向读者表明观点的可信与可靠，说服读者接受观点。为交流而进行的学术写作同样要有读者意识与对话意识，写作过程中也要时刻考虑读者的阅读需要、理解力与接受水平。

学位论文写作是学术写作的一种，也要有读者意识。它不是日记，不是写给自己看的，而有着非常明确的读者群体，即导师与评阅专家，读者也应成为写作过程中需要考虑的重要因素。学位论文写作中的读者意识与对话意识，指写作过程中要有一种跟导师、评阅专家交流的意识，要考虑到读者的阅读需要（如语言要规范、简明）、接受水平（如不要给导师与专家科普问卷调查法是一种什么方法）等，要明确提出自己的观点（让导师与专家知道你要论证什么），并提供充分的、能够支持观点的理由（让导师与专家知道你是怎么论证的）。

（四）就问题提命题、经论证得结论

学位论文要有明确的研究问题，针对该问题而提出的中心论点（往往也是问题的答案）叫论文的核心命题。作者需要向读者论证这个核心命题是成立的，通常会围绕核心命题提出若干分命题，通过一一论证分命题的成立来论证核心命题成立，从而对研究问题做出回答（见图8-3）。

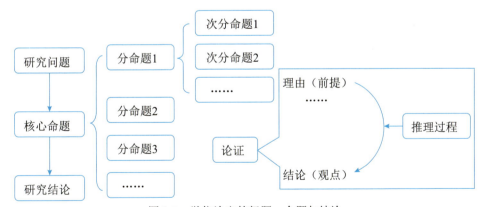

图8-3 学位论文的问题、命题与结论

我们以《中国社会各阶级的分析》[①]为例来说明问题、命题、结论之间的关系以及如何论证（见图8-4）。

---

① 毛泽东.中国社会各阶级的分析［M］//毛泽东选集（第一卷）.2版.北京：人民出版社，2009：3-11.

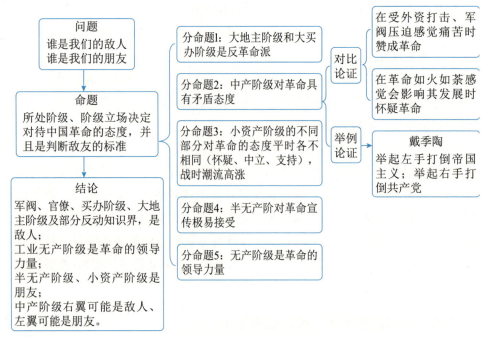

图 8-4　问题、命题、论证、结论示例

研究问题是"谁是我们的敌人？谁是我们的朋友？"核心命题是"所处阶级、阶级立场决定对待中国革命的态度，并且是判断敌友的标准"，围绕该命题提出五个分命题：大地主阶级和大买办阶级是极端的反革命派；中产阶级对革命具有矛盾态度；小资产阶级的不同部分对革命的态度平时各不相同（怀疑、中立、支持），战时潮流高涨；半无产阶级对革命宣传极易接受；无产阶级是革命的领导力量。通过对各分命题进行论证，证明分命题成立，进而证明核心命题成立，最终回答了研究问题，得出了研究结论"军阀、官僚、买办、大地主阶级及部分反动知识界是我们的敌人，工业无产阶级是革命的领导力量，半无产阶级、小资产阶级是我们的朋友，中产阶级的右翼可能是敌人、左翼可能是朋友"。

就论证而言，为论证"中产阶级对革命具有矛盾态度"，作者采用了对比论证、举例论证两种论证方法。对比论证是把正反两方面的观点（或事物）以及论据进行比较，从正反两个方面说理以实现否定错误观点，确立正确论点的目的。作者通过对中产阶级在不同状态下（受外资打击、军阀压迫感觉痛苦时；革命如火如荼感觉会影响其发展时）对革命的不同态度（赞成、怀疑）的比较，来证明其对革命的矛盾态度。例证法是先亮明观点再举例子进行证明的论证方法。作者先亮明中产阶级对革命态度矛盾的观点，然后举了戴季陶的例子来证明这个观点。

本章小结

本章主题是学位论文的两种写作类型、学位论文的命题与论证。

首先,介绍学位论文的主题式、问题式两种写作类型。主题式写作指论文围绕研究主题展开,目标不明确,结构比较散,像教材而不像学位论文。问题式写作指论文围绕具体问题展开,目标明确,结构紧凑,采用论证式写法。

其次,介绍学位论文的核心命题。命题指表达判断的陈述句,学位论文的核心命题是就研究问题提出的核心论点,它可能与研究结论一样,也可能完全不同。核心命题有助于组织结构、安排材料且反映了学术贡献。

最后,介绍学位论文的论证。论证是用论据(或前提、理由)来支持或证明结论(或观点)。要把学位论文写成议论文而不是说明文,不能只描述事实而不加分析,不能只堆积观点而毫无逻辑,要树立读者意识与对话意识,要就研究问题提出核心命题并经过论证得出结论。问题、命题、论证三者之间的关系是,针对问题提出命题,通过对命题进行论证回答问题。

附录

附录 1　调查问卷示例

研究方法与学术规范素养调查

亲爱的同学：

　　你好！

　　为了解研究生的研究方法与学术规范素养状况，我制定了这份问卷。本次调查不用填写专业和姓名，调查结果为改进教学提供参考，别无他途，请你放心填写。

　　谢谢你的参与和支持！

《教科法》授课教师张英丽

填写说明

某些题目需填写，某些题目需你在所选项目上打"√"。如无特别说明，均为单选。

1. 你的性别：①男　②女
2. 你的学科：①哲学　②法学　③工学　④文学　⑤理学　⑥农学　⑦医学　⑧管理学
   　　　　　　⑨经济学　⑩历史学　⑪教育学　⑫其他
3. 你的第一学历：①专科　②本科
4. 在你的上一个学习阶段，_____。

	是	否
学校开设有学术规范相关课程		
听过有关学术规范的讲座		
任课教师在教学中谈及学术规范		
论文指导老师谈及学术规范		
个人主动了解学术规范		
个人关注媒体对学术不端的报道		

5. 对于下列研究方法,你的了解程度是_____。

	完全不了解	不太了解	一般	比较了解	非常了解
文献研究法					
比较研究法					
问卷调查法					
观察法					
访谈法					
案例分析法					

6. 你对下列说法的态度是_____。

	完全不赞同	不太赞同	中立	比较赞同	完全赞同
应该开设专门的研究方法课程					
选择恰当的研究方法对学位论文非常重要					
规范使用研究方法对学位论文非常重要					
研究生应该严格遵守学术规范					

7. 对于规范使用下列研究方法,你_____。

	完全不行	不太行	不好说	可能行	完全可以
文献研究法					
比较研究法					
问卷调查法					
观察法					
访谈法					
案例分析法					

8. 对于下列规范,你的了解程度为_____。

	完全不了解	不太了解	一般	比较了解	非常了解
《高等学校人文社会科学学术规范指南》					
《高等学校科学技术学术规范指南》					
《信息与文献 参考文献著录规则》					
《学位论文编写规则》					

9. 在你看来,下列说法_____。

	正确	错误
用自己的语言表述他人观点不需要注明出处		
所有引用都应注明具体页码		
只要引用标明了出处,引用多少都可以		
不管是不是引用原文,都需要在引用部分加上引号		
只要和论文主题有关,没有看过也可以将其列为参考文献		

续表

	正确	错误
文后参考文献也必须标注页码		
图应有图标题		
表应有表标题		
图的标题在图的上方		
表的标题在表的上方		
同一组数据不需要同时使用表和图来呈现		

10. 请判断下列参考文献的格式是否规范。

	规范	不规范
余敏．出版集团研究［M］．北京：中国书籍出版社，2001：18.		
昂温·G. 陈生铮，译．外国出版史［M］．北京：中国书籍出版社，1988.		
李晓东，张庆红，叶瑾琳．气候学研究的若干理论问题［J］．北京大学学报：自然科学版，1999，35（1）：101-106.		
吕群．学术不端的新闻舆论监督研究［D］．长沙：湖南大学，2010.		
中国社会科学院语言研究所词典编辑室 编．现代汉语词典第7版［M］．北京：商务印书馆，2016.		
西安交大6名老教授举报学术造假曾遭校方阻拦［EB/OL］．［2018-10-04］．http：//edu.people.com.cn/GB/14001399.html.		
王庆环，厦斐，王怀民．武汉大学对学术不端"零容忍"［N］．光明日报，2009-02-03（01）．		

11. 请判断下列脚注的格式是否规范。

	规范	不规范
翁定军．社会统计［M］．上海：上海大学出版社，2006：154.		
［美］戴维·迈尔斯．社会心理学（第8版）［M］．侯玉波 等译．北京：人民邮电出版社，2006.		
刘恩允，薄存旭．高校教师社会服务伦理失范的剖析与对策［J］．高等教育研究，2011，（1）：72.		
卜麟．防治高校学术不端行为的教育对策研究［D］．长沙：湖南农业大学，2012.		
何毓琦．中国学术失范的原因及实例［N］．科学时报，2006-2-6-（A04）．		

12. 在你看来，下列行为是否属于学术不端。

	是	否
将没有看过的文献列为参考文献		
为使实验或调查数据更"完美"而修改部分数据		
引用自己已发表的论文而不加以标注		
将论文同时投寄给多家学术期刊		
论文发表相互挂名		
用自己的语言表述他人观点没有注明出处		

13. 你对研究生学术不端行为的后果_____。
    ①完全不清楚 ②不太清楚 ③知道一点 ④比较清楚 ⑤非常清楚

14. 研究生的哪些行为属于学术不端，你对此_____。
    ①完全不清楚 ②不太清楚 ③知道一点 ④比较清楚 ⑤非常清楚

15. 如果一篇论文有多个作者，你认为应该按照什么来排列作者顺序？
    ①职称高低 ②行政职务 ③学术威望 ④贡献大小 ⑤姓氏拼音顺序
    ⑥姓氏笔画 ⑦不知道

16. 你看了张三的论文，里面引用了李四的观点，你在自己的论文里也引用了李四的观点，但你并没有去看李四的论文，这种情况下应如何标注出处？
    ①标注张三 ②标注李四 ③标注中李四在前，张三在后 ④不清楚

17. 对于被处理的学术不端行为当事人，你感到_____。
    ①非常同情 ②比较同情 ③无所谓 ④比较反感 ⑤非常反感

18. 你认为现有的学术规范对于约束研究生的学术行为_____。
    ①完全无效 ②不太有效 ③效果一般 ④比较有效 ⑤非常有效

19. 在你看来，研究生学术规范教育的最主要责任主体是_____。
    ①学校 ②学院 ③导师 ④研究生自己 ⑤不清楚

20. 小张即将毕业，但论文发表尚未达到学校要求，如果抄袭他人成果能够在短期内达到论文发表要求，您认为他/她_____。
    ①肯定抄 ②可能抄 ③不好说 ④可能不抄 ⑤肯定不抄

21. 小李已经研三，如果修改学位论文中的部分数据可以按时毕业，不修改就无法按时毕业，您认为他（她）_____。
    ①肯定修改 ②可能修改 ③不好说 ④可能不修改 ⑤肯定不修改

22. 假如小赵把并未参与研究的导师列为共同作者能够使其文章顺利发表，您认为他（她）_____。
    ①肯定会 ②可能会 ③不好说 ④可能不会 ⑤肯定不会

23. 你对下列说法的态度是_____。

	完全不赞同	不太赞同	中立	比较赞同	完全赞同
天下文章一大抄					
很多研究生不了解学术规范，就谈不上遵守了					
一稿多投只要不造成两发或多发的后果，就算不上违背学术规范					
只要论文写得好就行，研究方法不重要					
研究方法的学习不需要通过课程教学，在参与导师课题研究过程中就能习得					

24. 你对《教育科研方法》课程的建议是：_____

------------------ 问卷到此结束，感谢你的参与和支持！------------------

附录 2　访谈提纲示例

研究生导师访谈提纲

访谈目的：了解导师的科研训练尤其是研究方法、学术写作训练经历，了解导师对学生的研究方法、学术写作训练情况以及所在学校的相关情况。

访谈时间：_____　访谈地点：_____　访谈对象编号：_____

访谈问题：_____

1. 个人基本情况（性别、年龄、专业、学历学位、教龄、职称、职务等）。
2. 本科期间的学术写作训练，包括课程开设情况、本科毕业论文的指导情况等。
3. 硕士期间的研究方法、学术写作训练，包括课程开设情况，导师对学位论文的指导情况等。
4. 博士期间的研究方法、学术写作训练，包括课程开设情况，导师对学位论文的指导情况等。
5. 谈谈您对所经历的科研训练尤其是学术写作训练的感受，如收获、建议等。
6. 谈谈您对研究生的研究方法的指导和训练情况，您认为成效如何？
7. 谈谈您对研究生的学术写作的指导和训练情况，您认为成效如何？
8. 谈谈您对研究生的学位论文的指导情况，如指导过程中都关注哪些方面、如何跟学生沟通、学生的反馈如何等，您认为成效如何？
9. 谈谈您所在学校在研究生科研方法、学术写作训练方面的做法，您认为成效如何？如何改进？

附录 3　观察表示例

大学课堂师生互动情况观察记录表

观察目的：了解大学课堂师生互动的整体情况，不同专业、班级规模师生互动的差异，不同性别、专业、教龄、职称的教师课堂师生互动的差异。

授课内容					观察日期	
授课教师	性别			专业		
	教龄			职称		
班级规模			学生专业			
观察维度		具体内容				频次
互动发起者	老师					
	学生					
互动内容	课程内容					
	课程内容的延伸					
	其他					
互动形式	师生一对一问答					
	师生一对多讨论					
其他情况						
观察笔记						

附录 4　开题报告示例

×××大学
硕士学位论文开题报告

A 理论视角下中小学教师教育惩戒权实现机制研究

（注：论文题目，小一号宋体，3 倍行距）

所属院系：
学科专业：
研　究　生：
指导教师：

A 理论视角下中小学教师教育惩戒权实现机制研究

（注：论文题目，黑体，三号加粗，居中，1.5 倍行距）

教育惩戒权指……。它是教师的重要职业权利之一，我国通过立法保障教师的教育惩戒权。虽然相关法律与政策就中小学教师的教育惩戒权进行了规定，但还存在边界不清晰、可操作性不强、相关保障措施不到位等问题，其结果是教育惩戒权仍然停留在理论层面而无法实现。学界对中小学教师教育惩戒权落实的研究集中于……（简要交待相关研究情况），其不足之处是……。与以往研究不同，本研究以 A 理论为研究视角，借用 B 学科的 C 模型，构建中小学教师教育惩戒权的实现机制。这将回答理论上……的难题，也将解决实践中……的困惑。（注：引言段，小四号宋体，1.5 倍行距，首行缩进 2 个字符）

一、研究缘起（注：或选题缘由，或问题提出，要扣题）（注：一级标题，四号加粗黑体，缩进 2 个字符。提醒：不要使用自动生成的标题编号）

相关法律法规对中小学教师的教育惩戒权……。（注：过渡段，小四号宋体，1.5 倍行距，首行缩进 2 个字符）

（一）教育惩戒是中小学教师履行职业责任的重要手段之一（注：二级标题，小四号加粗黑体，首行缩进 2 个字符）

中小学教师承担着……的职业责任，它要求教师……，而教育惩戒是中小学教师履行职业责任的重要手段之一。

1. 教育惩戒是中小学教师履行教书责任的手段之一（注：三级标题，单独成行，小四宋体加粗，首行缩进 2 个字符。如果此部分无法提炼小标题，也可不要，分段论述的话建议给出段首句。提醒：文中的数字、字母使用 Times New Roman 格式）

……是中小学教师的职业责任之一，为……。（注：正文，小四号宋体，1.5 倍行距，首行缩进 2 个字符）

……

2. 教育惩戒是中小学教师履行育人责任的手段之一

……

（二）教育惩戒权是中小学教师的重要职业权利之一

……

二、研究意义（注：要扣题）

过渡段

（一）为教育惩戒权研究提供新的理论视角

现有研究的理论视角有 E、F、G，本研究的视角是 A 理论，该视角……（相较于其他视角的创新与优势等）。

……

（二）有助于落实中小学教师的教育惩戒权

……

（三）为相关部门制定中小学教师教育惩戒权实施细则提供参考

……

三、相关研究述评（注：要扣题）

教育惩戒权实现一直受到国内外学者的关注，相关研究围绕教育惩戒权实现是什么、为何难以实现、如何有效实现等方面展开，综述如下。

（一）关于教育惩戒权实现含义的研究

不同时期、不同国家、不同立场的学者对教育惩戒权实现含义的认识不一。在 20 世纪 60 年代，美国学者 ××× 指出，……。①（注：所有引文文献都要标注详细出处）英国学者 ××× 认为，……。②德国学者 ××× 则认为，……。③我国学界代表性的观点是 ××× 学者提出来的，他认为……。④

（注：如相关研究可以分为几个方面，建议提炼出小标题分别叙述。如不能分，可以分段叙述，建议给出段首句。文献叙述不要一个文献一个自然段，要总结梳理，总体上按照不同主题进行综述，在分述不同主题时，如有不同观点，就按观点来综述，相同观点总结后放在一起叙述，不要一个个罗列。）

……

（二）关于中小学教师教育惩戒权实现影响因素的研究

……

（三）关于中小学教师教育惩戒权如何实现的研究

……

---

① 标注文献详细信息，要具体到页码。
② 标注文献详细信息，要具体到页码。
③ 标注文献详细信息，要具体到页码。
④ 标注文献详细信息，要具体到页码。（这些是页下注，也称脚注，每页重新编号）

（四）对现有研究的评析

综上，……是中小学教师教育惩戒权实现研究的热点，……是学界共识。现有研究较多着眼于实践操作且缺乏学理性分析，忽视了教育惩戒权实现相关因素的相互联系与作用，研究主题宽泛、深度不够且缺乏整体性。鉴于此，以《A 理论视角下的中小学教师教育惩戒权实现机制》为论文选题，以 A 理论为研究视角来分析教育惩戒权实现相关因素之间的关系，构建教育惩戒权的实现机制，以更有效地促进中小学教师教育惩戒权的实现。

（注：文献述评中所提及的所有文献都要以脚注形式注明详细信息。不能述而不评，重点是评析，评析要辩证，既要肯定已有研究取得的成绩，更要详细指出其缺陷与不足，并说明自己的论文如何去弥补这些缺陷与不足。也就是，要在评析部分建立起已有研究与自己研究的关系。）

四、核心概念界定（注：要找准）

根据研究主题，论文的核心概念有教育惩戒权、教育惩戒权实现机制两个。

（一）教育惩戒权

……

（二）教育惩戒权实现机制

……

五、研究目标、思路与方法（注：要扣题）

为……（一句话总结目标），论文按照提出问题、分析问题、解决问题的思路，采用……等方法展开研究，具体如下。

（一）研究目标

通过分析教育惩戒权实现中的相关因素及其相互关系，探究中小学教师教育惩戒权的实现机制，为教师切实行使教育惩戒权提供参考。

（二）研究思路

为构建中小学教师教育惩戒权的实现机制，首先，采用文献分析法，……，解决教育惩戒权的实现是什么、包括什么的问题。其次，采用问卷调查法、访谈法，……以解决教育惩戒权实现的情况如何、影响因素是什么的问题。接着，采用归纳、演绎等方法，从 A 理论切入，……分析教育惩戒权实现影响因素之间的关系，解决为何难以实现的问题。最后，采用归纳、演绎等方法，借鉴 C 模型……构建教育惩戒权实现机制的理论模型并论证其可行性，解决如何实现的问题。

（三）研究方法

本研究将理论分析与实践分析、定性分析与定量分析、规范分析与实证分析相结合，主要采用：

文献研究法。为了解国内外相关研究，需要用文献分析法梳理学界对中小学教师教育惩戒权实现含义、影响因素及路径的不同观点，为探究教育惩戒权实现机制的理论模型奠定理论基础。

文本分析法。本研究涉及教育惩戒权相关法律、政策、规定等，需要用文本分析法从中挖掘教育惩戒权实现的关键因素，为探究教育惩戒权实现机制的理论模型奠定政策基础。

调查研究法。本研究需要了解实践中教育惩戒权的实现情况，拟对中小学教师、学生和家长进行问卷调查与访谈，为探究教育惩戒权实现机制的理论模型奠定现实基础。

比较研究法。本研究需要了解他国的教育惩戒权实现机制，通过比较美国与新加坡的中小学教师教育惩戒权实现机制的相同点与不同点，以及教育惩戒权实现的效果，为我国中小学教师教育惩戒权实现机制的运行提供借鉴。

六、重难点与拟创新之处（注：要扣题）

（一）研究重点

本研究的研究重点是中小学教师教育惩戒权实现机制，从 A 理论视角探究教育惩戒权实现的构成要素，借鉴 C 模型构建教育惩戒权实现机制的理论模型，从……入手论证教育惩戒权实现机制理论模型的可行性。

（二）研究难点

本研究的研究难点有二：一是教育惩戒边界不清导致了教育惩戒权的边界模糊，如何清晰厘定教育惩戒权的边界，较为困难。

二是教育惩戒权实现涉及教育领域内外的多个方面、多种因素，如何确定其中的关键因素、关键环节，较为困难。

（三）拟创新之处

基于现有研究，本研究拟在研究视角、理论模型、学术观点上取得新的进展。

1. 研究视角新

从 A 理论视角下研究教育惩戒权的实现。现有研究从 E、F、G 等视角研究，而本研究则从 A 理论视角入手，该视角……（相较于其他视角的创新与优势等）。

2. 理论模型新

有别于现有研究从不同方面探讨教育惩戒权的实现，借鉴 B 学科的 C 模型，从……等方面，构建起包括……等的教育惩戒权实现机制理论模型。

3. 学术观点新

认为影响教育惩戒权实现的核心要素是……。

指出教育惩戒权实现的关键环节是……。

七、论文框架（注：要扣题）

A 理论视角下中小学教师教育惩戒权实现机制研究

第一章　绪论

一、研究缘起

　　（一）教育惩戒是中小学教师履行职业责任的重要手段之一

　　……

二、研究意义

　　（一）为教育惩戒权研究提供新的理论视角

　　……

三、相关研究述评

　　（一）关于教育惩戒权含义的研究

　　……

四、核心概念界定

　　（一）教育惩戒权

　　（二）教育惩戒权实现

五、研究目标、思路与方法

　　（一）研究目标

　　（二）研究思路

　　（三）研究方法

六、研究重难点和拟创新之处

　　（一）研究重点

　　（二）研究难点

　　（三）拟创新之处

第二章　中小学教师教育惩戒权实现的现实需求（提出问题）

一、×××××××××××

　　（一）××××

　　……

第三章　A 理论视角下中小学教师教育惩戒权实现的理论阐释与现状调研（分析问题）

一、××××××××××
　　（一）××××
　　……

第四章　A理论视角下中小学教师教育惩戒权实现的影响因素及其相互关系（分析问题）

一、××××××××××
　　（一）××××
　　……

第五章　A理论视角下中小学教师教育惩戒权实现机制的理论模型及其可行性（解决问题）

一、A理论视角下中小学教师教育惩戒权实现机制的理论模型
　　……
二、A理论视角下中小学教师教育惩戒权实现机制理论模型的可行性
　　……

第六章　结语

八、研究计划

202×年×月—202×年×月：选题，撰写开题报告
202×年×月—202×年×月：修改开题报告、预开题
202×年×月—202×年×月：预调查、修改问卷与开题报告、开题
202×年×月—202×年×月：正式调查、撰写并修改论文、预答辩
202×年×月—202×年×月：修改论文、提交检测、答辩

参考文献（注：要扣题）

中文文献

一、著作

[1] 江新华. 学术何以失范——大学学术道德失范的制度分析[M]. 北京：社会科学文献出版社，2005.

（注：未找到主题相关的书籍，上例仅作为格式参考）

……

二、期刊论文

[1] 王飞. 教师教育惩戒权落实的理性思考[J]. 天津师范大学学报（基础教育版），2021，22（03）：1-7.

[2] 张远照，熊勇先. 多维视域下教育惩戒权的行政处罚权属性证成[J]. 学术探索，2021（09）：71-77.

……

三、学位论文

[1] 向荣. 初中教师教育惩戒权行使状况及影响因素研究[D]. 长沙：湖南师范大学，2021.

[2] 伍乐旭. 初中教师行使教育惩戒权的困境与对策研究[D]. 桂林：广西师范大学，2021.

[3] 蒋安慧. 小学教师行使教育惩戒权的调查研究[D]. 赣州：赣南师范大学，2021.

……

四、其他

[1] 夏征农，陈至立. 辞海（A-G）[M]. 6版. 上海：上海辞书出版社，2009.

[2] 中小学教育惩戒规则（试行）[EB/OL].（2020-12-29）[2022-06-23].
http://www.moe.gov.cn/srcsite/A02/s5911/moe_621/202012/t20201228_507882.html.

……

英文文献

[1] Michelle Pixley Tippitt，Nell Ard，Juanita Reese Kline. et al.Creating Environment that Foster Academic Integrity[J]. Nursing Education Perspectives，2009，30（4）：239-244.

（注：未查找主题相关的英文文献，上例仅作为格式参考）

……

参 考 文 献

一、著作

1. 苏婧. 大学写作通识12讲：送给学术小白的公开课[M]. 北京：清华大学出版社，2022.
2. 韦恩·C.布斯，格雷戈里·G.卡洛姆，约瑟夫·M.威廉姆斯，等. 研究是一门艺术：撰写学位论文、调查报告、学术著作的权威指南[M]. 何卫宁，译. 4版. 北京：新华出版社，2021.
3. 仓岛保美. 写作的逻辑：从清晰表达到高效沟通[M]. 北京：人民邮电出版社，2021.
4. 姚盈，霍然. 学位论文编辑排版与答辩实用教程[M]. 北京：清华大学出版社，2021.
5. 迈克·波特瑞，奈杰尔·赖特. 滴水不漏：学位论文写作与答辩指南[M]. 毕唯乐，译. 上海：华东师范大学出版社，2020.
6. 斯蒂芬·贝利. 学术写作指南[M]. 唐奇，译. 5版. 北京：中国人民大学出版社，2020.
7. 李武，毛远逸，肖东发. 学位论文写作与学术规范[M]. 2版. 北京：北京大学出版社，2020.
8. 斯文·布林克曼，斯泰纳尔·克韦尔. 访谈[M]. 曲鑫，译. 2版. 上海：格致出版社，2020.
9. 奥利维耶·雷穆，让·弗雷德里克·肖布，伊莎白·蒂罗. 社会科学研究：比较法[M]. 王晓瑞，译. 北京：中国社会科学出版社，2019.
10. 董毓. 批判性思维十讲——从探究论证到开放创造[M]. 上海：上海教育出版社，2019.
11. 周文辉，赵军. 专业学位论文写作指南[M]. 北京：中国科学技术出版社，2019.
12. 丁斌. 专业学位硕士论文写作指南[M]. 3版. 北京：机械工业出版社，2019.
13. 海伦·索德. 学术写作指南：100位杰出学者的写作之道[M]. 韵竹，译. 北京：人民日报出版社，2018.
14. 风笑天. 社会研究方法[M]. 5版. 北京：中国人民大学出版社，2018.
15. 罗伯特·K.殷. 案例研究：设计与方法[M]. 周海涛，史少杰，译. 5版. 重庆：重庆大学出版社，2017.
16. 斯蒂芬·D.布鲁克菲尔德. 批判性思维教与学：帮助学生质疑假设的方法和工具[M]. 北京：中国人民大学出版社，2017.
17. 刘晓华，王晓安. 教育硕士专业学位论文写作指南[M]. 北京：高等教育出版社，2017.
18. 董毓. 批判性思维原理和方法：走向新的认知和实践[M]. 2版. 北京：高等教育出版社，2017.

19. 伯克·约翰逊，拉里·克里斯滕森．教育研究：定量、定性和混合方法［M］．马健生，译．4版．重庆：重庆大学出版社，2015．

20. 斯特拉·科特雷尔．学位论文和研究报告写作技巧：渐进式指南［M］．于芳，译．大连：东北财经大学出版社，2015．

21. 张屹，周平红．教育研究中定量数据的统计与分析：基于SPSS的应用案例解析［M］．北京：北京大学出版社，2015．

22. 莎伦·白琳，马克·巴特斯比．权衡：批判性思维之探究途径［M］．仲海霞，译．北京：中国人民大学出版社，2014．

23. 欧文·M．柯匹，卡尔·科恩．逻辑学导论［M］．13版．张建军，潘天群，顿新国等，译．北京：中国人民大学出版社，2014．

24. 克叶尔·埃瑞克·鲁德斯坦，雷·R．牛顿．顺利完成硕博论文：关于内容和过程的贴心指导［M］．席仲恩，沈茳等，译．3版．重庆：重庆大学出版社，2014．

25. 文森特·赖安·拉吉罗．思考的艺术［M］．金盛华，李红霞，邹红，译．10版．北京：机械工业出版社，2013．

26. 尼尔·布朗，斯图尔特·基利．学会提问［M］．吴礼敬，译．北京：机械工业出版社，2013．

27. 梁慧星．法学学位论文写作方法［M］．2版．北京：法律出版社，2012．

28. 劳伦斯·马奇，布伦达·麦克伊沃．怎样做文献综述——六步走向成功［M］．上海：上海教育出版社，2011．

29. 安东尼·韦斯顿．论证是一门学问——如何让你的观点有说服力［M］．卿松竹，译．北京：新华出版社，2011．

30. 丹尼斯·麦克伦尼．简单的逻辑学［M］．赵明燕，译．太原：山西教育出版社，2011．

31. 刘献君．教育研究方法高级讲座［M］．武汉：华中科技大学出版社，2010．

32. 戈登·鲁格，玛丽安·彼得．给研究生的学术建议［M］．彭万华，译．北京：北京大学出版社，2009．

33. 林定夷．科学哲学：以问题为导向的科学方法论导论［M］．广州：中山大学出版社，2009．

34. 埃文·塞德曼．质性研究中的访谈：教育与社会科学研究者指南［M］．周海涛，主译．3版．重庆：重庆大学出版社，2009．

35. 陈向明．质性研究：反思与评论（1~3卷）［M］．重庆：重庆大学出版社，2008，2010，2013．

36. 萨拉·拉姆齐．如何查找文献［M］．廖晓玲，译．北京：北京大学出版社，2007．

37. 陈向明．质的研究方法与社会科学研究［M］．北京：教育科学出版社，2000．

二、期刊论文

1. 栾珺玄，程岭，周乐乐．研究生学位论文写作的基本理路——基于人脑认知双加工理论视角［J］．学位与研究生教育，2022（06）：31-38．

2. 李忠．研究生学术写作与训练的困境及其纾困——基于学位论文写作规范问题的分析［J］．学位与研究生教育，2022（04）：12-19．

3. 于博．研究生论文写作中的问题意识缺失与教学改革路径探析［J］．学位与研究生教育，2022（06）：16-24．

4. 常思亮，欧阳攀园．专业硕士"差评"学位论文典型特征——基于H省1486份专家盲审评阅书的分析［J］．大学教育科学，2021（06）：41-50．

5. 李润洲．研究生逻辑思维的迷失与习得——以教育学学位论文为考察中心［J］．研究生教育研究，

2021（04）：53-58.

6. 李润洲. 学位论文选题的自我追问与确证——一种教育学的视角［J］. 学位与研究生教育，2021（04）：1-5.

7. 索传军，李木子. 我国学术论文研究问题探析——基于 2015—2020 年图情领域 CSSCI 发表论文的实证研究［J］. 图书情报工作，2021，65（19）：105-116.

8. 闫凤桥. 博士生培养过程要注重养成问题意识［J］. 中国高教研究，2020（05）：24-28+33.

9. 赵文鹤，王斯一，何艺玲等. 什么影响了博士学位论文质量？——基于某高校 1874 份博士学位论文盲审结果的分析［J］. 学位与研究生教育，2020（07）：70-74.

10. 胡中锋，禹薇. 教育实证研究之深度反思［J］. 华南师范大学学报（社科版），2020（05）：138-149+191-192.

11. 李润洲. 博士学位论文开题报告"问题空间"的建构［J］. 学位与研究生教育，2019（09）：11-15.

12. 许丹东，吕林海，张红霞等. 人文社科类博士生学术经历对博士学位论文质量的影响［J］. 复旦教育论坛，2019，17（3）：60-66+112.

13. 秦琳. 社会科学博士论文的质量底线——基于抽检不合格论文评阅意见的分析［J］. 北京大学教育评论，2018，16（1）：39-54+187-188.

14. 宫新栋，杨平，王元纲等. 研究生学位论文质量保障体系构建刍议——基于唯物辩证法的矛盾论和认识论视角［J］. 江苏高教，2018（1）：77-80.

15. 李润洲. 研究生学位论文写作的论证意识——一种教育学的视角［J］. 学位与研究生教育，2018（03）：19-23.

16. 温小军. 教育硕士专业学位论文选题的真实之维及其实现［J］. 研究生教育研究，2018（05）：48-52.

17. 鄢显俊. "洋八股"与硕士论文写作规范［J］. 研究生教育研究，2017（01）：53-57.

18. 姚计海. 教育实证研究方法的范式问题与反思［J］. 华东师范大学学报（教育科学版），2017，35（03）：64-71+169-170.

19. 袁振国. 实证研究是教育学走向科学的必要途径［J］. 华东师范大学学报（教育科学版），2017，35（03）：4-17+168.

20. 李敏，陈洪捷. 不合格学术型硕士研究生学位论文的典型特征——基于论文抽检专家评阅意见的分析［J］. 学位与研究生教育，2017（06）：50-55.

21. 高耀，陈洪捷，沈文钦. 学术型硕士学位论文质量的学科差异——基于 X 省学位论文抽检结果的量化分析［J］. 学位与研究生教育，2017（02）：54-61.

22. 高耀，杨佳乐. "存在问题"专业硕士学位论文中的典型问题——基于 Y 市论文抽检同行专家文字评审意见的分析［J］. 教育科学，2017，33（03）：66-71.

23. 李鹏虎. 高等教育研究中"理论运用"的问题及反思——基于 106 篇高等教育学专业博士学位论文的调查分析［J］. 国家教育行政学院学报，2017（09）：87-94.

24. 王善迈. 教育经济实证研究与规范研究的案例［J］. 清华大学教育研究，2016，37（01）：1-5.

25. 李双套. 论坚持正确的"问题意识"——对"问题意识"的批判性反思［J］. 云南社会科学，2016（01）：1-5.

26. 李希亮. 提高研究生学位论文质量的探索与实践［J］. 学位与研究生教育，2016（07）：39-41.

27. 张斌贤，李曙光. 文献综述与教育学博士学位论文撰写［J］. 学位与研究生教育，2015（01）：59-63.

28. 李艳,马陆亭,赵世奎.博士学位论文质量及其影响因素研究[J].江苏高教,2015(02):105-109.
29. 刘晗,龚芳敏.优化预答辩制度提升硕士学位论文质量的探索与实践——以吉首大学文学与新闻传播学院为例[J].研究生教育研究,2014(04):52-56.
30. 朱旭东.论学位论文"问题"的内涵、类型和写作的关联性[J].学位与研究生教育,2014(02):18-22.
31. 韩恒."形同质异"的问题意识——兼论专业学位和学术学位论文的选题[J].学位与研究生教育,2014(06):40-42.
32. 李润洲.走出开题报告撰写的三个误区——一种教育学的视角[J].学位与研究生教育,2014(02):8-11.
33. 劳凯声.教育研究的问题意识[J].教育研究,2014,35(08):4-14.
34. 王燕平,刘冠,张文.规范文献引用提高研究生学位论文质量[J].学位与研究生教育,2013(05):23-25.
35. 李云鹏.教育博士学位论文的形式与质量标准[J].比较教育研究,2013,35(03):28-32.
36. 方润生,方冬姝,郭朋飞.硕士研究生学位论文学术不端行为的特征分析[J].学位与研究生教育,2013(05):18-22.
37. 鄢显俊.硕士论文开题报告常见问题分析——兼论学术研究的问题意识和学理意识[J].研究生教育研究,2013(06):56-60.
38. 钟柏昌,黄峰.问卷设计的基本原则与问题分析——以某校2011年教育学硕士学位论文为例[J].学位与研究生教育,2012(03):67-72.
39. 李润洲.学位论文核心概念界定的偏差与矫正——一种教育学视角[J].学位与研究生教育,2012(06):6-9.
40. 朱旭东.学位论文开题报告研究[J].学位与研究生教育,2010(01):1-4.
41. 劳凯声.人文社会科学研究的问题意识、学理意识和方法意识[J].北京师范大学学报(社会科学版),2009(01):5-15.
42. 姚秀颖,李秀兵,陆根书等.研究生学位论文质量影响因素研究[J].学位与研究生教育,2008(01):2-6.
43. 曹正善.论开题报告的逻辑结构[J].学位与研究生教育,2008(01):9-12.
44. 刘凤朝.撰写文科博士学位论文开题报告应注意的几个问题[J].学位与研究生教育,2005(12):42-45.
45. 黄甫全.关于教育研究中的问题意识[J].华南师范大学学报(社会科学版),2003(04):119-124+151.

三、其他

1. 教育部社会科学委员会学风建设委员会组编.高等学校人文社会科学学术规范指南[Z].北京:高等教育出版社,2009.
2. 科学技术部科研诚信建设办公室组织编写.科研活动诚信指南[Z].北京:科学技术文献出版社,2009.
3. 教育部科学技术委员会学风建设委员会.高等学校科学技术学术规范指南[Z].北京:中国人民大学出版社,2010.
4. 教育部科学技术委员会学风建设委员会组编.高等学校科学技术学术规范指南[Z].2版.北京:中国人民大学出版社,2017.

5. 全国专业学位研究生教育指导委员会编. 专业学位类别（领域）博士、硕士学位基本要求（上册）［Z］. 北京：高等教育出版社，2015.
6. 一级学科博士、硕士学位基本要求［Z/OL］.［2021-08-28］. http：//newyjs.snnu.edu.cn/info/1039/10916.htm.
7. 《学位论文作假行为处理办法》［EB/OL］.［2021-08-28］. http：//www.moe.gov.cn/srcsite/A02/s5911/moe_621/201211/t20121113_170437.html.
8. 《学术出版规范 期刊学术不端行为界定》（CY/T 174—2019）［S/OL］.［2021-08-28］. https：//www.nppa.gov.cn/nppa/contents/805/102815.shtml.
9. 《学位论文编写规则》（GB/T 7713.1—2006）［S/OL］.［2021-08-28］. https：//grs.xatu.edu.cn/info/1044/1626.htm.
10. 《信息与文献 参考文献著录规则》（GB/T 7714—2015）［S/OL］.［2021-08-28］. http：//xuebao.hpu.edu.cn/info/10440/85989.htm.
11. 《文摘编写规则》（GB 6447—86）［S/OL］.［2021-08-28］. https：//xb.xxu.edu.cn/info/1012/1266.htm.
12. 《中国学术期刊（光盘版）检索与评价数据规范》［S/OL］.［2021-08-28］.（CAJ—CD B/T 1—2006）https：//xb.xxu.edu.cn/info/1079/1148.htm.
13. 《中国高等学校自然科学学报编排规范（修订版）》（教技厅［1998］1号）［S/OL］.［2021-08-28］. https：//www.jxvtc.edu.cn/__local/8/F4/BD/F5C287BE6E6DABB51EE529FCCAE_AAEF8BD0_2D000.pdf?e=.pdf.
14. 《中国高等学校自然科学学报编排规范（修订版）》（教技厅［1998］1号）［S/OL］.［2021-08-28］. https：//www.jxvtc.edu.cn/__local/8/F4/BD/F5C287BE6E6DABB51EE529FCCAE_AAEF8BD0_2D000.pdf?e=.pdf.
15. 《出版物上数字用法的规定》（GB/T 15835—1995）［S/OL］.［2021-08-28］. http：//www.moe.gov.cn/ewebeditor/uploadfile/2015/01/13/20150113091154536.pdf.
16. 《标点符号用法》（GB/T 15834—2011）［S/OL］.［2021-08-28］. http：//www.moe.gov.cn/jyb_sjzl/ziliao/A19/201001/t20100115_75611.html.
17. 国务院关于公布《通用规范汉字表》的通知 国发〔2013〕23号［EB/OL］.［2021-08-28］. http：//www.gov.cn/govweb/zwgk/2013-08/19/content_2469793.htm.
18. 《中华人民共和国国家通用语言文字法》［Z/OL］.［2021-08-28］. http：//www.gov.cn/ziliao/flfg/2005-08/31/content_27920.htm.
19. 《汉语拼音正词法基本规则》（GB/T 16159—2012）［S/OL］.［2021-08-28］. http：//www.moe.gov.cn/jyb_sjzl/ziliao/A19/201001/t20100115_75607.html.
20. 《中国人名汉语拼音字母拼写规则》（GB/T 28039—2011）［S/OL］.［2021-08-28］. http：//www.moe.gov.cn/jyb_sjzl/ziliao/A19/201001/t20100115_75609.html.
21. 《学术出版规范 关键词编写规则》（CY/T 173—2019）［S/OL］.［2023-08-09］. https://hbba.sacinfo.org.cn/attachment/onlineRead/5e5296c079bcabc7d8215c53a550af5ba92f11629a8b2bfd61e3fe1acf6db08d.
22. 《学术出版规范 表格》（CY/T 170—2019）［S/OL］.［2023-08-09］. https://hbba.sacinfo.org.cn/attachment/onlineRead/9d1df63d27ce27c2d10f17c2df5c573ba0cf683b30c25cbefe4f0f96ce91ffd5.
23. 《学术出版规范 插图》（CY/T 171—2019）［S/OL］.［2023-08-09］. https://hbba.sacinfo.org.cn/attachment/onlineRead/e07dd908c50aeb3e304f711361ff3968127244855768ae170ae42f174fb1fcfd.
24. 《学术论文编写规则》（GB/T 7713.2—2022）［S/OL］.［2023-08-09］. http://c.gb688.cn/bzgk/gb/showGb?type=online&hcno=0B963916637B8F34B295FCF4A51A1BE5.